2018年度
中国公路学会科学技术奖获奖项目集锦
Award for CHTS Science & Technology 2018

中国公路学会
《中国公路》杂志社 编

·北京·

图书在版编目（CIP）数据

2018年度中国公路学会科学技术奖获奖项目集锦/中国公路学会，《中国公路》杂志社编．—北京：科学技术文献出版社，2019.5
ISBN 978-7-5189-5563-3

Ⅰ．① 2… Ⅱ．①中… ②中… Ⅲ．①道路工程—科技成果—汇编—中国—2018 Ⅳ．① U41

中国版本图书馆 CIP 数据核字（2019）第 090236 号

2018年度中国公路学会科学技术奖获奖项目集锦

| 策划编辑：周国臻 | 责任编辑：李 鑫 马新娟 赵 斌 李 晴 | 责任校对：文 浩 | 责任出版：张志平 |

出 版 者　科学技术文献出版社
地　　址　北京市复兴路 15 号　邮编　100038
编 务 部　（010）58882938，58882087（传真）
发 行 部　（010）58882868，58882870（传真）
邮 购 部　（010）58882873
网　　址　www.stdp.com.cn
发 行 者　科学技术文献出版社发行　全国各地新华书店经销
印 刷 者　北京凯德印刷有限责任公司
版　　次　2019 年 5 月第 1 版　2019 年 5 月第 1 次印刷
开　　本　787×1092　1/12
字　　数　374 千
印　　张　19
书　　号　ISBN 978-7-5189-5563-3
定　　价　280.00 元

编 辑 部　《中国公路学会科学技术奖获奖项目集锦》编辑部
地　　址　北京市朝阳区亚运村汇欣大厦 A 座五层
邮　　编　100101
电　　话　（010）84990501
编　　辑　张 波　谢博识　赵晓夏　杨 燕　郭香莲
摄　　影　陈邦贤等
美术设计　李仪灵　王德本

版权所有违法必究

购买本社图书，凡字迹不清、缺页、倒页、脱页者，本社发行部负责调换

2018年度
中国公路学会科学技术奖
获奖项目集锦

Award for CHTS
Science & Technology 2018

提升交通运输创新发展的活力和动力

交通运输部党组书记　杨传堂

坚持稳中求进工作总基调，坚持新发展理念，坚持推动高质量发展，坚持以供给侧结构性改革为主线，坚持深化市场化改革、扩大高水平开放，紧紧抓住并全面用好重要战略机遇期，落实"巩固、增强、提升、畅通"八字方针总要求。其中，"提升"就是要提升产业链水平。对交通运输来说，主要是抓创新、增动能。落实创新驱动战略，着力开展交通运输关键核心技术攻关，鼓励和培育新业态规范发展，促进交通运输与互联网、大数据深度融合，推动交通运输与装备制造、通信信息、商贸流通等产业联动发展，利用技术创新和规模效应形成新的竞争优势。促进物流业与制造业流程再造，提高供应链效率，降低全产业链成本，发展产业集群，保持产业体系，促进我国产业迈向价值链中高端。

准确判断形势，紧紧抓住机遇，科学谋划发展，是赢得主动、赢得优势、赢得未来的关键。党中央的重大判断和科学决策指出，紧扣重要战略机遇新内涵，加快经济结构优化升级，提升科技创新能力，深化改革开放，加快绿色发展，参与全球经济治理体系变革，变压力为加快推动经济高质量发展的动力。为统一思想和落实行动，应坚持从全局看局部、从未来看当下，"跳出交通看交通"，科学把握交通运输发展面临的机遇和挑战。

从大势看，重要战略机遇新的内涵为交通运输发展带来诸多利好。其中，提升科技创新能力带来新机遇，我国科技支撑条件今非昔比，市场需求持续旺盛，制度优势无比强大，前沿领域科技发展具备良好基础，为交通运输提质增效增添了新动能。然而，当前我国经济运行稳中有变、变中有忧，交通运输发展面临的风险和困难明显增多，如自主创新能力不强，关键核心技术"卡脖子"问题突出，交通运输创新发展的活力和动力仍显不足。

综观内外部环境，难和险在增多，但时和势总体有利。交通运输仍处于基础设施发展、服务水平提高和转型发展的黄金时期，这是重要战略机遇期在新时代交通运输的集中体现。在黄金时期实现黄金作为，要坚定不移抓机遇、用机遇、创机遇，既要保持战略定力、坚定必胜信念，又要坚持辩证思维、化挑战为机遇，变外部压力为加快发展的动力，奋力攻坚克难、"爬坡过坎"。一方面，要过思想的坎。与新时代新要求相比，我们身体进入新时代、思想停在"过去时"的现象在一定程度上仍然存在。要积极拓宽思路，避免过度依赖高速增长阶段的传统路径，既习惯于做加法、做增量，也要适应做减法、优存量，更应善于加减乘除并举，面对新矛盾、新问题善为、愿为、敢为。另一方面，要过能力的坎。能力必须持续升级、不断扩容。当前，新情况、新事物层出不穷，两难甚至多难问题不断涌现，交通运输不少领域已进入"无人区"，既无先例可循，也不可能简单套用其他国家经验，粗放式、经验化治理已不适应高质量发展的要求。在创新能力上，知识结构、专业素养要尽快适应工作专业化、精细化的要求。

在新时代，要把推进治理体系和治理能力现代化当作新战场，抓紧弥补知识弱项、能力短板、经验盲区，切实增强适应新时代、实现新目标、落实新部署的能力，真正把政策红利转化为发展的质量和效益。

在新时代，要传承弘扬创新精神，培育昂扬向上、勇于探索的锐气，继承发扬詹天佑精神、火车头精神，善于钻研、敢为人先，坚定自主创新的信心和骨气，努力实现关键核心技术自主可控，把创新和发展的主动权牢牢地掌握在自己手中。

（摘自杨传堂书记在2019年全国交通运输工作会议上的讲话）

加快推动绿色交通、智慧交通发展和科技创新

交通运输部党组副书记、部长　李小鹏

几年来,智慧交通蓬勃发展。现代信息技术与交通运输深度融合,"综合交通运输与智能交通"国家重点专项启动实施,"互联网+"便捷交通、智慧交通等试点统筹推进,国家综合交通运输信息平台建设稳步开展,国家交通运输公共物流信息平台升级完善,网络安全监测预警平台发挥积极作用。智慧交通便民、利民,新一代国家交通控制网、智慧公路、智慧港口、智慧机场、智慧海事、综合交通出行及旅游服务大数据示范工程等稳步开展,高铁、民航推广应用人脸识别系统,E航海、长江电子航道图等持续推广应用,自动化分拣覆盖主要快递企业骨干分拨中心。自动驾驶技术稳步发展,出台自动驾驶道路测试管理规范和封闭测试场地建设指南。基础设施更加环保,绿色公路、绿色航道、绿色港口等加快建设。污染排放持续降低,三大船舶排放控制区硫化物排放明显降低,开展船舶水污染物接收、转运和处置联合监管,持续开展渤海海域"碧海行动"。科技创新水平稳步提升。港珠澳大桥桥岛隧设计施工解决一系列世界级难题,上海洋山港四期码头自动化设备和操作系统实现自主研发应用,复兴号列车16节长编组正式上线运行,国产C919大飞机突破100余项关键技术,AG600水陆两栖飞机成功实现水上试飞,首艘国产大型邮轮设计建造项目正式启动,自主创新能力持续加强。行业重点科技项目清单管理及重大科技创新成果库建设启动实施,重点科研平台大型仪器开放共享平台建成,科技成果转化政策落地见效。

未来要着力推动科技创新。交通运输业是技术应用型行业,要一手抓创新,一手抓应用,加快建设创新型行业。要以科技创新为引领,研究部署交通运输科技创新中长期战略,重点解决好关键核心技术"卡脖子"的问题,加快新技术攻关和推广应用。要以智慧交通为主攻方向,推动大数据、互联网、人工智能等技术与交通运输的深度融合。要以人才为支撑,坚持"高精尖缺"导向,加大行业人才队伍培养力度,真正使人才成为推动高质量发展的第一资源。

首先要推进绿色交通发展。出台绿色出行行动计划,推进公交优先发展,持续推进公交都市创建与评估工作,推广慢行交通系统。加快新能源和清洁能源车船推广应用,加快推动船舶靠港使用岸电,着力提升岸电设施利用率。开展机场新能源综合利用示范。推广绿色维修,加快实施汽车排放检测与维修治理(I/M)制度。推动快件包装绿色化、减量化、可循环。积极推进公共机构节能减排工作。

其次要大力发展智慧交通。加快国家综合交通运输信息平台建设,组织开展首批交通大数据融合平台试点。持续推进新一代国家交通控制网、智慧公路等试点。启动建设互联网道路运输综合服务平台,推进道路客运电子客票试点。加强北斗卫星导航系统等自主可控技术的行业应用。加快智慧港口建设,支持智能航运发展,推进E航海示范项目建设。推动国家交通运输物流公共信息平台升级工作,推动多式联运公共信息平台建设。制定《交通运输关键信息基础设施安全规划》。

最后要提高交通运输科技创新能力。跟踪新一代人工智能、新材料、新能源等重点领域科技进展,推动港珠澳大桥智能运维等技术研发及应用。持续推进自动驾驶封闭测试及标准规范建设,加快推动辅助自动驾驶技术在营运车辆中的应用。聚焦关键核心技术研发,布局建设一批重点科研平台,强化关键共性技术、前沿引领技术等研究和应用。完善科技资源开放共享、科研平台管理、科技成果转化等方面的制度,营造良好的科技创新环境。

(摘自李小鹏部长在2019年全国交通运输工作会议上的讲话)

Award for CHTS Science & Technology 2018

前言

崇尚创新、勇于创新，为交通行业的科技进步注入了力量和动能，创新提升服务体验，创新助力攻坚克难，创新推动强国发展。

科技创新在不断引领交通运输行业高质量发展，为行业发展提供无限可能。科技创新正在变成一股新的动能，正在深刻改变从业者的思维方式、工作方式，塑造行业发展新优势。科技创新将数字化、网络化、智能化有机结合，将互联网、大数据、人工智能深度融合，将模式、业态、产品、服务等元素融汇集合，更好地实现科技资源开放共享、科研平台管理、科技成果转化，进一步加快新技术攻关和推广应用。

今天，跨海特大型桥梁不再畏惧深水、强风、巨浪、急流等恶劣海洋环境的严峻挑战，黄土隧道、黄土公路施工建设不再是世界级难题，我国交通人用不懈努力完成了重大课题的研究和创新，完成了关键核心技术的攻关，造福社会。未来，科技创新依然领航发展，并将站在更加突出的位置，在更大范围、更高层次、更宽领域推进交通运输创新发展，继续当好经济社会发展、增加民生福祉、行业现代化建设的先行。

科技创新本质上是人的创造性活动，要充分尊重和信任科研人员，赋予创新团队和领军人才更大的人财物支配权和技术路线决策权。大力简除烦苛，使科研人员潜心向学、创新突破。要鼓励和弘扬"敢为天下先"的勇气、"虽九死其犹未悔"的豪情，营造鼓励创新、从容面对成败的良好氛围，造就一批具有国际水平的战略科技人才、科技领军人才、青年科技人才、高素质技能人才和高水平创新团队，让各类人才在不同的舞台上发光发热，调动各类创新主体积极性，真正使人才成为推动交通运输高质量发展的第一资源。

中国公路学会从创立之初至今，一直努力优化交通运输行业的创新生态，搭建和维护各类学习交流、互通互动的创新平台，支持各类科技人才投入交通建设发展的事业中，并且提供全面的支持和服务。截至2018年，中国公路学会已完成17届中国公路学会科学技术奖申报评审工作，共受理申报项目5951项，总计2241项科技成果获奖（特等奖54项，一等奖331项，二等奖756项，三等奖1100项）。2018年度"中国公路学会科学技术奖"评审工作已经由评审委员会按照有关规定和程序完成，在557项申报项目中，共评选出174项获奖项目。其中，特等奖5项，一等奖28项，二等奖79项，三等奖62项。综合授奖率为31.2%，成为学会设立科技奖以来的历史最低授奖率。

中国公路学会科学技术奖已经成为支撑行业创新发展、鼓励人才进步的重要平台，也为交通科技进步提供了展示的舞台。近年来，中国公路学会科学技术奖的社会影响力和公信度大幅提升，得到了行业内的高度认可和大力支持，更获得了来自行业主管部门和国家科技奖励办的信任与肯定。

2018年，中国公路学会作为社会科技奖励的设奖机构，取得了直接向国家奖励办提名国家自然科学奖、技术发明奖和科学技术进步奖的资格。中国公路学会高度重视提名工作，尽心尽力为申报单位提供各申报阶段的服务，先后组织了"国家奖提名项目遴选会""国家奖提名项目咨询会""国家奖提名项目模拟答辩会"，并对项目提名资料进行严格的形式审查，服务工作得到了相关专家和申报单位的一致认可。

《2018年度中国公路学会科学技术奖获奖项目集锦》是2018年度"中国公路学会科学技术奖"的再梳理和再呈现，也是获奖项目推介工作的再深化和再延伸。通过编辑整理2018年度获奖项目的精华内容，有利于大众了解我国公路交通行业科技发展现状和重点，帮助科技成果快速转化为生产力；中国公路学会科学技术奖获奖项目"通过出版物的形式集中呈现，成为国内外公路交通行业科技工作者参考和检索的宝贵文献工具。

中国公路学会
2019年5月

上　图：2018年，2017年度中国公路学会科学技术奖颁奖大会在2018世界交通运输大会上隆重举行。

下　图：交通运输部总工程师周伟为2017年度中国公路学会科学技术奖颁奖大会宣读表彰决定。

中国公路学会理事长翁孟勇（左）为2017年度中国公路学会科学技术奖获奖单位颁奖。

颁奖嘉宾为2017年度中国公路学会科学技术奖获奖单位颁奖。

2015年4月,时任中国公路学会理事长胡希捷(左三)与中国公路学会科学技术奖获奖代表合影。

颁奖嘉宾为2017年度中国公路学会科学技术奖获奖单位颁奖。

上左图：中国公路学会理事长翁孟勇（左）为2016年度中国公路学会科学技术奖特等奖获奖单位代表颁发金鹿奖杯。

上右图：2016年，中国公路学会理事长翁孟勇（左）为特等奖获奖单位代表颁发金鹿奖杯。

下　图：2016年度中国公路学会科学技术奖获奖代表领奖。

推动交通技术创新和产业化发展支撑交通强国建设

——"十三五"交通领域科技创新的思路与目标

近年来,交通运输行业深入实施创新驱动发展战略,统筹推进重大科技研发、创新能力建设和成果推广应用各方面工作,取得了新的进展和成效,科技创新的支撑引领作用进一步增强。

在第十四届国际交通技术与设备展览会上,交通运输部部长李小鹏指出,党的十九大赋予交通运输行业建设交通强国的新使命,交通要强,更要依靠科技支撑。要将创新摆在发展全局的核心位置,打造以科技创新为引领的创新发展体系。要将核心技术紧紧攥在自己手中,将大国重器牢牢握在自己手中,不断掌握新一轮全球科技竞争的战略主动。

其实从《国家中长期科学和技术发展规划纲要(2006—2020年)》到《交通领域"十三五"科技发展战略研究报告》,科技创新一直是推动我们交通运输行业发展的内生动力。为进一步推动交通技术创新和产业化发展,2017年5月2日,科技部、交通运输部联合制定《"十三五"交通领域科技创新专项规划》(简称《规划》)。《规划》对当前我国交通运输业发展深度转型和全球科技交叉融合形成的交通科技发展态势做了详尽分析,总结梳理了当前我国交通科技发展的既有基础和面临的挑战,明确了国家重大战略和社会经济发展对交通科技创新的需求。

总体思路

以满足国家战略需求为目标,以国内外市场需求为导向,以行业技术发展趋势为引领,以产学研用协同创新为主要模式,解决一批制约交通发展的关键科学问题,研发一批引领交通发展方向的重大前沿技术,全面提升我国交通运输系统装备、基础设施、系统集成、运营管理的技术水平,以支撑我国"新型城镇化"的创新发展,服务"一带一路"国际合作与全球治理新格局,落实"京津冀协同发展""长江经济带发展"等国家区域协同发展战略。

发展目标

以满足构建我国安全、便捷、高效、绿色现代综合交通运输体系和国家总体安全重大需求为总体目标,强化人工智能、新材料和新能源等赋能/赋性技术与交通运输需求的深度融合,大力发展高效能、高安全、综合化、智能化的系统技术与装备,形成满足我国需求、总体上国际先进的现代交通运输核心技术体系。培育壮大新能源载运工具、现代轨道交通、现代通航运输、绿色水运装备等产业,提升我国交通运输业和装备制造业的核心技术全球竞争力和产业可持续发展能力。具体而言,在轨道交通、道路交通、水运交通、空中交通、综合交通运输与智能交通等领域,力争在2020年前实现以下发展目标:

——在轨道交通系统安全保障、综合效能提升、可持续性和互操作等方向形成包括核心技术、关键装备、集成应用与标准规范在内的成果体系,满足我国轨道交通作为全局战略性骨干运输网络的高效能、综合性、一体化、可持续发展需求,具备国际竞争优势,具备交付运营时速400公里及以上高速列车和相关系统,时速120公里以上联合运输、时速160公里以上快捷货运和时速250公里以上高速货运成套装备,满足泛欧亚铁路互联互通要求、轨道交通系统全生命周期运营成本降低20%以上、因技术原因导致的运营安全事故率降低50%以上、单位周转量能耗水平国际领先、磁浮交通系统技

术完全自主化的技术能力。

——汽车产业技术创新能力大幅提高,以"低碳化、信息化和智能化"为导向的汽车技术创新体系基本形成,汽车产业成为引领制造业技术全面变革的关键产业之一。以混合动力技术为重点,全面提升传统燃油汽车节能技术水平,2020年乘用车新车平均油耗优于5升/100公里。以动力电动化技术为重点带动新能源汽车结构轻量化技术和整车智能化技术全面发展。实现动力电池技术革命性突破,高安全性锂离子动力电池单体比能量达到350瓦时/公斤,新能源汽车技术与产业化总体水平进入世界前列。重点突破具备高度/完全自动驾驶功能的智能汽车技术,实现有条件自动驾驶汽车(CA)技术规模产业化,智能网联汽车技术发展跟上世界潮流。

——突破一系列绿色、智能船舶核心技术和超大型港口、深水航道建设维护技术,研制一批高技术、高性能船舶和高效通用配套产品,进一步提升我国造船、航运的整体水平。培育绿色、智能船舶等战略性新兴产业。依托长江黄金水道,加强各种运输方式的衔接和综合交通枢纽建设,加快多式联运发展,建成安全便捷、绿色低碳的综合立体交通走廊,增强对长江经济带发展的战略支撑力。

——瞄准我国航空运输业快速发展、低空空域开放、通用航空产业、民航节能减排和航空应急救援体系建立所需要的技术基础,围绕安全、高效、绿色航空器和航空运输系统两条主线,突破新概念飞机、先进空管、大型枢纽机场运控技术等重点方向前沿核心技术,直接支撑大型机场综合交通枢纽建设,全面推进我国通航全产业链发展。

——瞄准道路交通基础设施长寿命迫切需求,突破道路交通基础设施长寿命绿色材料、服役状态快速感知和评估、功能提升等关键技术,重点解决长寿命绿色材料制备、监测和检测技术装备研发、性能保持与恢复及功能提升技术等问题,力争使我国道路交通基础设施功能寿命达到国际先进水平。

——我国综合交通运输的智能化水平和综合服务品质极大提升,交通信息精准感知与可靠交互、交通系统协同式互操作、泛在智能化交通服务等基础理论和核心技术体系基本形成,重点解决综合交通信息服务、交通系统控制优化、城市交通控制功能提升与设计问题,显著改善交通基础设施、载运工具、运行系统的安全状况和服务能力,智能交通战略性新兴产业规模化发展。力争到2020年,智能交通技术普及率增长30%,综合交通运输效能提升20%,亿车公里事故率降低10%。

战略部署

围绕"十三五"国家科技创新规划和"创新驱动"发展战略,分三步实施:

——分步实施现代交通领域重点专项,构建具有国际竞争力的产业技术体系,在交通系统安全保障、综合效能提升和可持续性等战略方向形成包括核心技术、关键装备、集成应用与标准规范在内的成果体系。

——围绕拓展创新发展空间,构建全面创新能力。优化整合科研能力资源,完善以国家高速列车技术创新中心为引领的国家交通科技创新能力平台建设。培育造就一批具有全球领域影响力的科学家、科技领军人才、高技能人才和高水平创新团队。

——突破共性前沿和颠覆性交通核心技术,培育重要战略性创新力量,聚焦重大科学问题,引领交通技术未来发展方向。

金鹿杯只颁给获得"中国公路学会科学技术奖"特等奖的项目,"金鹿"取"金路"的谐音,以寓意公路事业的辉煌成就和璀璨明天。铜铸镀金的奖杯,以一头奋进向上的梅花鹿为主体,以险峻高耸的山崖为基座。中国特有的珍稀动物梅花鹿,寓意着公路科技创新的中国特色,梅花鹿的矫健、机敏、速度和耐力,象征着中国公路科研人员的智慧、实力和坚韧不拔,山崖和陡坡象征着科研事业面临的挑战和艰辛。

中国公路学会科学技术奖奖励办法

为了奖励在公路交通科学技术进步中做出突出贡献的组织或个人，调动公路交通行业从事科学研究、技术创新与开发人员的积极性和创造性，促进科技成果的转化和公路交通科学技术事业的发展，特制定本办法。

第一条 根据中华人民共和国国务院发布的《国家科学技术奖励条例》和科学技术部颁发的《社会力量设立科学技术奖管理办法》的规定，科学技术部、国家科学技术奖励工作办公室批准中国公路学会设立"中国公路学会科学技术奖"。

第二条 "中国公路学会科学技术奖"奖励范围和对象：授予在公路交通行业的"技术开发项目""社会公益项目""重大工程项目""软科学研究项目"中做出突出贡献的组织或个人。

第三条 中国公路学会科学技术奖的推荐（申报）、评审、授奖实行公开、公平、公正原则，不受任何组织或个人的干涉。

第四条 中国公路学会聘请专家、学者组成评审委员会，依照本办法的规定，负责中国公路学会科学技术奖的评审工作。评审委员会可根据情况下设若干专业评审组。评审委员会办事机构设在中国公路学会办公室。

第五条 中国公路学会科学技术奖奖励等级，分为特等奖、一等奖、二等奖、三等奖四个等级。

第六条 评审委员会的评审结果向社会公示，由理事长会议审查、批准，并以中国公路学会的名义授奖。中国公路学会科学技术奖接受社会监督。

第七条 中国公路学会科学技术奖每年评定一次。

第八条 中国公路学会科学技术奖由下列单位推荐（申报）：

各省、自治区、直辖市公路交通主管部门（或各省、自治区、直辖市公路学会），也可由具有法人资格的从事公路交通行业的企业、事业单位，社会团体推荐（申报）。

第九条 如发现有弄虚作假或剽窃他人成果的现象，核实后经理事长会议审批撤销其奖励、追回奖状和证书，并予以公告。

第十条 本办法由中国公路学会负责解释。

第十一条 本办法自发布之日起实施，原奖励办法同时废止。

中国公路学会
2006年4月10日

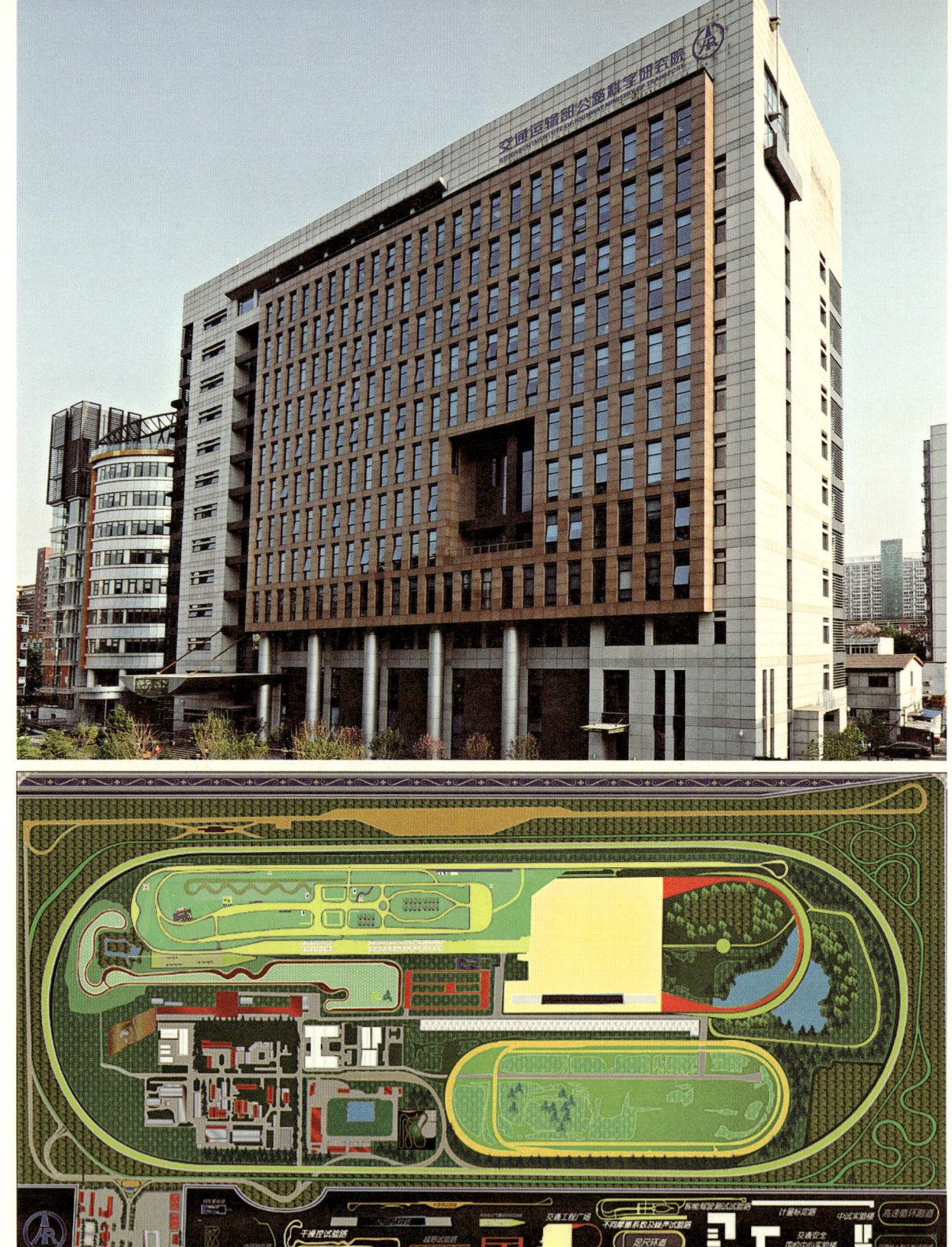

交通运输部公路科学研究所

用交通强国梦照亮创新之路

营运车辆安全驾驶保障技术创新与应用、在役混凝土梁桥可靠性检测评估技术体系与装备研发、松散破碎地层超大跨度隧道施工关键技术研究、道路铺面材料废物循环利用技术及示范……在2018年度中国公路学会科学技术奖的获奖名单中，由交通运输部公路科学研究所（简称"部公路院"）主持和参与的15个研究项目荣登获奖名单，项目涉及安全生产、节能环保、技术体系建设等交通运输行业的重点领域及学科，体现了我国交通运输行业的科技创新能力，也展现了部公路院勇当交通强国建设科技先锋的信心、决心和恒心。

这份责任与担当，从2018年的成绩单中便可一窥究竟。

2018年，部公路院大力推进深化改革和创新驱动融合发展，着力提升"科技引领、自主创新、支撑服务"3个能力，在服务国家战略方面，取得了新成绩，充分履行了交通运输行业"智囊团"的职责，并以此为支撑，让产学研用结合得更加紧密、有效。

——围绕"一带一路"建设，起草了中国与周边10余个国家的汽车运输协定及议定书、中国与巴基斯坦公路技术合作五年行动计划；取得了国家海关总署跨境运输车辆核批机构资格，发布了跨境运输车辆核批工作实施细则，核发了第一批跨境运输车辆证书；主办了2018年道路交通安全国际研讨会，对外宣传了道路安全"中国经验"。

——围绕京津冀一体化，研究制定了雄安新区智能交通专项规划，编制了京雄、延崇智慧高速公路建设方案。开展了崇礼县道路的代建工作，为2022年冬奥会和残奥会核心区道路交通保障提供了技术支持。

——围绕"乡村振兴"，成立了"服务'四好农村路'建设办公室"，支撑了"农村公路管理养护体制改革方案"的修订；用"习近平总书记'四好农村路'思想及其成功实践"项目研究成果编撰出版了《"四好农村路"理论与实践》一书。

——围绕"国家重点研发计划"，成功申报并获得了4个重点专项研发任务。其中，"道路交通运输大数据平台关键技术研究与应用示范"，将打造我国公路交通运输大数据平台，推动交通运输大数据应用的技术进步；"涉水重大基础设施安全保障技术研究与工程示范"，将形成国家重大工程突发事件防控与应急关键技术，为粤港澳大湾区重大工程深中通道的建设和运营提供保障。

——围绕国家科技创新平台建设，经过4年的艰辛培育，桥梁结构安全技术国家工程实验室通过了国家发改委和交通运输部组织的验收。启动了国家公路交通科学基础数据中心的培育和筹建工作。

…………

党的十九大提出建设交通强国的宏伟目标，为未来一段时间的交通建设奠定了总基调。这期间，科技创新、人才储备成为实现公路交通现代化发展的重要资源。面向未来，部公路院的科技工作者们，将继续以创新为己任，在"实现交通强国梦"的道路上砥砺奋进，破浪前行。

目录

特等奖

26 / 特大型桥梁风-浪-流耦合作用研究

30 / 黄土隧道支护理论与设计施工关键技术

34 / 黄土公路路基关键技术及工程应用

36 / 1960MPa悬索桥主缆索股技术研究

40 / 高效耐久大跨径钢桥面浇注式沥青铺装性能保障成套技术

一等奖

44 / 桥梁状态监测与维护决策新技术研发与应用

46 / 大跨重载宽幅钢箱梁斜拉桥建设关键技术研究

50 / 装配式桥梁快速施工结构体系研发及其应用

54 / 小半径混凝土弯斜拉桥关键技术研究

56 / 基于BIM的公路桥梁建养一体化关键技术研究

58 / 公路桥梁工业化与标准化建造关键技术

60 / 泰州大桥长大桥梁运营安全风险防控与示范

62 / 公路隧道智慧建养关键技术及应用示范

66 / 高速公路绿色隧道关键技术及工程示范

68 / 隧道智慧照明系统成套技术研究与装备开发

70 / 泡沫轻质直立式路基快速构筑成套技术及工程应用

72 / 软弱地基土工合成材料约束桩处理技术及工程应用

74 / 山区花岗岩残积土路基智能建养技术

78 / 环氧类钢桥面铺装维养与评价关键技术

80 / 重交通沥青路面耐久性结构与VVTM材料设计关键技术及工程应用

82 / 城市公交高效运行集成设计与控制优化关键技术

84 / 营运车辆安全驾驶保障技术创新与应用

88 / 交通运输北斗增强关键技术研究与应用

90 / 广东省高速公路设计标准化技术研究与应用

94 / 交通运输信用体系建设重大政策和监管模式研究及实践应用

98 / 长大桥梁建设技术系统集成研究

104 / 轨道工程制品（轨道板）流水机组法生产工艺与成套设备研制

二等奖

112 / 在役混凝土梁桥可靠性检测评估技术体系与装备研发

114 / 大跨波形钢腹板预应力混凝土箱梁施工关键技术

118 / 江顺大桥建设关键技术研究

120 / 波形钢腹板PC组合箱梁桥设计与施工控制关键技术研究与应用

122 / 基于物联网的城市道路桥梁状态感知与评价分析关键技术研究

124 / 宜昌庙嘴长江大桥施工关键技术

126 / 松散破碎地层超大跨度隧道施工关键技术研究

128 / 基于隧道监控量测的底部动态围岩分级及仰拱优化设计技术研究

130 / 高温多雨地区公路水文地质特征与水害治理关键技术研究

132 / 沥青路面表面病害三维检测技术及工程应用研究

136 / 道路铺面材料废物循环利用技术及示范

138 / 重载作用下沥青路面结构损伤精确诊断与耐久保持关键技术

140 / 路（桥）面功能循环保固延寿技术研究与应用

142 / 国内外沥青混合料体积指标测试与计算体系修正研究

144 / "一带一路"复杂气候环境下沥青混合料路用性能评价新技术

146 / 智慧停车成套技术和装备研发及应用

148 / 公路货运车辆实时载荷与制动性能集成检测关键技术及应用

150 / 道路风险评估技术研究与实践

152 / 城市完整街道与绿色交通设计技术研究与应用

154 / 智慧高速公路关键技术与实践

156 / 低等级公路安全防控关键技术研发与集成示范

158 / 综合运输服务示范城市建设方法、政策机制及应用研究

160 / 新常态下客货运输发展趋势及对策研究

162 / 交通运输财政性资金差异化补助政策研究

164 / "十三五"期我国综合交通运输体系发展战略及对策研究

166 / 我国交通运输行业改革总体规划研究

168 / 综合运输法规体系立法研究

172 / 交通运输能耗统计监测体系建设

174 / 综合交通运输中长期发展战略与复合型综合运输走廊布局规划研究

三等奖

178 / 跨海大桥主墩基础损伤识别与安全预警技术研究
180 / 基于监测数据的长大桥梁运营维护技术及工程应用
182 / 基于风管冷却的大体积混凝土温度监测与裂缝控制施工技术研究
184 / 复杂地层水下隧道泥水盾构关键施工技术
186 / 贵州喀斯特山区绿色公路隧道建设关键技术研究
188 / BIM技术在隧道与轨道交通工程设计中的研发与应用
190 / 基于承载能力量化分析的公路隧道支护体系设计方法与工程应用
192 / 贵州特殊土填方路基设计与施工技术研究
196 / 热带雨林气候条件下高模量沥青碎石材料选型及混合料优化设计研究
198 / 路面低噪抗滑超表处关键技术研究
200 / 在役沥青路面服役功能评价及养护管理技术
202 / 交通运输安全相关标准研究及制定（2015）

2018 年度中国公路学会科学技术奖获奖项目名单

特等奖（5项）

1. 特大型桥梁风-浪-流耦合作用研究

主要完成单位：中交公路规划设计院有限公司、中交公路长大桥建设国家工程研究中心有限公司、中交第二航务工程局有限公司、交通运输部天津水运工程科学研究所、哈尔滨工业大学、大连理工大学、深中通道管理中心

主要完成人：刘高、张喜刚、张鸿、刘天成、陈上有、孟凡超、徐国平、陈汉宝、郭安薪、吴宏波、周道成、宋神友、程潜、刘海源、过超、侯斌、沈小明、耿宝磊、付佰勇、杨炎华、王昆鹏、邓科、秦建军、刘健、郭慧乾

2. 黄土隧道支护理论与设计施工关键技术

主要完成单位：长安大学、陕西省交通建设集团公司、中交第一公路勘察设计研究院有限公司、陕西省交通规划设计研究院、兰州理工大学、山东省交通规划设计院、中铁十一局集团有限公司、中铁七局集团有限公司

主要完成人：陈建勋、罗彦斌、乔雄、王天林、陈丽俊、杨健、赖金星、曹校勇、李景超、杨海峰、王传武、万利、郁光耀、彭刚、吕凡、王万平、梁兴全、杨忠、赵鹏宇、徐智、奚魏征、夏鹏、杨绍战、师伟、郝军洲

3. 黄土公路路基关键技术及工程应用

主要完成单位：长安大学、中交第一公路勘察设计研究院有限公司、陕西省交通规划设计研究院、甘肃省交通规划勘察设计院有限公司、西安理工大学、交通运输部公路科学研究所、甘肃省公路建设管理集团有限公司、陕西省高速公路建设集团公司

主要完成人：谢永利、张留俊、杨晓华、赵之胜、杨惠林、邵生俊、晏长根、张宏光、尹利华、刘军勇、刘保健、王丽琴、杜秦文、杨世君、刘怡林、王航、岳夏冰、翁效林

4. 1960MPa 悬索桥主缆索股技术研究

主要完成单位：广东省公路建设有限公司、广东省公路建设有限公司虎门二桥分公司、中交公路规划设计院有限公司、江苏法尔胜缆索有限公司、上海浦江缆索股份有限公司、江苏东纲金属制品有限公司、江阴华新钢缆有限公司、宝钢集团南通线材制品有限公司、江阴兴澄特种钢铁有限公司、青岛特殊钢铁有限公司、宝山钢铁股份有限公司、广东省交通运输厅、中铁大桥科学研究院有限公司

主要完成人：吴玉刚、崔岗、赵军、张海良、万根节、张剑锋、卢靖宇、张太科、薛花娟、张军、李阳、王林烽、梅刚、彭伟强、鲜荣、代希华、张鑫敏、李彦兵、姚志安、钱叶祥、蔡依花、周旭东、赖嘉华、朱超、朱鹏

5. 高效耐久大跨径钢桥面浇注式沥青铺装性能保障成套技术

主要完成单位：重庆市智翔铺道技术工程有限公司、港珠澳大桥管理局、华南理工大学、招商局重庆交通科研设计院有限公司

主要完成人：郝增恒、王民、张华、鲁华英、徐伟、肖丽、胡德勇、盛兴跃、尚飞、吴清发、张肯宁、李璐、周启伟、徐建晖、杨波、王滔、朱定、赵国云、徐光红、叶伟、代剑锋、陈诚、岳晓文、李书亮、吴雪柳

一等奖（28项）

1. 桥梁状态监测与维护决策新技术研发与应用

主要完成单位：重庆交通大学、北京航空航天大学、重庆市轨道交通（集团）有限公司、林同棪国际工程咨询（中国）有限公司、重庆建工集团股份有限公司

主要完成人：周建庭、张洪、杜博文、张奔牛、廖棱、郑丹、刘思孟、马虎、陈晓虎、黎小刚、蒋震、赵瑞强、辛景舟、杨俊、陈悦

2. 混凝土梁桥长期性能研究（LBBP）

主要完成单位：中交公路规划设计院有限公司、中交公路长大桥建设国家工程研究中心有限公司、浙江大学、东南大学、大连理工大学、辽宁省高速公路运营管理有限责任公司、宁波交通投资控股有限公司、广东省公路建设有限公司、重庆公路养护工程（集团）有限公司、济南大学

主要完成人：王仁贵、黄李骥、李娜、张文明、金伟良、贡金鑫、马军海、李文杰、王康臣、田雨、王梓夫、徐群丽、易绍平、徐懋刚、邓淮

3. 大跨重载宽幅钢箱梁斜拉桥建设关键技术研究

主要完成单位：中交第二航务工程局有限公司、中交第二公路勘察设计研究院有限公司、武汉中交沌口长江大桥投资有限公司、武汉锂鑫自动化科技有限公司、武船重型工程股份有限公司、中交公路长大桥建设国家工程研究中心有限公司

主要完成人：由瑞凯、冯鹏程、张鸿、徐刚、张永涛、陈超华、李芳武、南军强、张延河、陈毅明、付坤、封江东、黄灿、杜俊、郑建新

4. 装配式桥梁快速施工结构体系研发及其应用

主要完成单位：上海市城市建设设计研究总院（集团）有限公司、中交第二公路勘察设计研究院有限公司、上海公路投资建设发展有限公司、同济大学、安徽省交通规划设计研究总院股份有限公司、上海公路桥梁（集团）有限公司、上海城建市政工程（集团）有限公司

主要完成人：周良、冀振龙、李雪峰、冯鹏程、闫兴非、郑益、朱玉、王志强、沙丽新、徐宏光、刘经熠、徐桂平、王洪新、崔晨、张涛

5. 小半径混凝土弯斜拉桥关键技术研究

主要完成单位：中国路桥工程有限责任公司、中交公路规划设计院有限公司、中交第二公路工程有限公司、西南交通大学

主要完成人：周泳涛、单德山、孙耀国、杜飞、梁青山、彭运动、童育强、郭猛、陆从飞、刘海龙、肖军良、夏嵩、张二华、喻志刚、胡娟

6. 基于 BIM 的公路桥梁建养一体化关键技术研究

主要完成单位：江苏省交通运输厅公路局、北京公科桥梁技术有限公司、中设设计集团股份有限公司、东南大学、江苏省交通运输厅工程质量监督局、泰州市公路管理处、交通运输部公路科学研究所、兴化市交通运输局、兴化市金桥工程有限公司

主要完成人：史国刚、闫昕、李法雄、姜竹生、元宇、陈胜武、周进华、谢利宝、朱辉阳、蒲政、郭建华、李晓龙、张晓冬、朱雷雷、袁永红

7. **公路桥梁工业化与标准化建造关键技术**

    主要完成单位：苏交科集团股份有限公司、东南大学、南京工业大学、中交第二航务工程局有限公司、中铁宝桥（扬州）有限公司

    主要完成人：张建东、吴智深、刘钊、徐秀丽、白炳东、贺志启、李雪红、刘朵、汪昕、张文明、周叮、杨扬、徐剑、李明、卓为顶

8. **泰州大桥长大桥梁运营安全风险防控与示范**

    主要完成单位：江苏泰州大桥有限公司、苏交科集团股份有限公司、中国科学技术大学

    主要完成人：阚有俊、汤海学、杨扬、孙金华、朱绍玮、蒋波、王华城、吉林、张云必、熊琴、严圣友、宋建辉、孙黎松、史登峰、段强领

9. **公路隧道智慧建养关键技术及应用示范**

    主要完成单位：江西省高速公路投资集团有限责任公司、江西交通咨询有限公司、同济大学、上海同岩土木工程科技股份有限公司、江西省交通工程集团有限公司

    主要完成人：俞文生、刘学增、王建秀、万义云、刘风云、邹辉杰、刘新根、解琴、叶康、梁仁鸿、师刚、张吉祥、何喆卿、罗鸣、王晓彤

10. **拱北隧道成套关键技术与应用创新研究**

    主要完成单位：港珠澳大桥珠海连接线管理中心、中交第二勘察设计研究院有限公司、广东省南粤交通投资建设有限公司、中国地质大学（武汉）、同济大学、北京交通大学、北京交科公路勘察设计研究院有限公司、交通运输部科学研究院、国家消防工程技术研究中心、中铁十八局集团有限公司

    主要完成人：王啟铜、王文州、廖朝华、职雨风、程勇、马保松、胡向东、黄宏伟、谭忠盛、李剑、吴玉刚、张昊、肖殿良、倪照鹏、尹良龙

11. **高速公路绿色隧道关键技术及工程示范**

    主要完成单位：安徽省交通控股集团有限公司、同济大学、交通运输部公路科学研究所、北京林业大学、安徽省交通规划设计研究总院股份有限公司、安徽省高速公路试验检测科研中心有限公司、安徽省高等级公路工程监理有限公司、安徽省交通建设股份有限公司、安徽省路桥工程集团有限责任公司、中交一公局第一工程有限公司

    主要完成人：黄学文、朱合华、徐剑、李晓军、严二虎、吴林松、闫治国、孟春雷、杨建英、何玉柒、陈传明、刘拓、许泽宁、齐运书、曹小祥

12. **隧道智慧照明系统成套技术研究与装备开发**

    主要完成单位：招商局重庆交通科研设计院有限公司、重庆高速公路集团有限公司、山东高速股份有限公司、广东省高速公路有限公司、贵州高速公路集团有限公司、上海三思电子工程有限公司、重庆星河光电科技股份有限公司

    主要完成人：韩直、陈晓利、付立家、于香玉、周广振、杜益文、曾祥平、李远哲、冯畅、谢耀华、刘相华、刘贞毅、朱湧、杨恃、谢富有

13. **泡沫轻质直立式路基快速构筑成套技术及工程应用**

    主要完成单位：广州大学、广东盛瑞科技股份有限公司、湖南路桥建设集团有限责任公司、中电建路桥集团有限公司、广东省交通规划设计研究院股份有限公司、佛山市路桥建设有限公司

    主要完成人：陈忠平、成子桥、周强、汪建斌、刘吉福、陈锡麟、姬同庚、彭建江、陈俊霖、李建宇、熊杰、郭立成、谢山海、罗国民、詹云霞

14. **软弱地基土工合成材料约束桩处理技术及工程应用**

    主要完成单位：招商局重庆交通科研设计院有限公司、武汉广益交通科技股份有限公司、天津大学、同济大学

    主要完成人：冯守中、邓卫东、郑刚、陈建峰、孙立强、李聪、周海祚、李洁、李亮、余文魁、张睿、周雄华、闫澍旺、梅森、陈芳

15. **山区花岗岩残积土路基智能建养技术**

    主要完成单位：江西省高速公路投资集团有限责任公司、同济大学、中交一公局桥隧工程有限公司、上海同科交通科技有限公司

    主要完成人：费伦林、钱劲松、徐立红、胡秋宝、凌建明、郭建国、刘伟胜、王海涛、林佑华、张宏、杜浩、余辉、邓长平、彭礼鹏、杨戈

16. **黄河冲淤积平原路基灾变机制、预警方法和综合防控技术**

    主要完成单位：山东交通学院、山东大学、山东省交通规划设计院、山东铁正工程试验检测中心有限公司、济南金曰公路工程有限公司、泰安恒大机械有限公司、交通运输部公路科学研究所、山东省路桥集团有限公司、中铁十四局集团有限公司、山东华鉴工程检测有限公司

    主要完成人：崔新壮、李晋、张珂、王成军、苏磊、纪续、曹斌、张炯、矫恒信、熊大路、吴新萍、王保群、王园、周新波、宋德果

17. **环氧类钢桥面铺装维养与评价关键技术**

    主要完成单位：苏交科集团股份有限公司、东南大学、天津城建集团有限公司、南京市交通建设投资控股（集团）有限责任公司、江苏省交通工程建设局、镇江蓝舶工程科技有限公司、江苏高速公路工程养护技术有限公司

    主要完成人：钱振东、陈磊磊、吴春颖、周建华、胡靖、韦武举、白炳东、刘伟、钟东、张可强、刘津、王建伟、夏立明、朱元军、赵付星

18. **重交通沥青路面耐久性结构与 VVTM 材料设计关键技术及工程应用**

    主要完成单位：长安大学、陕西省交通建设集团公司、陕西省交通运输厅工程质量监督站、陕西省交通工程咨询有限公司、金华市公路管理局、河南省交通运输厅京珠高速新乡至郑州管理处

    主要完成人：蒋应军、乔怀玉、纪小平、张毅、李明杰、王天林、陈浙江、赵卫东、刘海鹏、雷甲、李顿、薛金顺、邓长清、陆锡铭

19. **南方高速公路不良土质路堤拓宽关键技术及其应用**

    主要完成单位：长沙理工大学、江西省交通运输厅南昌至樟树高速公路改扩建项目建设办公室、湖南省连株高速公路建设开发有限公司、中南大学

    主要完成人：张军辉、张锐、刘龙武、唐利民、吕松涛、刘刚、曾铃、姚永胜、刘维正、王剑、李崛、黄拓、梁波、韦慧、金娇

20. 城市公交高效运行集成设计与控制优化关键技术

主要完成单位：同济大学、交通运输部科学研究院、上海电科智能系统股份有限公司、上海交通投资（集团）有限公司、上海城市交通设计院有限公司

主要完成人：马万经、杨晓光、刘好德、娄亭、滕靖、叶磊、沈峰、吴忠宜、李永、王继东、潘振兴、朱鲤、李成、张品立、孙拓

21. 营运车辆安全驾驶保障技术创新与应用

主要完成单位：交通运输部公路科学研究所、安徽三联交通应用技术股份有限公司、安徽三联学院、华北高速公路股份有限公司、安徽省合肥汽车客运有限公司

主要完成人：金会庆、王笑京、王江波、李斌、汪林、刘应吉、李宏海、赵丽、张树林、黄惠民、张纪升、唐毅、余皖生、方有明、王敬刚

22. 交通运输北斗增强关键技术研究与应用

主要完成单位：中国交通通信信息中心、北京国交信通科技发展有限公司、上海市城市建设设计研究总院(集团)有限公司、北京理工雷科电子信息技术有限公司、同济大学

主要完成人：殷林、张炳琪、周良、曾大治、沈兵、丁美、沈刚、李晶、王解先、夏威、李锐、王林、蒋应红、冯涛、糜江

23. 广东省高速公路设计标准化技术研究与应用

主要完成单位：广东省交通运输厅、广东省交通集团有限公司、广东省高速公路有限公司、中交第一公路勘察设计研究院有限公司、中交第二公路勘察设计研究院有限公司、中交公路规划设计院有限公司、中国铁道科学研究院集团有限公司、广东省交通规划设计研究院股份有限公司、中国公路工程咨询集团有限公司、广东省交通运输规划研究中心

主要完成人：贾绍明、李卫民、王安惠、邱志雄、黄成造、余国红、余培玉、张钱松、韩常领、朱玉、周登燕、张勇、王景奇、徐陈群、陈红

24. 交通运输信用体系建设重大政策和监管模式研究及实践应用

主要完成单位：交通运输部科学研究院、交科院（北京）科技发展有限公司

主要完成人：王先进、高爱颖、褚春超、罗凯、张晓利、靳瑾、赵新惠、樊东方、刘欣欣、孙志超、石磊、欧阳斌、徐婧、马英杰、狄小峰

25. 长大桥梁建设技术系统集成研究

主要完成单位：中交公路规划设计院有限公司、中交第二航务工程局有限公司、江苏省交通运输厅、交通运输部公路科学研究所、中交第二公路工程局有限公司、江苏省交通工程建设局（省长江大桥建设指挥部）、中交公路长大桥建设国家工程研究中心有限公司、招商局重庆交通科研设计院有限公司、南京大学、上海振华重工（集团）股份有限公司

主要完成人：凤懋润、侯金龙、张喜刚、袁洪、张鸿、游庆仲、张劲泉、薛光雄、刘文杰、刘高、赵君黎、张永涛、何平、王玉倩、李松

26. 道路运输危险货物安全保障标准研究

    主要完成单位：长安大学、江苏省交通运输厅运输管理局、四川省交通运输厅道路运输管理局、浙江省道路运输管理局、新疆维吾尔自治区道路运输管理局、黑龙江省道路运输管理局

    主要完成人：刘浩学、沈小燕、赵炜华、朱彤、晏远春、杨开贵、张普聪、彭侃、张静源

27. 轨道工程制品（轨道板）流水机组法生产工艺与成套设备研制

    主要完成单位：山东高速轨道交通集团有限公司、山东交通学院、中铁二十三局集团有限公司、山东高速轨道设备材料有限公司

    主要完成人：李晓荣、王保群、张长春、李亚东、张爱勤、张福松、黄兴启、樊文波、裴磊、张鹏、刘文江、林晓波、艾其开、张伟林、张铭真

28. 基于场内交易的交通物流电商平台关键技术研究及应用

    主要完成单位：江苏大学、惠龙易通国际物流股份有限公司、东南大学、交通运输部科学研究院

    主要完成人：刘哲、施文进、宋余庆、董娜、倪巍伟、刘毅、郁培昌、施俊、朱轶、宋旼珊

二等奖（79项）

1. 在役混凝土梁桥可靠性检测评估技术体系与装备研发

    主要完成单位：交通运输部公路科学研究所、长安大学、大连理工大学、中交公路规划设计院有限公司、北京公科桥梁技术有限公司

    主要完成人：赵尚传、和海芳、毛燕、王玉倩、张劲泉、李鹏飞、刘刚、马瑞、姜震宇、王春生

2. 用复合结构加固圬工拱桥的设计施工关键技术及应用

    主要完成单位：江西省公路科研设计院、重庆交通大学、江西省公路工程检测中心

    主要完成人：何凌坚、高燕梅、黄志刚、胡玉婷、钱济章、聂磊、刘辉、涂菲、叶春森、占永春

3. 山区特大跨度钢桁梁斜拉桥设计施工关键技术研究

    主要完成单位：中交路桥建设有限公司、中交第二公路勘察设计研究院有限公司、中交路桥华南工程有限公司

    主要完成人：卢冠楠、彭元诚、檀兴华、姚进、鲜正洪、王宗仁、肖向荣、宗昕、安邦、师少辉

4. 长江上游地区特大跨（820米）钢箱梁悬索桥设计施工关键技术研究

    主要完成单位：四川公路桥梁建设集团有限公司、四川智通路桥工程技术有限责任公司、四川省交通运输厅公路规划勘察设计研究院

    主要完成人：龙勇、卢伟、董武斌、谭邦明、肖安斌、闵祥、李青芸、杨明、宋杨、曹瑞

5. 超大跨径自锚式悬索桥成套技术研究

    主要完成单位：河南省桃花峪黄河大桥投资有限公司、山东省交通规划设计院、中铁大桥局集团有限公司、长沙理工大学、重庆交通大学

    主要完成人：许世展、李传习、李怀峰、姬同庚、李艳哲、王宏博、柯红军、朱家鹏、王邵锐、尹超

6. **移动模架造桥机高效施工关键技术研究、装备开发及工程应用**
   主要完成单位：长安大学、山东恒堃机械有限公司、中交路桥华东工程有限公司
   主要完成人：吕彭民、秘嘉川、谢毅、王斌华、王小山、王龙奉、张春国、王瑞、党权交、陈学鲁

7. **超重弯坡梁式桥快速移除技术研发与应用**
   主要完成单位：武汉二航路桥特种工程有限责任公司、中交第二航务工程局有限公司、上海城投公路投资(集团)有限公司、中交基础设施养护集团有限公司、苏州大方特种车股份有限公司、中交第二公路勘察设计研究院有限公司、武汉理工大学
   主要完成人：朱慈祥、盛海军、陈永昌、王福敏、王伟、王蔚、张翼、何雄君、尹富秋、朱世峰

8. **大跨波形钢腹板预应力混凝土箱梁施工关键技术**
   主要完成单位：中铁十四局集团有限公司、广东省南粤交通投资建设有限公司、中铁十四局集团第二工程有限公司、山东大学、交通运输部科学研究院、山东科技大学
   主要完成人：谷守法、张峰、董旭、刘小果、路刚、马新、李秀东、刘明才、姚洪瑞、秦绪彬

9. **玻璃纤维板材（GFRP）-混凝土-钢组合新型桥梁结构研发**
   主要完成单位：中交基础设施养护集团有限公司、中国路桥工程有限责任公司、东南大学、重庆交通大学
   主要完成人：鲍卫刚、黄侨、杨小刚、邹筑煜、夏兴佳、佟兆杰、杨书仁、周马生、宋晓东、纪伟

10. **山区大跨径悬索桥钢箱梁缆索吊装集成控制系统及施工技术研究**
    主要完成单位：中交二公局第二工程有限公司
    主要完成人：先正权、梁进达、赵强、刘苗、蒋能世、梁彬彬、艾国清、石越岭、齐鹏、高虎子

11. **港珠澳大桥高品质混凝土构件预制安装关键技术**
    主要完成单位：中交公路规划设计院有限公司、港珠澳大桥管理局、中交二航局第二工程有限公司、广州港湾工程质量检测有限公司
    主要完成人：杨绍斌、张洪、杨红、张宝兰、游川、王俊、李超、邓科、曾庆喜、王李

12. **高震区黄河不通航河道大跨结合梁斜拉桥建造关键技术研究**
    主要完成单位：甘肃路桥公路投资有限公司、中交第二航务工程局有限公司、武汉理工大学、甘肃省交通规划勘察设计院股份有限公司
    主要完成人：邹虎、王进军、胡义新、肖伯强、何雄君、武维宏、胡永波、肖祥、邓育林、罗洪成

13. **江顺大桥建设关键技术研究**
    主要完成单位：中铁广州工程局集团有限公司、中铁建设投资集团有限公司、中铁珠三角投资发展有限公司、中铁大桥局集团有限公司、广东省交通规划设计研究院股份有限公司、江门市滨江建设投资管理有限公司、广东华路交通科技有限公司
    主要完成人：陈想清、周文、杨新林、冯朝军、梁立农、刘继强、丁以伟、庞文喻、张志勇、刘中东

14. 大跨高墩预应力混凝土刚构桥关键技术研究

    主要完成单位：湖南省交通规划勘察设计院有限公司、湖南省永龙高速公路建设开发有限公司、湖南路桥建设集团有限责任公司、湖南大学

    主要完成人：陈洪林、陈国平、刘榕、唐普查、李昆、郭一枝、王为、刘海波、唐小富、张阳

15. 波形钢腹板 PC 组合箱梁桥设计与施工控制关键技术研究与应用

    主要完成单位：深圳市市政设计研究院有限公司、四川大学、交通运输部公路科学研究所、深圳市尚智工程技术咨询有限公司

    主要完成人：陈宜言、姜瑞娟、王清远、李明、盖卫明、王志宇、陈夏春、吴启明、肖玉凤、徐添华

16. 公路钢结构桥梁设计规范 （JTG D64-2015）

    主要完成单位：中交公路规划设计院有限公司、同济大学、西南交通大学、北京交通大学、清华大学、长安大学、东南大学

    主要完成人：张喜刚、裴岷山、赵君黎、吴冲、强士中、雷俊卿、樊健生、王春生、陈惟珍、姚波

17. 基于物联网的城市道路桥梁状态感知与评价分析关键技术研究

    主要完成单位：北京中交华联科技发展有限公司、广州交通信息化建设投资营运有限公司

    主要完成人：王建民、夏晓霞、李捷、蔡晓斌、黄钦炎、付彦、李卫妮、张建升、刘同根、彭波

18. 全装配化钢板组合梁桥综合技术及应用

    主要完成单位：安徽省交通控股集团有限公司、安徽省交通规划设计研究总院股份有限公司、同济大学、建华建材（安徽）有限公司、安徽省交通建设股份有限公司

    主要完成人：胡可、徐宏光、石雪飞、曹光伦、吴平平、阮欣、窦维禹、马海英、段海澎、刘志权

19. 宜昌庙嘴长江大桥施工关键技术

    主要完成单位：中铁大桥局集团有限公司、中国葛洲坝集团第五工程有限公司、中铁大桥局集团第七工程有限公司、中铁大桥局集团第一工程有限公司

    主要完成人：谢红跃、刘雄、刘玉峰、祝良红、张春新、黄胜春、冯毅、石小磊、周功建、蒋本俊

20. 基于长期性能的高墩大跨连续刚构桥建造关键技术研究

    主要完成单位：广东省南粤交通龙怀高速公路管理中心龙连管理处、长安大学、中交第一公路工程局有限公司

    主要完成人：张利、刘欣、王茜、王春生、李根存、杨立华、唐浩、张亮、唐先鹏、罗晓瑜

21. 恶劣海况与复杂地质条件下海峡公铁两用桥深水基础施工关键技术

    主要完成单位：中国铁建港航局集团有限公司

    主要完成人：王志红、曾浩、许四发、金国亮、刘齐辉、董琴亮、魏贤华、冯忠、刘吉福、谭昌全

22. 钢-聚氨酯夹层板曲面结构桥墩防撞浮箱研究

    主要完成单位：广东省公路事务中心、华南理工大学、广州市恒津路桥设计咨询有限公司

    主要完成人：任美龙、单成林、许薛军、钟清文、林颖、卢维华、李峰、刘文芳、颜苓、李荣威

23. 强涌潮河段超大直径高速公路水下隧道关键技术研究

    主要完成单位：中铁第四勘察设计院集团有限公司、上海隧道工程有限公司、同济大学、西南交通大学

    主要完成人：肖明清、焦齐柱、张迪、章仁财、廖少明、黄茂松、孙文昊、张玉春、刘浩、蒋超

24. 高海拔复杂地质特长公路隧道关键施工技术

    主要完成单位：中铁一局集团有限公司、中铁一局集团第四工程有限公司

    主要完成人：姚志军、刘新文、安国勇、孔凡强、李昌宁、孔庆祥、许志忠、王刘勋、苟涛、张松

25. 土压平衡盾构穿越地层敏感区沉降控制技术研究

    主要完成单位：中交第二航务工程局有限公司、中交二航局南方工程有限公司、中交二航局工程装备分公司

    主要完成人：翟世鸿、吴忠善、鞠义成、李浩、崔洪谱、刘景红、杨钊、谭啸峰、刘国栋、陶义怀

26. 松散破碎地层超大跨度隧道施工关键技术研究

    主要完成单位：交通运输部公路科学研究所、贵州省高速公路集团有限公司

    主要完成人：许崇帮、万飞、朱大权、李雪峰、李世贵、张翾、李磊、张平、周少统、刘刚

27. 雅康路二郎山隧道施工关键技术研究

    主要完成单位：中铁十二局集团有限公司、中铁十二局集团第三工程有限公司、西南交通大学

    主要完成人：宋志荣、舒文军、李建军、李兴春、李宏晋、陈志高、刘大刚、王爽、王明年、马希平

28. 隧道安全智能监测预警关键技术及管控平台开发

    主要完成单位：中国交通建设股份有限公司、中交第二航务工程局有限公司、中交二航局第四工程有限公司、中交第二航务工程局有限公司第六工程分公司

    主要完成人：孙立强、李宗平、陈培帅、吴忠仕、刘毅、吴立柱、王兴刚、陈伟、江鸿、王永威

29. 绿色公路隧道精细化建设与按需营运综合节能技术

    主要完成单位：广东省公路建设有限公司、广东省公路建设有限公司江罗分公司、重庆大学、招商局重庆交通科研设计院有限公司、中铁十一局集团有限公司、中交公路长大桥建设国家工程研究中心有限公司

    主要完成人：肖广成、罗志光、张长亮、杨海清、张琦、李宝强、叶建虎、马二顺、王照伟、马林

30. 隧道围岩松动圈确定方法及应用研究

    主要完成单位：中铁十八局集团有限公司、西安工业大学、中铁十八局集团第五工程有限公司、陕西宝汉高速公路建设管理有限公司

    主要完成人：王睿、邓祥辉、张进增、李世争、孙长海、赵帮轩、郝永杰、黄越、石景林、何军

31. 腐蚀环境下锚杆力学性能劣化机理及防腐成套技术研究

    主要完成单位：杭州图强工程材料有限公司、西南交通大学、杭州丰强工程设计咨询研究院有限公司

    主要完成人：汪波、吴航通、李福海、王勇、吴德兴、全晓娟、刘四进、项小珍、郭新新、马龙祥

32. 攀西地区复杂地质条件及特殊环境下长大隧道群施工关键技术研究

    主要完成单位：中交隧道工程局有限公司、西南交通大学、中交隧道局第四工程有限公司

    主要完成人：王安、曹晓川、包世波、王志杰、孙永清、崔守远、周平、黄少华、张战凯、郝良秋

33. 复杂岩溶地区隧道围岩稳定性控制和安全支护技术

    主要完成单位：山东科技大学、山东铁正工程试验检测中心有限公司、中铁十四局集团隧道工程有限公司、济南舜达轨道交通设计有限公司、山东正元地质资源勘查有限责任公司、中国电建集团华东勘测设计研究院有限公司

    主要完成人：王清标、施振跃、于小鸽、陈炳志、苏磊、温小康、许垒、王辉、高卫富、赵增辉

34. 基于隧道监控量测的底部动态围岩分级及仰拱优化设计技术研究

    主要完成单位：河北省高速公路承赤管理处、河北省高速公路邢汾管理处、河北工业大学

    主要完成人：郝新利、马泽铭、郭海燕、马立纲、郭跃东、徐东强、王秉泽、刘熙媛、张莉璞、田健

35. 滨海复杂地层地铁车站建造及与上部高架桥同位合建关键技术

    主要完成单位：中铁十八局集团有限公司、中铁十八局集团第一工程有限公司

    主要完成人：沈启炜、史鹏飞、柴元四、施春来、蒲亚平、赵涛、宋臣昭、张杨、崔凌岳、张朝达

36. 山西省运营隧道渗漏水防治技术研究

    主要完成单位：山西省交通科学研究院、黄土地区公路建设与养护技术交通行业重点实验室、山西交科公路勘察设计院

    主要完成人：薛晓辉、韩大千、李永永、侯豪斌、张军、甄俊杰、宿钟鸣、王尚、姚广、孟志豪

37. 公路隧道变色温智能 LED 应用技术研究

    主要完成单位：河北省交通建设监理咨询有限公司、河北省高速公路张承张家口管理处、武汉广益交通科技股份有限公司

    主要完成人：曾俊平、王世芳、戴照彪、李建军、朱小康、王洪光、张桂英、胡帅、郭秀梅、王学海

38. 复杂不良地质条件长大隧道灾害防控关键技术研究与应用

    主要完成单位：中电建路桥集团有限公司、北京科技大学、北京安科兴业科技股份有限公司

    主要完成人：汤明、成子桥、沈亮、蒲文明、吴顺川、高硕、庞游洋、季毛伟、吴庆良、陈钒

39. 高温多雨地区公路水文地质特征与水害治理关键技术研究

    主要完成单位：广东华路交通科技有限公司、广东省高速公路有限公司、广东省航运规划设计院有限公司、中国人民解放军陆军勤务学院、交通运输部公路科学研究院、广东交科检测有限公司、公路交通安全与应急保障技术及装备行业研发中心

    主要完成人：陈少文、田卿燕、张彦龙、罗幸平、吴益林、李清、陈正汉、李建武、李志勇、林海山

40. 高海拔高烈度地区高速公路高边坡稳定性评价加固生态防护技术研究

    主要完成单位：中国公路工程咨询集团有限公司、空间信息应用及防灾减灾技术交通运输行业研发中心、河海大学、北京工业大学

    主要完成人：刘子剑、唐方清、傅宇浩、张坤勇、何乃武、牛玉欣、边金、陈志杰、艾英钵、潘勇

41. 灾害环境下都汶公路建设与修复关键技术研究与应用

    主要完成单位：成都理工大学、四川都汶公路有限责任公司、四川省交通运输厅公路规划勘察设计研究院、南瑞集团有限公司、西南交通大学

    主要完成人：李天斌、冯学钢、马洪生、孟陆波、何雁、凌骐、张斌、羊勇、庄卫林、任洋

42. 地震滑坡稳定性评价方法及新型防治结构研究

    主要完成单位：中铁西北科学研究院有限公司、青海省交通科学研究院、西南交通大学、兰州交通大学、甘肃省地震局、山西省公路局晋城分局、中铁科学研究院有限公司

    主要完成人：吴红刚、马惠民、房建宏、杨涛、王旭、吴志坚、徐斌、王宝成、徐安花、冯君

43. 聚合物处理公路软岩和软基关键技术及其应用

    主要完成单位：长沙理工大学、交通运输部公路科学研究院、湖南省湘筑工程有限公司、湖南鼎牛工程咨询有限公司、温州市交通规划设计研究院、中交第三公路工程局有限公司

    主要完成人：周正祥、姚佳良、苏成林、王杰先、林天干、曹岳嵩、汪展翅、姚丁、燕平、张跃明

44. 川西强震艰险山区高速交通路基抗震及安全保障关键技术

    主要完成单位：四川省交通运输厅公路规划勘察设计研究院、西南交通大学、中铁十九局集团有限公司

    主要完成人：陈强、马洪生、张建经、王东、范刚、赵永军、李勇、周立荣、文丽娜、刘飞成

45. 公路三维地理信息智能选线与选线优化系统

    主要完成单位：江西省高速公路投资集团有限责任公司、江西省高速公路投资集团有限责任公司南昌至宁都高速公路建设项目办公室、江西省交通设计研究院有限责任公司

    主要完成人：陈国、胡钊芳、刘云川、张小明、徐义标、周小勇、徐重财、张伯根、徐变、刘永平

46. **基于过程控制理论的公路灾变高切坡防治技术与应用**
    主要完成单位：重庆交通大学、中国科学院水利部成都山地灾害与环境研究所、中国人民解放军陆军勤务学院、中交第一公路勘察设计研究院有限公司、重庆市交通委员会工程质量安全监督局、中国地质大学（武汉）
    主要完成人：任青阳、刘元雪、何思明、李涛、沈小俊、叶四桥、潘雄、涂义亮、唐菲菲、韩军舵

47. **基于北斗和物联网的公路地质灾害立体监测与动态预警技术研究**
    主要完成单位：中国公路工程咨询集团有限公司、空间信息应用及防灾减灾技术交通运输行业研发中心、浙江大学、中国科学院遥感与数字地球研究所
    主要完成人：上官甦、王国锋、孙宏、傅宇浩、张鹏、李红芳、林报嘉、黄骞、潘勇、陈志杰

48. **沥青路面表面病害三维检测技术及工程应用研究**
    主要完成单位：内蒙古自治区交通建设工程质量监督局、交通运输部科学研究院、长安大学、同济大学
    主要完成人：王殿臣、张洪伟、李亚非、惠冰、杨群、郭朝阳、徐湘田、马荣贵、王学营、付立平

49. **道路铺面材料废物循环利用技术及示范**
    主要完成单位：交通运输部公路科学研究所、北京市政路桥建材集团有限公司、中路高科（北京）公路技术有限公司、华南理工大学、哈尔滨工业大学、山东省路桥集团有限公司、廊坊德基机械科技有限公司
    主要完成人：徐剑、秦永春、王旭东、柳浩、邹桂莲、王随原、谭忆秋、王杰、张蕾、黄颂昌

50. **重载作用下沥青路面结构损伤精确诊断与耐久保持关键技术**
    主要完成单位：交通运输部公路科学研究所、东南大学、山东省交通科学研究院
    主要完成人：孟书涛、徐全亮、黄晓明、王林、韦金城、王松根、刘振清、高英、余四新、祝谭雍

51. **路（桥）面功能循环保固延寿技术研究与应用**
    主要完成单位：广州珠江黄埔大桥建设有限公司、华南理工大学、广东华路交通科技有限公司、广东中和正通工程技术有限公司、广州交通投资集团有限公司、广东千仞溪路桥科技有限公司、广州单元分子技术有限公司
    主要完成人：张少锦、王端宜、刘先森、李善强、邓志华、钟鸣、王勇、严永华、张琬菁、许新权

52. **沥青路面紫外老化防治关键技术**
    主要完成单位：武汉理工大学、北京新桥技术发展有限公司、四川丽攀高速公路有限责任公司、交通运输部公路科学研究所、中交投资有限公司、内蒙古综合交通科学研究院
    主要完成人：吴少鹏、赵之杰、梁毅、刘全涛、管理、庞凌、赵美玲、陈美祝、余剑英、蒋永祥

53. 国内外沥青混合料体积指标测试与计算体系修正研究

   主要完成单位：山东省交通科学研究院

   主要完成人：马士杰、王晓燕、韦金城、赵海生、崔世萍、冉晋、胡家波、王光勇、林荔萍、陈婷婷

54. 南京南站综合枢纽道路工程绿色建设关键技术及示范应用

   主要完成单位：东南大学、江苏省南京市公路管理处、江苏宁沪高速公路股份有限公司、苏交科集团股份有限公司、中交第一公路勘察设计研究院有限公司

   主要完成人：高英、黄晓明、姚凯、李捷、张文浩、马涛、姜培源、严金海、李锋、李智

55. 基于绿色耐久的高速公路沥青路面改造关键技术及应用

   主要完成单位：安徽省交通控股集团有限公司、山东省交通科学研究院、合肥工业大学

   主要完成人：鲁圣弟、陈大峰、孙强、肖益民、陶卫国、韦国志、扈惠敏、董昭、李阿坦、韦金城

56. 双层就地热再生关键技术的研发及应用

   主要完成单位：江苏奥新科技有限公司、重庆文理学院、江苏省扬州市公路管理处、交通运输部公路科学研究所、东南大学、汕头市建安（集团）公司、新疆交通建设集团股份有限公司

   主要完成人：吴骏、罗天洪、殷成胜、徐剑、秦永春、赵永利、黄勇、王晓波、段宝东、李刚

57. 应对极端气候的橡胶粉 SBS 复合改性沥青成套技术研究与应用

   主要完成单位：吉林省交通科学研究所、吉林省交通规划设计院、吉林省高等级公路建设局、吉林交通职业技术学院、吉林省公路管理局

   主要完成人：于丽梅、栾海、闫秋波、沈瑞峰、吕东冶、张利东、王岩松、姚冬冬、王连威、李坤霖

58. 环保耐久型主动抗凝冰关键材料开发与功能铺装技术研究

   主要完成单位：江苏连徐高速公路有限公司、江苏中路工程技术研究院有限公司、常州履信新材料科技有限公司

   主要完成人：赵博、毕连居、陈若升、王昆、严震、郭述铭、卢传忠、沈震、周文、张万磊

59. "一带一路"复杂气候环境下沥青混合料路用性能评价新技术

   主要完成单位：中国路桥工程有限责任公司、长沙理工大学、河北省高速公路石安改扩建筹建处、浙江省大成建设集团有限公司

   主要完成人：关宏信、李刚、姜旺恒、李志强、曾峰、王昊卿、李长丽、周志刚、贾存兴、林俊

60. 江苏省高速公路沥青路面横向裂缝发展规律与检测评估研究

   主要完成单位：江苏高速公路工程养护技术有限公司、江苏宁杭高速公路有限公司、江苏中路工程技术研究院有限公司、东南大学、江苏现代路桥有限责任公司

   主要完成人：吴赞平、王华城、金光来、吴海林、胡厚琪、朱新春、茅荃、王建元、张澄、曾庆伟

61. **智慧停车成套技术和装备研发及应用**
    主要完成单位：中设设计集团股份有限公司、深圳怡丰自动化科技有限公司
    主要完成人：王维锋、万剑、詹凯频、周云城、党倩、谢斌、陈文峤、陈爱伟、方勇、余磊

62. **公路货运车辆实时载荷与制动性能集成检测关键技术及应用**
    主要完成单位：交通运输部公路科学研究所、北京盘天新技术有限公司
    主要完成人：赵娜乐、李臣、李溯、邹洪波、孙传姣、张英杰、张禄、周志伟、周炜、杨曼娟

63. **道路风险评估技术研究与实践**
    主要完成单位：交通运输部公路科学研究所、北京中交华安科技有限公司
    主要完成人：张铁军、唐琤琤、杨曼娟、万娇娜、米晓艺、胡晗、张岚、龚柏岩、廖军洪、周荣贵

64. **城市完整街道与绿色交通设计技术研究与应用**
    主要完成单位：上海市城市建设设计研究总院（集团）有限公司、上海市路政局
    主要完成人：蒋应红、刘伟杰、彭庆艳、沈雷洪、王维凤、刘宙、陈锦秀、崔诚靓、刘晓倩、陈可心

65. **智慧高速公路关键技术与实践**
    主要完成单位：江西省高速公路投资集团有限责任公司、交通运输部公路科学研究所、交通运输部科学研究院、北京交科公路勘察设计研究院有限公司、江西方兴科技有限公司、江西飞尚科技有限公司、北京国交信通科技发展有限公司
    主要完成人：费伦林、张纪升、狄小峰、谢晓如、周昌、樊友庆、阮琦、丁军、张琦、张一衡

66. **低等级公路安全防控关键技术研发与集成示范**
    主要完成单位：交通运输部路网监测与应急处置中心、交通运输部公路科学研究所、公安部交通管理科学研究所、北京中交华安科技有限公司、重庆交通大学、同济大学
    主要完成人：吴京梅、唐琤琤、矫成武、陈瑜、周荣贵、应朝阳、张铁军、尤志栋、于海霞、刘唐志

67. **基于高分遥感的"四好农村路"规划与建设监管关键技术研究及应用**
    主要完成单位：中国交通通信信息中心、湖南省交通运输厅、贵州省交通运输厅、国交空间信息技术（北京）有限公司、高分观测专项管理办公室、武汉大学、厦门大学
    主要完成人：曹德胜、龙平江、刘建、郑浩、王程、张过、喻波、袁胜古、罗伦、高贤君

68. **综合运输服务示范城市建设方法、政策机制及应用研究**
    主要完成单位：交通运输部科学研究院、交通运输部公路科学研究所
    主要完成人：许飒、祝昭、耿蕤、陈徐梅、郭忠、赵屾、杨海龙、杜云柯、朱志强、路琦

69. 国家公路网运行管理体系顶层设计研究及应用
    主要完成单位：交通运输部路网监测与应急处置中心、交通运输部规划研究院、交通运输部公路科学研究所
    主要完成人：董雷宏、韩悦、刘晓雷、赵丽、李国瑞、顾明臣、张新虎、龚民、张晓利、闫明月

70. 新常态下客货运输发展趋势及对策研究
    主要完成单位：交通运输部科学研究院、交通运输部政策研究室
    主要完成人：李忠奎、李艳红、武平、买媛媛、杨东、王显光、韩东方、孙文剑、臧青、龚露阳

71. 交通运输财政性资金差异化补助政策研究
    主要完成单位：交通运输部规划研究院
    主要完成人：邵洁、杨超、刘丽梅、邓小兵、徐杏、奚宽武、蔚欣欣、肖春阳、石良清、安旗林

72. "十三五"期我国综合交通运输体系发展战略及对策研究
    主要完成单位：交通运输部科学研究院
    主要完成人：孙小年、武平、王显光、李艳红、刘东、周一鸣、买媛媛、杨东、赵昕、叶臻

73. 推进综合运输服务发展研究
    主要完成单位：长安大学
    主要完成人：王建伟、孙铭、付鑫、刘瑞娟、姜彦宁、李良华、甘家华、贺菲菲、黄泽滨、颜飞

74. 广东省普通国省道与高速公路协调发展研究
    主要完成单位：交通运输部规划研究院、广东省公路事务中心、广州市恒津路桥设计咨询有限公司
    主要完成人：石良清、徐华军、饶宗皓、郑育彬、许薛军、杨爱国、钟清文、王身高、刘奕、戴许明

75. 用户-效率-资源互动传导下通道交通方式组合优化建模
    主要完成单位：长安大学
    主要完成人：孙启鹏、吴群琪、陈波、马飞、朱文英、陈文强、宋金鹏、杨金云、朱磊、张挺

76. 我国交通运输行业改革总体规划研究
    主要完成单位：交通运输部规划研究院
    主要完成人：姚晓霞、葛灵志、高翠、舒驰、蔡垚、徐丽、徐园、王佳强、聂向军、马衍军

77. 综合运输法规体系立法研究
    主要完成单位：交通运输部规划研究院、交通运输部科学研究院
    主要完成人：姚晓霞、周艾燕、陈晖、张小文、张柱庭、聂向军、李燕霞、王婧、李琼、刘飞

78. 交通运输能耗统计监测体系建设
    主要完成单位：交通运输部科学研究院、北京交通发展研究院、中航电测仪器股份有限公司
    主要完成人：于丹阳、刘燕灵、王里、陈建华、胡希元、赵源、崔应寿、黄海涛、刘莹、谭义峰

79. 综合交通运输中长期发展战略与复合型综合运输走廊布局规划研究
    主要完成单位：交通运输部规划研究院
    主要完成人：李鹏林、李伟、孙鹏、李可、朱苍晖、赵凛、金敬东、陈璟、尹震、李悦

三等奖(61项)

1. **跨海大桥主墩基础损伤识别与安全预警技术研究**
    主要完成单位：交通运输部公路科学研究所、招商局重庆交通科研设计院有限公司、中交公路规划设计院有限公司、东南大学
    主要完成人：张学峰、马晔、耿波、邓广繁、熊文

2. **重庆名山大桥上部结构施工关键技术与设备研究**
    主要完成单位：中交路桥建设有限公司、中交路桥华东工程有限公司
    主要完成人：卢冠楠、唐斌华、闫朔、周彦文、唐剑

3. **预应力混凝土空心板梁的火灾试验、评估与加固方法研究**
    主要完成单位：江苏宁沪高速公路股份有限公司、东南大学
    主要完成人：李捷、刘其伟、张文浩、罗文林、童浩

4. **中小桥梁运营监测关键技术研究及工程应用**
    主要完成单位：招商局重庆交通科研设计院有限公司、重庆市市政设施管理局
    主要完成人：孟利波、廖敬波、杨宏、宋刚、张晓东

5. **基于监测数据的长大桥梁运营维护技术及工程应用**
    主要完成单位：浙江省交通运输科学研究院、浙江舟山跨海大桥有限公司、杭州都市高速公路有限公司、同济大学、宁波良和路桥科技有限公司
    主要完成人：王伟力、田浩、范厚彬、王丽健、金小平

6. **小半径大横坡宽幅预制箱梁安装施工关键技术研究**
    主要完成单位：中交二航局第二工程有限公司、中交第二航务工程局有限公司
    主要完成人：欧阳小华、姚笛、张帅军、段振超、吕家伟

7. 基于风管冷却的大体积混凝土温度监测与裂缝控制施工技术研究

   主要完成单位：中交一公局厦门工程有限公司、中交第一公路工程局有限公司

   主要完成人：黄斌、谢生华、龚明子、杨天伟、周世康

8. 现役深水桥梁基础冲刷组合防护成套技术研究与应用

   主要完成单位：武汉二航路桥特种工程有限责任公司、中交第二航务工程局有限公司、铜陵长江公路大桥管理处、长江水利委员会长江科学院、长江水利委员会水文局长江下游水文水资源勘测局

   主要完成人：张鸿、吴中鑫、王国民、刘同宦、韦立新

9. 山区大跨混合梁斜拉桥施工成套技术

   主要完成单位：广西路桥工程集团有限公司

   主要完成人：韩玉、秦大燕、林峰、蒋玮、黄绍结

10. 多跨波形钢腹板刚构-连续梁桥上部结构施工关键技术研究

    主要完成单位：中交第二航务工程局有限公司、山西路桥建设集团有限公司、中交武汉智行国际工程咨询有限公司、中交武汉港湾工程设计研究院有限公司

    主要完成人：罗洪成、黄成伟、胡义新、肖伯强、卢勇

11. 公路桥梁装配式矮 T 梁开发及应用

    主要完成单位：浙江省公路学会、浙江省交通规划设计研究院、浙江公路水运工程咨询公司、杭州市交通规划设计研究院

    主要完成人：陆耀忠、雷波、方志杨、王建江、宋法宝

12. 独塔双索面公轨合建混合梁斜拉桥关键技术研究

    主要完成单位：四川公路桥梁建设集团有限公司、泸州市政府投资建设工程管理第一中心、林同棪国际工程咨询（中国）有限公司、同济大学、长沙理工大学

    主要完成人：裴宾嘉、闵祥、董武斌、李涛、曾品柱

13. 大跨径缆索承重桥梁养护关键技术研究

    主要完成单位：中设设计集团股份有限公司、江苏交通控股有限公司、江苏扬子大桥股份有限公司、江苏润扬大桥发展有限责任公司、江苏苏通大桥有限责任公司

    主要完成人：吴赞平、董学武、饶建辉、王敬民、白炳东

14. 大跨度钢管系杆拱桥整体吊装施工技术

    主要完成单位：中铁十局集团第四工程有限公司、中铁十局集团有限公司

    主要完成人：陆宏、彭建纲、王华东、黄龙聚、杨基好

15. **新型水下无封底混凝土钢混组合吊箱围堰关键技术研究**
    主要完成单位：中国铁建港航局集团有限公司
    主要完成人：刘齐辉、蒋小晖、张海波、魏贤华、邓志深

16. **装配式简支—连续梁桥性能提升关键技术研发与应用**
    主要完成单位：重庆交通大学、重庆忠万高速公路有限公司、云南西桥至石林高速公路建设指挥部
    主要完成人：周建庭、徐略勤、李国明、姚勇、崔英明

17. **编花索面弧形钢塔斜拉桥设计施工关键技术研究与应用**
    主要完成单位：天津城建设计院有限公司、天津第六市政公路工程有限公司
    主要完成人：张振学、王秀艳、张大伟、佟宝祥、张福春

18. **光纤光栅复合碳纤维板加固技术与施工工法研究**
    主要完成单位：山东省交通规划设计院、柳州欧维姆结构检测技术有限公司、山东省高速路桥养护有限公司
    主要完成人：孟涛、陆绍辉、毕玉峰、庞忠华、吴军鹏

19. **特大桥梁桩基施工综合技术优化**
    主要完成单位：中交一公局第二工程有限公司
    主要完成人：孙广滨、李响、邢海龙、周晨、黄永亮

20. **单索面超宽薄壁混凝土梁斜拉桥施工技术**
    主要完成单位：中铁大桥局集团有限公司、中铁大桥局集团第五工程有限公司
    主要完成人：曾海平、李成全、肖伟、孙凤祥、孙国光

21. **复杂地层水下隧道泥水盾构关键施工技术**
    主要完成单位：中铁十二局集团有限公司、中铁十二局集团第二工程有限公司
    主要完成人：常鑫、王宗勇、武明静、安宏斌、毋海军

22. **城市复杂环境下特大断面隧道钻爆法原位扩建施工的关键技术研究**
    主要完成单位：中铁十五局集团有限公司、中铁十五局集团第二工程有限公司、福州大学
    主要完成人：陈良兵、王事成、李永山、李军、乔长庆

23. 贵州喀斯特山区绿色公路隧道建设关键技术研究

    主要完成单位：贵州省公路工程集团有限公司、中南大学、交通运输部科学研究院、招商局重庆交通科研设计院有限公司、湖南联智桥隧技术有限公司

    主要完成人：潘海、计中彦、母进伟、曹子龙、康厚荣

24. BIM 技术在隧道与轨道交通工程设计中的研发与应用

    主要完成单位：中交第二公路勘察设计研究院有限公司

    主要完成人：邓涛、刘东升、吴强、王欣南、陈中治

25. 软弱地质条件下长距离小净距盾构法重叠隧道施工技术研究

    主要完成单位：中铁十八局集团有限公司、中铁十八局集团第五工程有限公司

    主要完成人：谭伟姿、郑卫红、韩明建、程志强、鄢伟

26. 悬臂式掘进机铣挖法隧道建造关键技术

    主要完成单位：中铁九局集团有限公司、大连交通大学

    主要完成人：何长江、李德柱、赵大力、白海峰、马锐

27. 大断裂区超深埋特长隧道关键技术研究与应用

    主要完成单位：湖北省谷竹高速公路建设指挥部、中国地质大学（武汉）

    主要完成人：方晓睿、关爱军、陈建平、苏青山、徐方

28. 基于BIM的公路隧道设计、施工与维养管理平台研究

    主要完成单位：浙江公路水运工程咨询公司、41省道永嘉福佑至沙头段公路工程建设工作办公室、苏州大学

    主要完成人：黄廷、金晓波、史培新、徐沛宁、陈菊根

29. 长大公路隧道通风系统局部结构优化研究

    主要完成单位：新疆维吾尔自治区交通规划勘察设计研究院、长安大学、新疆维吾尔自治区交通建设管理局

    主要完成人：张辉川、夏永旭、赵楠、杨新龙、赖小军

30. 基于承载能力量化分析的公路隧道支护体系设计方法与工程应用

    主要完成单位：四川省交通运输厅公路规划勘察设计研究院、西南交通大学

    主要完成人：田志宇、汪波、丁尧、张兆杰、林国进

31. 风化花岗岩地层特大断面连拱隧道建设关键技术研究

    主要完成单位：福建省交通规划设计院、福州大学

    主要完成人：唐颖、吴超凡、缪圆冰、吴启勇、龙胜

32. 公路隧道软岩大变形灾害致灾机理及处治技术研究

    主要完成单位：福建省交通规划设计院、福州大学

    主要完成人：刘秋江、黄明、王文洪、吴超凡、吴启勇

33. 浅覆土富水软弱地层微型盾构施工关键技术

    主要完成单位：中铁十二局集团有限公司、中铁十二局集团第七工程有限公司、中南大学

    主要完成人：张建军、陈志、王树英、吕剑锋、肖乾珍

34. 贵州特殊土填方路基设计与施工技术研究

    主要完成单位：贵州高速公路集团有限公司、交通运输部公路科学研究所

    主要完成人：李跃中、宋常军、黄宏辉、卞晓琳、唐华伟

35. 强震后山区公路地质灾害演变规律及防灾减灾成套技术

    主要完成单位：四川省交通运输厅公路规划勘察设计研究院、四川兴蜀公路建设发展有限责任公司、香港科技大学、中国科学院、水利部成都山地灾害与环境研究所

    主要完成人：庄卫林、向波、曾宇、张利民、何思明

36. 高速公路扩容改造技术标准研究

    主要完成单位：山东省交通运输厅公路局、山东省交通规划设计院、长安大学

    主要完成人：左志武、李振江、王选仓、郭志云、于坤

37. 新疆生产建设兵团快速干线通道建设关键技术研究

    主要完成单位：新疆生产建设兵团公路科学技术研究所

    主要完成人：彭琴、屈磊、田小平、王新鸿、杨雳鹏

38. 落石冲击作用下被动柔性防护体系的标准化研究与应用

    主要完成单位：西南交通大学、四川金洪源金属网栏制造有限公司、四川卓奥交通设施工程有限公司

    主要完成人：刘成清、何广杰、黄俊、夏春兰、宋道国

39. 山区公路状态智能感知和协同管理关键技术及应用

    主要完成单位：重庆交通大学、重庆市公路局、重庆大学

    主要完成人：蓝章礼、岳顺、邢荣军、冯永、曹建秋

40. **黄土路基智能控制监测与预警技术研究**

    主要完成单位：山西省交通科学研究院、吉河高速公路建设管理处、黄土地区公路建设与养护技术交通行业重点实验室、南京大学（苏州）高新技术研究院

    主要完成人：陈俊、李明、张军、魏网民、江家宏

41. **热带雨林气候条件下高模量沥青碎石材料选型及混合料优化设计研究**

    主要完成单位：中国港湾工程有限责任公司、中交第一公路勘察设计研究院有限公司

    主要完成人：陈团结、丁小军、李懿、张涛、雷宇

42. **路面结构层内部动力响应测试方法与设备关键技术研究**

    主要完成单位：山东省交通科学研究院、日照公路建设有限公司

    主要完成人：王林、韩文扬、韦金城、安平、蔡翔

43. **钢桥面新型组合铺装结构与材料及其施工成套技术**

    主要完成单位：武汉市市政建设集团有限公司、武汉理工大学、武汉市政工程设计研究院有限责任公司、武汉工程大学

    主要完成人：邓利明、丁庆军、张勇、蒋乐、沈凡

44. **橡胶沥青混合料薄层加铺水泥混凝土路面关键技术**

    主要完成单位：广西交通科学研究院有限公司、广西路桥工程集团有限公司、广西交通投资集团有限公司

    主要完成人：谭华、张红波、熊剑平、张洪刚、谭继宗

45. **路面低噪抗滑超表处关键技术研究**

    主要完成单位：山东大山路桥工程有限公司、山东省交通科学研究院、中路高科（北京）公路技术有限公司、山东山建道路工程研究所

    主要完成人：陈际江、张海燕、马士杰、王立志、樊亮

46. **在役沥青路面服役功能评价及养护管理技术**

    主要完成单位：北京工业大学、北京市道路工程质量监督站

    主要完成人：张金喜、薛忠军、周绪利、宋波、敬超

47. **沥青路面结构层间界面黏结特性与提升技术研究**

    主要完成单位：贵州省铜仁公路管理局、苏交科集团股份有限公司

    主要完成人：陈帆、杜文卫、王文峰、舒琴、张华

48. 基于物联网与数据融合的沥青面层施工质量动态控制技术研究

主要完成单位：江苏中路工程技术研究院有限公司、江西省高速公路投资集团有限责任公司、广东省长大公路工程有限公司、吉林省高等级公路建设局、江苏中路信息科技有限公司

主要完成人：张志祥、俞文生、李长江、吕世明、李刚

49. 广东省沥青路面再生技术应用研究

主要完成单位：广东华路交通科技有限公司、广东省长大公路工程有限公司、广东广惠高速公路有限公司、华南理工大学

主要完成人：黄建跃、方杨、洪显诚、李红杰、吴传海

50. 生物沥青混合料路用性能研究及应用

主要完成单位：吉林省交通规划设计院、哈尔滨工业大学

主要完成人：栾海、董泽蛟、纪青山、霍玉霞、张洋

51. 高速公路行车条件提升关键技术及装备研发

主要完成单位：交通运输部路网监测与应急处置中心、交通运输部公路科学研究所、北京中交华安科技有限公司、北京交科公路勘察设计研究院有限公司、北京工业大学

主要完成人：王琰、钟连德、周荣贵、唐琤琤、李琳

52. 多车道高速公路主通道扩容方式研究

主要完成单位：辽宁省交通规划设计院有限责任公司

主要完成人：席广恒、孙继伟、冷雪、魏军、田园

53. 基于高时空分辨率的城市路面交通碳排放监测评估关键技术及应用

主要完成单位：中国科学院地理科学与资源研究所、交通运输部科学研究院、中国科学院生态环境研究中心

主要完成人：李宇、董锁成、郑吉、李泽红、孙东琪

54. 美丽公路建设标准的探索与研究

主要完成单位：安吉县公路管理局、同济大学浙江学院

主要完成人：王肖峰、王凤丽、周立新

55. 智慧质监综合平台建设

主要完成单位：辽宁省交通工程质量与安全监督局、杭州丹晟科技有限公司、辽宁交通信息技术有限公司

主要完成人：吴波、刘琳琳、董方、鄂宇辉、江滨龙

56. 交通物流融合创新发展战略研究

    主要完成单位：交通运输部科学研究院

    主要完成人：杨勇、萧赓、王娟、李彦林、庞晓宇

57. "十三五"综合交通运输统计发展纲要研究

    主要完成单位：交通运输部科学研究院

    主要完成人：陈建华、王哲、胡希元、林成功、段新

58. 交通运输安全相关标准研究及制定（2015）

    主要完成单位：交通运输部公路科学研究所、中国公路车辆机械有限公司、交通运输部天津水运工程科学研究所、中交水运规划设计院有限公司、长安大学

    主要完成人：张红卫、张会娜、王平、张旸、倪文军

59. 互联网租赁自行车新业态决策支持体系与应用研究

    主要完成单位：交通运输部科学研究院、交通运输部运输服务司

    主要完成人：尹志芳、李良华、孟秋、郝萌、吴洪洋

60. 基于经济视角的河北省公路网可持续发展政策研究

    主要完成单位：河北省交通运输厅（机关）、长安大学

    主要完成人：秘慧琴、吴群琪、张俊丽、尚栗坡、刘思

61. "辽满欧"综合交通运输大通道建设发展规划

    主要完成单位：辽宁省交通厅运输管理局、长安大学、吉林省运输管理局、黑龙江省道路运输管理局、内蒙古自治区交通运输管理局

    主要完成人：徐同连、王建伟、张鹏军、郭松、杨雪峰

2018
Award for CHTS Science & Technology

特等奖

特大型桥梁风－浪－流耦合作用研究

项目简介

跨海特大型桥梁面临着深水、强风、巨浪、急流等恶劣海洋环境的严峻挑战。在海洋环境中，风场、波浪场、水流场之间的多场耦合作用及其与桥梁结构之间的多介质动力耦合作用同时发生。如何保障跨海特大型桥梁在风－浪－流耦合作用下结构的安全性、车辆运行的安全性和舒适性，成为亟待研究解决的重大课题。

面向跨海特大型桥梁的建设需求，项目组在国际上率先提出并立项开展"特大型桥梁风－浪－流耦合作用研究"，在国家和省部级科研项目支持下，依托重大桥梁工程进行技术攻关和工程验证，在桥梁风－浪－流耦合作用观测技术与耦合模型、试验方法与平台、理论方法与软件、控制技术和技术标准等方面取得了重大突破。经交通运输部组织的专家鉴定，一致认为：该项目形成了具有原创性的研究成果，达到了国际领先水平。

项目获得国家发明专利14项、软件著作权7项，发表学术论文62篇（F5000论文1篇，SCI和EI收录26篇），出版专著2部（获国家出版基金资助），研究成果在马尔代夫跨海大桥、港珠澳大桥等国内外重大工程中获得了应用，为琼州海峡跨海工程等提供了重要技术支撑和储备，显著提升了特大型桥梁建设技术水平。

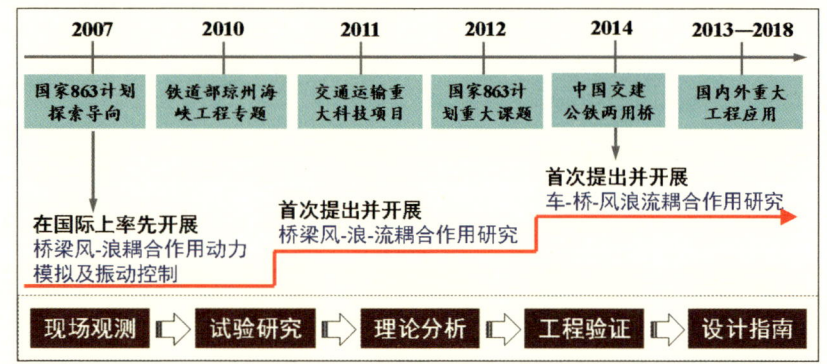

图1

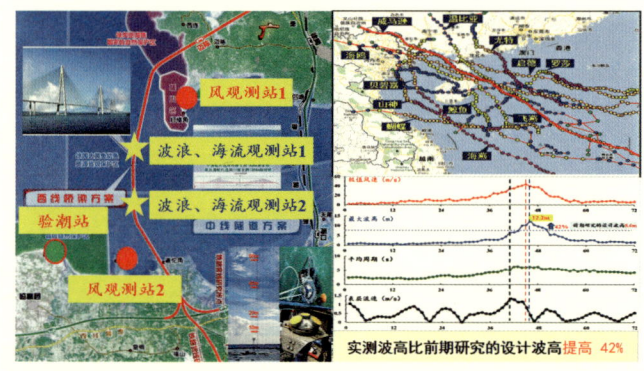

图2

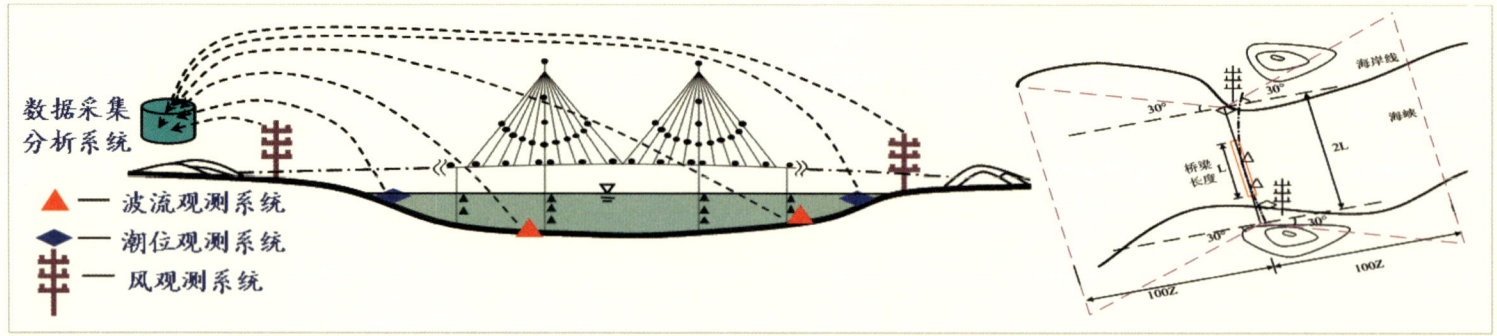

图3

图1/项目研发历程　　图2/琼州海峡工程海域风－浪－流耦合场观测结果　　图3/深水海域风－浪－流耦合场观测系统

特等奖
Award for CHTS Science & Technology

主要完成单位： 中交公路规划设计院有限公司、中交公路长大桥建设国家工程研究中心有限公司、中交第二航务工程局有限公司、交通运输部天津水运工程科学研究所、哈尔滨工业大学、大连理工大学、深中通道管理中心

主要完成人： 刘高、张喜刚、张鸿、刘天成、陈上有、孟凡超、徐国平、陈汉宝、郭安薪、吴宏波、周道成、宋神友、程潜、刘海源、过超、侯斌、沈小明、耿宝磊、付佰勇、杨炎华、王昆鹏、邓科、秦建军、刘健、郭慧乾

创新成果

1. 首次建立了多点、同步、连续的深海海域风－浪－流耦合场现场观测方法及观测系统，揭示了风－浪－流耦合场特征参数的耦合特性。

2. 提出了中尺度风－浪－流耦合场数值模拟方法，研发了模拟分析软件，建立了特大型桥梁风－浪－流耦合场设计参数确定方法。

3. 首次创建了风－浪－流耦合作用下桥梁结构三维弹性响应模型试验方法，研发了桥梁风－浪－流耦合作用弹性响应试验模拟平台，揭示了桥梁风－浪－流耦合作用弹性响应特性及规律。

4. 建立了三维风－浪－流数值水槽模拟方法、跨海公铁两用桥梁车－桥－风浪流耦合振动分析方法，研发了模拟分析软件，构建了特大型桥梁风－浪－流耦合作用理论方法体系和数值分析平台。

5. 研发了海洋环境风－浪－流精确预报、实时监测、快速评估一体化的外海桥梁施工窗口期决策技术、套筒与导浪板组合的消浪装置、大型桥梁深水预制基础定位沉放控制系统等，形成了特大型桥梁风－浪－流耦合作用控制技术。

6. 提出了桥梁风－浪－流耦合作用设计原则、桥梁风－浪－流耦合作用荷载组合模式，建立了桥梁风－浪－流耦合作用静动力效应验算方法，编制了国内外首部《特大型桥梁风－浪－流耦合作用设计指南》。

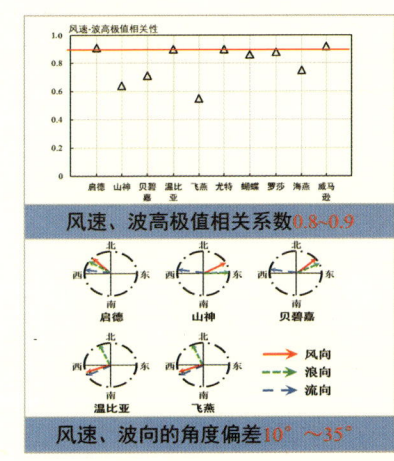
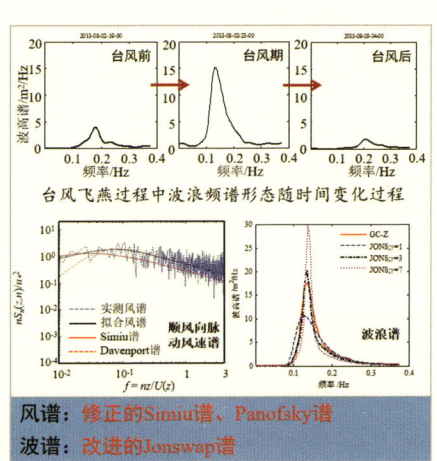

图4

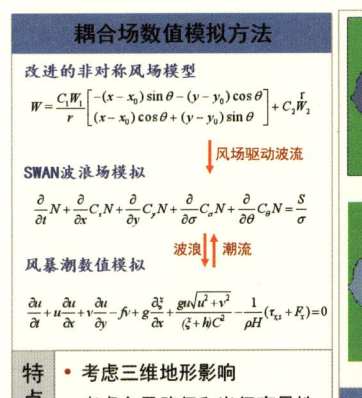
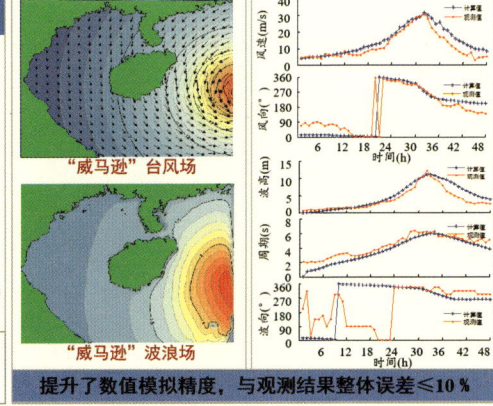

图5

图4/ 风—浪—流耦合场特征参数
图5/ 风—浪—流耦合场数值模拟方法

/主要完成单位简介/

中交公路规划设计院有限公司(简称公规院)成立于1954年,原为交通部公路规划设计院,1999年改制并入中国路桥(集团)总公司,现为中国交通建设股份有限公司的全资子公司。业务范围从工程实施上游到全产业链(策划、规划、可行性研究、投融资、勘察设计、总承包、运营养护、工程管理咨询)、从国内到国外、从公路到大土木行业,形成了主业突出、多元发展、引领高端的基础设施综合性一体化咨询服务产业格局。

60多年来,公规院先后编制完成重大公路交通规划和项目可行性研究170余项、公路桥梁标准图100多册,代交通运输部审查重点公路工程建设项目300多项,独立或合作设计了国内外各种结构形式的大桥、特大桥100多座,其中跨长江、黄河及海湾的特大型桥梁50多座,独立或合作测设的国内外各等级公路数万公里,承接各等级公路、铁路、市政道路的隧道设计项目累计超过240座,设计隧道长度累计超过360公里,特别是主持设计了港珠澳大桥、深中通道等重大水下沉管隧道工程,水下隧道设计能力位于世界前列。承担完成了巴拿马、安哥拉、马来西亚、塞尔维亚、刚果(布)等数十个国家的工程设计项目,承担桥梁与隧道结构安全监(检)测、桥梁巡检养护管理系统及相关科研研发等项目近300个,完成了厦门环岛路、宁波青林湾大桥、广东珠海横琴新区等市政项目设计工作,正在积极开拓综合管廊、海绵城市和环保治理等新兴业务。公规院为31个省、直辖市、自治区,近700个项目,总长约为15000公里、投资总额约8000亿元的公路、桥梁和其他工程项目进行了国际与国内招标代理及咨询服务工作。

中交公路长大桥建设国家工程研究中心有限公司(简称工程中心)是根据《国家发展和改革委员会办公厅关于开展公路长大桥建设国家工程研究中心组建工作的批复》(发改办高技〔2011〕2679号)、由中国交通建设集团有限公司主管建设的国家级研发平台,是发展改革委和交通运输部在桥梁领域布局的唯一的国家工程研究中心,也是中交集团实施创新驱动、发展国家战略的示范基地。

作为工程中心建设和运行的法人实体,中交公路长大桥建设国家工程研究中心有限公司成立于2012年,由中交公路规划设计院有限公司牵头,联合中交第二航务工程局有限公司、中交第二公路工程局有限公司、上海振华重工(集团)股份有限公司、重庆万桥交通科技发展有限公司等共6家单位组建。目前为中交集团所属的二级子公司。

工程中心的主要任务是围绕国家重点工程建设和行业发展需求,建立大跨度、深水域及外海桥梁建设亟需的关键技术与装备的研发和工程化验证平台,重点开发水深大于50米桥梁深水基础设计与施工技术及装备、长大桥梁结构体系、关键结构设计与施工技术及装备、高效装配式桥梁设计与施工技术及装备、长大桥梁结构安全监测与风险评估技术及装备等,参与相关技术标准的制定,推动国际合作与交流,为相关企业提供技术咨询服务,提升我国桥梁建设的核心竞争力和创新能力。

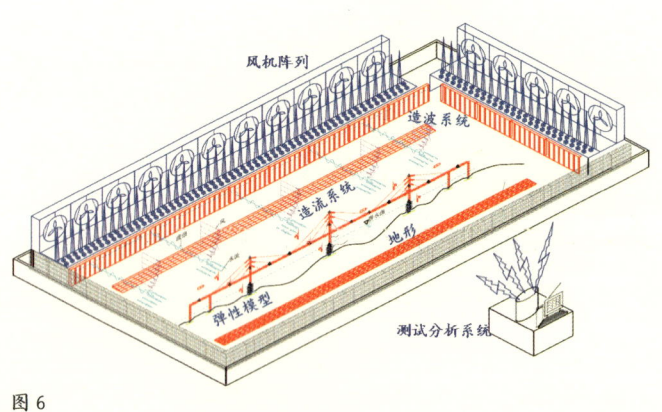

图6

图7

图6/ 桥梁风-浪-流耦合作用三维弹性模型试验平台　　　　图7/ 风-浪-流耦合作用下 2×1500 米三塔斜拉桥全桥弹性模型试验

特等奖
Award for CHTS Science & Technology

/主要完成人简介/

刘高，博士，教授级高级工程师，现为中交公路长大桥建设国家工程研究中心有限公司副总经理兼首席专家。20多年来，长期在一线从事公路长大桥梁的设计、科研和创新平台建设，主持或参加完成了国家与省部级项目30余项。作为总体设计、钢桁梁设计和抗风设计的分项负责人，完成了坝陵河大桥设计工作；作为抗风设计的分项负责人，完成了青岛海湾大桥、港珠澳大桥的设计工作。作为主要完成人获省部级优秀设计一等奖和科技进步一等奖。在科研方面，主持完成了交通运输重大科技专项项目"特大型桥梁风-浪-流耦合作用研究"，正在主持国家重点研发计划课题"风-浪-流耦合及撞击作用下超大跨桥梁致灾机理与安全防控技术"。在创新平台建设方面，作为执行负责人，高质量、高水平建成了我国桥梁领域唯一的国家工程研究中心——公路长大桥建设国家工程研究中心，主持研发了"桥梁基础三向静动力试验台"等多台达到国际领先水平的试验设备，显著提升了核心技术自主创新能力，作为第一完成人获中交集团2018年度技术发明一等奖。发表学术论文100余篇（SCI/EI收录40余篇），取得授权发明专利30余项（中国专利优秀奖1项），以第一作者出版专著3本（获国家出版基金），作为主要起草人制修订技术标准8本，获省部级科学技术进步奖14项（特等奖5项），被评为十一五交通运输行业优秀科技人员，获茅以升科学技术奖——北京青年科技奖、"中交集团暨中国交建"创新英才奖。

刘高

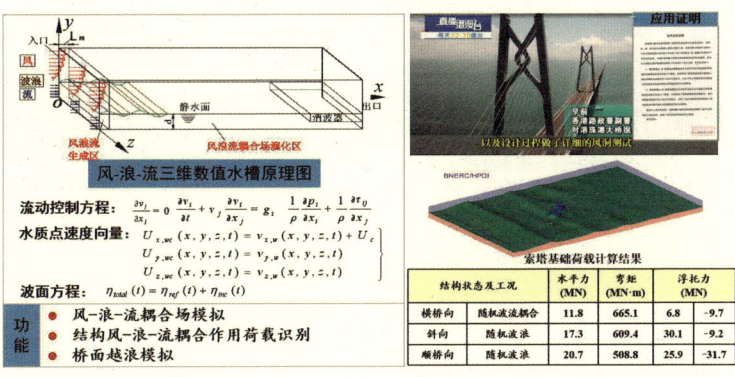

图8

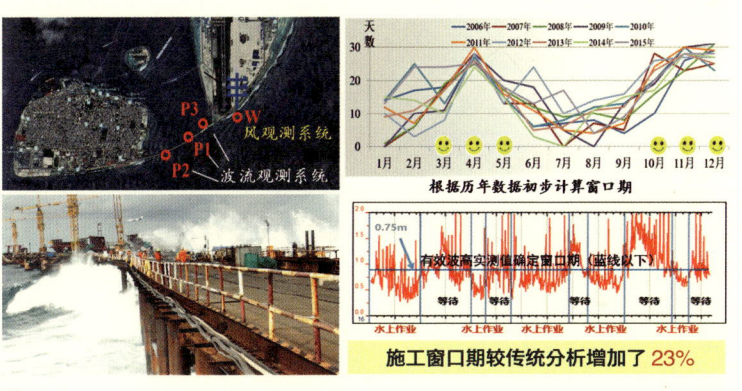

图9

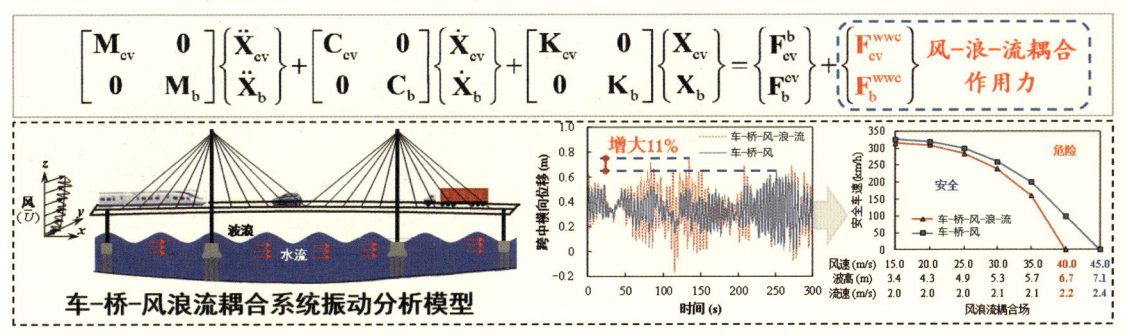

图10

图8/ 风-浪-流三维数值水槽模拟
图9/ 风-浪-流精确预报、实时监测、快速评估一体化施工窗口期决策技术
图10/ 车-桥-风浪流耦合动力系统的振动分析方法

黄土隧道支护理论与设计施工关键技术

项目简介

我国是世界上黄土分布面积最多的国家,黄土分布面积达64万平方公里。黄土地区沟壑纵横,峁梁起伏,我国西部大开发,需要修建大量黄土隧道。黄土垂直节理发育、多孔、结构疏松,遇水易崩解、剥落。由于黄土隧道建设起步较晚,套用岩石隧道支护理论和设计施工技术修建黄土隧道,普遍出现了地表裂缝、拱部整体沉降、衬砌开裂和坍塌等严重的工程问题和事故,造成人员伤亡、工期延误,经济损失及社会影响极大,已成为制约西部交通建设事业发展的技术瓶颈,属于世界性技术难题。

该项目自2005年起,历经13年科研攻关与工程实践,围绕黄土隧道支护理论、设计方法和施工技术三大关键问题进行了系统研究,形成了完整的黄土隧道支护理论与设计施工关键技术体系。

该项目成果获省部级科学技术奖特等奖1项、一等奖1项。获授权专利37项(其中发明专利12项)、软件著作权4项,申报国家级工法3项、省部级工法4项,出版专著3部,发表学术论文103篇(SCI/EI 收录29篇),编制了国家行业标准《公路隧道设计细则》(JTG/T D70—2010)(黄土地区隧道设计)和《公路水运工程试验检测机构等级标准》(交质监发〔2008〕274号)(隧道施工监控量测相关内容)。核心成果还被纳入《公路隧道设计规范 第一册 土建工程》(JTG 3370.1—2018)和《铁路黄土隧道技术规范》(Q/CR 9511—2014),为我国黄土隧道建设提供了设计理论支撑和施工技术支持,节约工程费用13亿元。目前,我国在建和规划黄土隧道729公里/386座,该项成果应用前景广阔,仅取消系统锚杆就可节省工程费用32亿元。

项目成果系统解决了黄土隧道工程设计与施工技术难题,实现了黄土隧道修建技术的重大突破,有力促进了行业科技进步,在黄土隧道工程领域起到了重要引领和示范作用,对于支撑国家"一带一路"倡议的实施具有重要意义。

图1

图1/黄土地区沟壑纵横

特等奖
Award for CHTS Science & Technology

主要完成单位： 长安大学、陕西省交通建设集团公司、中交第一公路勘察设计研究院有限公司、陕西省交通规划设计研究院、兰州理工大学、山东省交通规划设计院、中铁十一局集团有限公司、中铁七局集团有限公司

主要完成人： 陈建勋、罗彦斌、乔雄、王天林、陈丽俊、杨健、赖金星、曹校勇、李景超、杨海峰、王传武、万利、郁光耀、彭刚、吕凡、王万平、梁兴全、杨忠、赵鹏宇、徐智、奚魏征、夏鹏、杨绍战、师伟、郝军洲

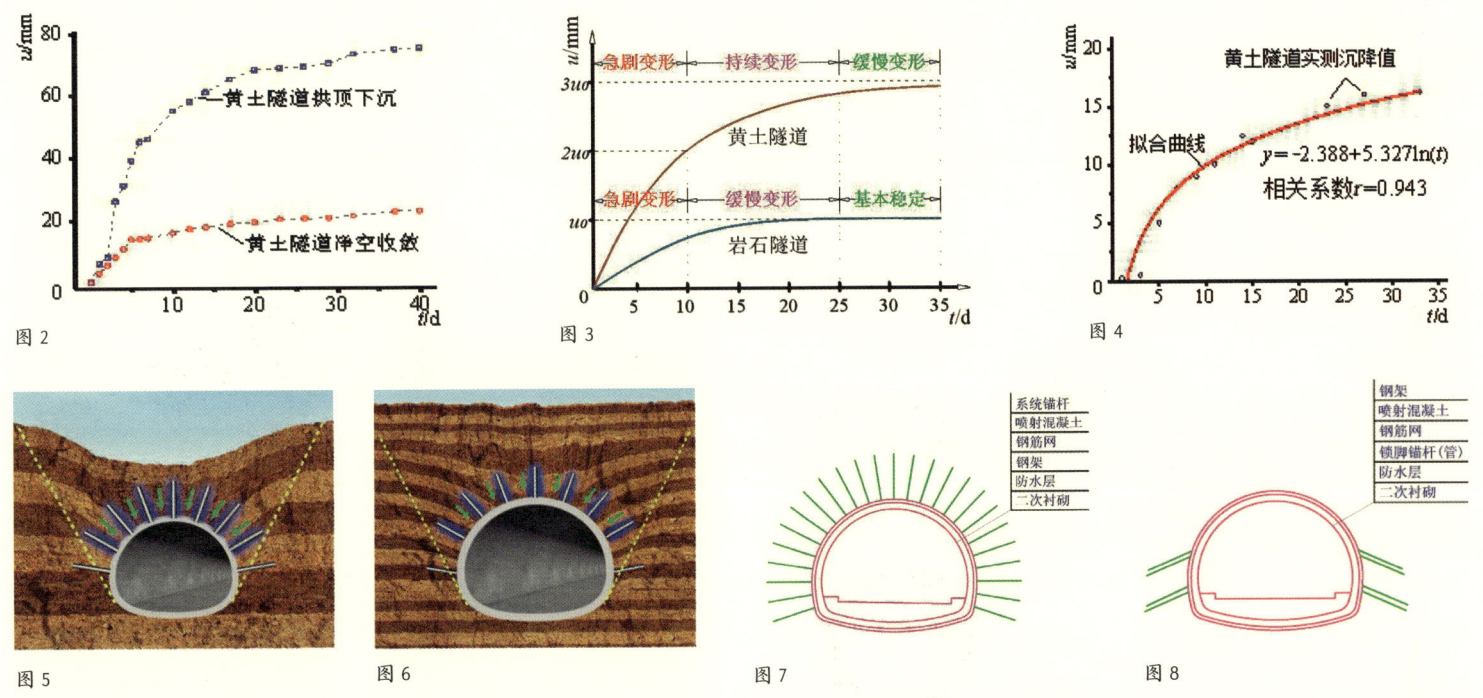

图2/ 典型断面变形时态曲线
图3/ 变形趋势示意
图4/ 典型断面变形拟合曲线
图5/ 黄土隧道拱部系统锚杆受压机制（浅埋隧道）
图6/ 黄土隧道拱部系统锚杆受压机制（深埋隧道）
图7/ 传统的黄土隧道衬砌结构
图8/ 新提出的黄土隧道衬砌结构

创新成果

1. 创立了黄土隧道支护理论。探明了公路黄土隧道变形规律，发现了黄土隧道拱部系统锚杆受压，揭示了系统锚杆不能约束黄土隧道变形的机制，建立了黄土隧道钢架锁脚锚杆（管）组合结构力学分析方法，从而提出了黄土隧道采用钢架为主体控制变形的刚性支护理论，突破了以锚喷柔性支护为主体的岩承理论。

2. 创建了公路黄土隧道结构设计方法。建立了基于现场实测钢架应力的黄土隧道结构荷载计算方法，提出了公路黄土隧道围岩分级标准，创建了黄土隧道"钢架喷网锁脚锚杆（管）+二次衬砌"结构体系，提出了公路黄土隧道结构支护设计参数，从而形成了公路黄土隧道结构设计方法，为制定公路黄土隧道设计规范奠定了理论基础。

3. 创新了黄土隧道施工技术。提出了"快挖、快支、快封闭，二次衬砌仰拱紧跟，二次衬砌适时施作"的黄土隧道施工方法，形成了3项国家级工法；研制了一系列应力应变测试仪器和远程监测系统，建立了高效率的黄土隧道施工监控量测方法。创新了黄土隧道施工技术体系，提高了施工工效近2倍，攻克了黄土隧道地表裂缝、拱部整体沉降、衬砌开裂和坍塌防控技术难题。

/主要完成单位简介/

长安大学直属国家教育部，是由教育部和交通运输部、国土资源部、住房和城乡建设部、陕西省人民政府共建的国家"211工程"重点建设大学，国家"985工程优势学科创新平台"建设高校，国家世界一流学科建设高校。2000年由始建于20世纪50年代初的原西安公路交通大学、西安工程学院、西北建筑工程学院合并组建而成。学校有2个国家工程实验室，4个高等学校学科创新引智基地，8个教育部重点实验室和工程研究中心，15个交通运输部、国土资源部、住房和城乡建设部、陕西省重点实验室和工程技术研究中心。学校现有中国工程院院士3人，长江学者6人，教授、副教授1100余人，博士生导师166人，硕士生导师755人；有省部级突出贡献专家5位，80余人入选新世纪百千万人才工程国家级人选和教育部、交通运输部、陕西省等各类高层次人才计划。近年来，共承担了包括国家973计划、863计划、国家重点研究计划和国家自然科学基金等重点科研课题在内的科研项目8770余项，荣获包括国家科学技术进步奖一等奖在内的国家科技奖励20项，省部级一等奖28项，其他省部级奖励200余项；承担了包括国家规划课题在内的各类教育教学研究项目380余项，获得国家级和省级教学成果奖50余项。

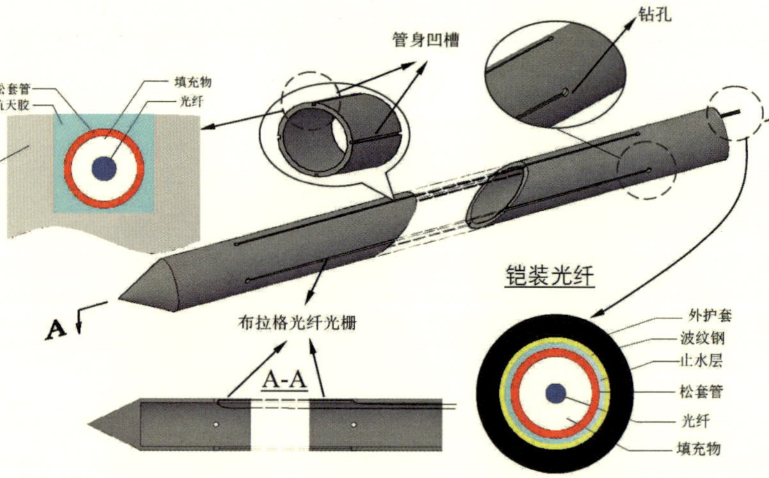

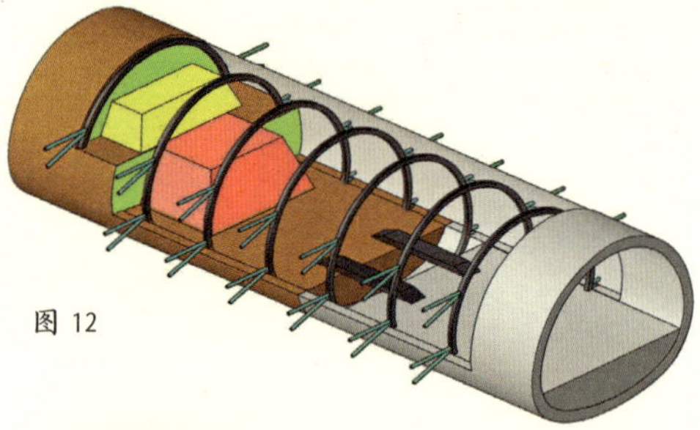

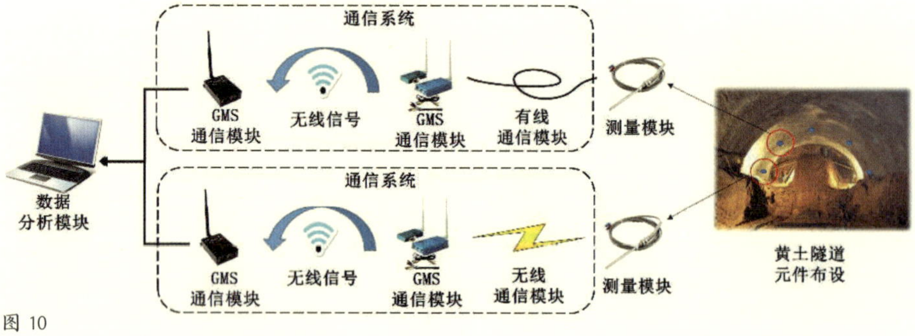

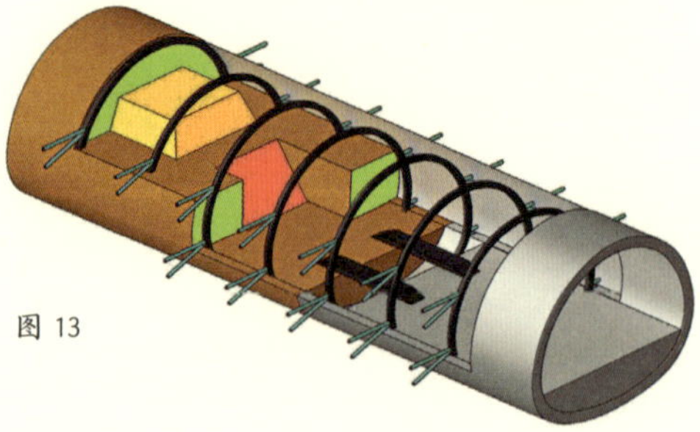

图9/隧道光纤光栅锁脚锚管测力系统示意
图10/隧道结构健康状态远程监测系统
图11/浅埋大跨度黄土隧道偏心CD法施工
图12/软塑粘土地层大断面浅埋隧道微台阶法施工
图13/黄土隧道组合支护结构法施工

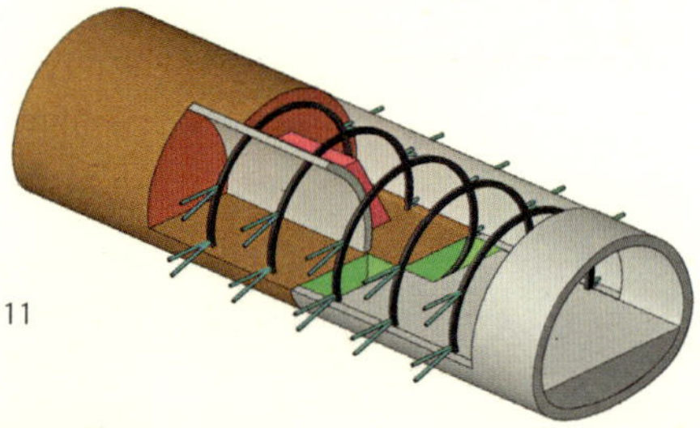

特等奖
Award for CHTS Science & Technology

/主要完成人简介/

陈建勋，长安大学教授、博导，国家"万人计划"科技创新领军人才、教育部"长江学者"特聘教授、科技部创新人才推进计划中青年科技创新领军人才、交通运输部交通青年科技英才、陕西省重点科技创新团队带头人、首届全国公路优秀科技工作者、享受国务院政府特殊津贴专家，兼任中国公路学会工程地质和岩土分会副理事长、《隧道与地下工程灾害防治》期刊副主编等。长期致力于西部复杂环境公路隧道工程理论与技术研究，主持国家级、省部级和重大工程关键技术研究项目52项。在黄土隧道结构设计理论与施工技术、寒冷地区隧道冻害防治理论与技术、隧道施工围岩稳定理论与控制技术等方向取得了一系列创新性研究成果。发表学术论文120篇（SCI收录39篇、EI收录66篇），出版专著教材4部，编制标准规范4部，授权发明专利21项、软件著作权2项。获得省部级科学技术奖特等奖2项、一等奖4项、二等奖3项、三等奖4项，国家级教学成果二等奖1项。研究成果被纳入《公路隧道设计规范》《公路隧道设计细则》《铁路黄土隧道技术规范》和《季节性冻土地区公路设计与施工技术规范》等行业标准，在公路、铁路及地铁行业100余座国家重点工程中得到了推广应用。

陈建勋

图14

图15

图16

图17

图14/ 工程应用——墩梁隧道
图15/ 工程应用——南沟隧道
图16/ 工程应用——马家庄隧道
图17/ 工程应用——西安地铁1号、3号线暗挖隧道

黄土公路路基关键技术及工程应用

项目简介

我国黄土分布广泛，侵蚀发育，沟壑纵横。20世纪90年代，黄土地区高速公路建设刚刚起步，尚无系统的理论指导，缺少相应的系列处治技术，没有成熟的设计施工经验及相应的标准规范，工程建设面临巨大挑战。有鉴于此，项目组历时21年的科研攻关，在7项国家自然科学基金与7项西部交通建设科技项目及其他省级项目资助下，依托黄土核心区域所有高速公路建设项目，通过室内外试验、大型物理模拟、数值计算与理论分析及实体工程验证等方法，对黄土公路路基关键技术及工程应用开展深入系统的研究。研究成果创新了黄土工程特性的理论描述，突破了多项黄土公路路基方面的关键技术难题，形成了具有自主知识产权的系列处治技术，取得了系列具有自主知识产权的新材料、新技术及新设备，获授权发明专利8项、实用新型专利9项，编制了国家交通行业技术标准2部，出版专著2部，发表SCI/EI论文60篇。

项目成果在陕西、甘肃、山西、河南、宁夏等多黄土核心区所有高速公路项目中得到成功应用，直接经济效益累计10.5亿元，近3年节约建设资金3亿元以上，社会效益及生态环境效益显著。项目培养了一批高水平的科技人才队伍，国务院政府特殊津贴获得者2人，培养博士36名、硕士118名，培育省级科技创新团队1个，培训技术人员2000余人。

研究成果不但增强了我国公路交通行业的自主创新能力和国际竞争力，引领了行业科技进步，也为"一带一路"倡议的推进和建设交通强国提供了强有力的技术与智力支持。

图1

图2

图3

图4

图1/ 黄土地区地貌　　图3/ 黄土高边坡

图2/ 黄土地区高速公路　　图4/ 黄土区公路工程病害

/主要完成单位简介/

长安大学，直属教育部，是由教育部和交通运输部、国土资源部、住房和城乡建设部、陕西省人民政府共建的重点建设大学，60多年来，长安大学逐步发展成为以工为主、理工结合、人文社会科学与基础学科协调发展，以培养公路交通、国土资源、城乡建设等专业人才为办学特色，在国内外有一定影响的高等学府，已为国家培养各类毕业生21万余人。学校坚持产学研相结合，近年来，共承担了包括国家973计划、863计划和国家自然科学基金等重点科研课题在内的科研项目6000余项，荣获包括国家科技进步奖一等奖在内的国家科技奖励20项，省部级一等奖31项，其他省部级奖励500余项；承担包括国家规划课题在内的各类教育教学研究项目380余项，获得国家级和省级教学成果奖50余项。在新的历史阶段，学校以科学发展观为指导，坚持走内涵发展、特色发展、和谐发展之路，全面提高教学科研水平和人才培养质量，持续提升学校的核心竞争力和综合实力，全面推进特色鲜明的高水平大学建设。

特等奖
Award for CHTS Science & Technology

主要完成单位：长安大学、中交第一公路勘察设计研究院有限公司、陕西省交通规划设计研究院、甘肃省交通规划勘察设计院有限公司、西安理工大学、交通运输部公路科学研究院、甘肃省公路建设管理集团有限公司、陕西省高速公路建设集团公司

主要完成人：谢永利、张留俊、杨晓华、赵之胜、杨惠林、邵生俊、晏长根、张宏光、尹利华、刘军勇、刘保健、王丽琴、杜秦文、杨世君、刘怡林、王航、岳夏冰、翁效林

创新成果

1. 实现了黄土理论及基本特性研究突破，支撑了黄土路基设计和施工技术的创新和应用。

2. 建立了黄土地区公路工程分区及自然区划、厘定黄土路基工程场地指标体系。

3. 提出了黄土公路地基承载力评价、处治及施工的成套技术，解决了黄土公路地基关键技术需求。

4. 实现了黄土路基沉降计算方法及差异沉降处治技术的重大突破，形成了相应的工程技术应用体系。

5. 提出了黄土边坡稳定性评价方法，形成了边坡支护新技术。

图5　　　　　图6

图7　　　　　图8

/主要完成人简介/

谢永利，博士学位，博士后经历，教授、博士生导师。陕西省"三五"人才工程、新世纪交通部"十百千"人才工程、全国优秀教师，交通部"青年科技英才"并入选新世纪交通部"十百千"人才工程，享受国务院政府特殊津贴。国际土力学与基础工程协会（ISSMFE）会员，中国土木工程学会土力学及岩土工程分会副理事长，中国公路学会养护与管理分会常务理事，陕西省岩石力学与工程学会副理事长。先后主持60余项国家级、省部级重点科研项目。在大变形固结理论、黄土特性及公路修筑关键技术、隧道运营通风的理论与技术、海底隧道修筑技术等方面取得了重要成果。发表学术论文200余篇（其中SCI24篇，EI54篇），出版专著教材4部（主编），编制标准规范3部，授权国家专利40项。

谢永利

图9

图5/ 大型沉降试验平台1
图6/ 大型沉降试验平台2
图7/ 宽台陡坡
图8/ 黄土路基施工
图9/ 公路拓宽

1960MPa悬索桥主缆索股技术研究

项目简介

当前，跨江海特大跨度悬索桥建设方兴未艾。随着悬索桥主跨跨径的增大，主缆的自重呈非线性加速增长，导致主缆材料强度用以承担其自身重量的比例增大，用于承担使用荷载的比例相对减小，承载效率降低，因此，提高主缆强度、减轻自重成为突破更大跨径的关键。采用更高强度的主缆钢丝能有效减小主缆截面积和重量，便于索股施工，减小索夹、索鞍的体积和制造难度，也可以减小索塔、锚碇的体积及施工难度。另外，当时韩国已经完成1860MPa及1960MPa缆索的研发，而国内高强缆索钢丝强度仍停滞在1770MPa。

因此，由广东省交通运输厅组织实施的"1960MPa悬索桥主缆索股技术研究"于2009年启动，该项目由广东省公路建设有限公司牵头，协同国内8家相关单位，依托虎门二桥工程，深入研究了盘条合金组分、连铸偏析、索氏体化技术，钢丝拉拔、热镀锌铝技术，索股锚固、预成型技术等关键技术。

2018年5月7日，广东省交通运输厅组织了1位院士和6位行业知名人士对"1960MPa悬索桥主缆索股技术研究"进行成果评价，专家一致认为：项目首次开发了主缆索股用1960MPa超高强度热镀钢丝盘条；开发了主缆索股用直径5mm、1960MPa的高强度、高韧性、高耐久性锌铝合金镀层钢丝，其抗拉强度≥1960MPa，扭转次数≥14次；开发了1960MPa主缆索股锚具、锚固技术，完善了制索工艺；提出了提高主缆索股的架设质量和架设工效的水平成圈收放索和预成型入鞍等关键技术。项目研究成果总体达到国际领先水平。

该项目形成了29项专利（其中发明专利8项），编制了《桥梁用热镀锌铝合金钢丝JT/T 1104—2016》行业标准和《锌铝合金镀层钢丝缆索》（GB/T 32963—2016）国家标准；项目成员单位首次主导编制《ISO 19203—桥梁缆索镀锌及锌铝合金镀层钢丝标准》（已公布）和ISO/DIS 19427(en) Steel wire ropes-prefabricated parallel wire strands for suspension bridge main cable（待公布）国际标准；以项目成果为核心技术，申报了欧盟PCT专利"METHOD FOR FABRICATING PREFABRICATED PARALLEL STEEL WIRE PREFORMED CABLE STRANDS FOR MAIN CABLE OF SUSPENSION BRIDGE"，已通过实质性审查。

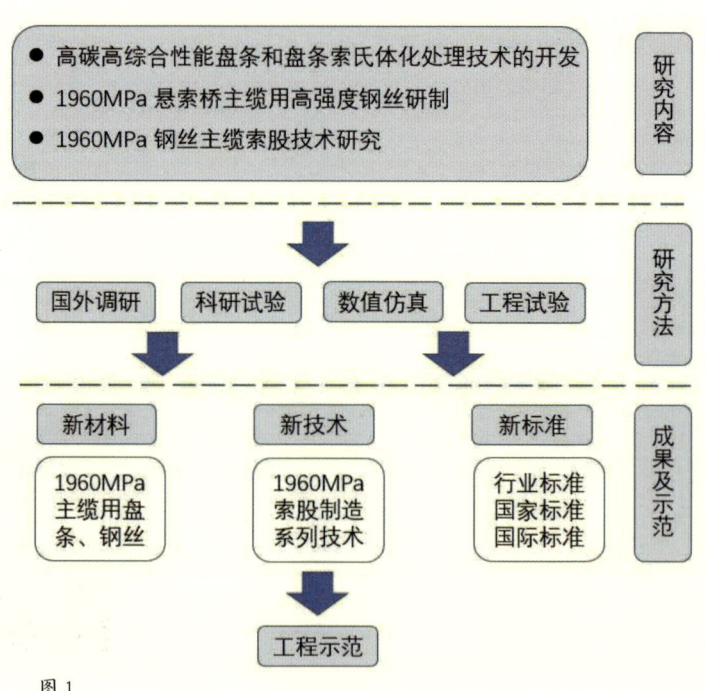

图1/技术路线图

特等奖

Award for CHTS Science & Technology

主要完成单位： 广东省公路建设有限公司、广东省公路建设有限公司虎门二桥分公司、中交公路规划设计院有限公司、江苏法尔胜缆索有限公司、上海浦江缆索股份有限公司、江苏东纲金属制品有限公司、江阴华新钢缆有限公司、宝钢集团南通线材制品有限公司、江阴兴澄特种钢铁有限公司、青岛特殊钢铁有限公司、宝山钢铁股份有限公司、广东省交通运输厅、中铁大桥科学研究院有限公司

主要完成人： 吴玉刚、崖岗、赵军、张海良、万根节、张剑锋、卢靖宇、张太科、薛花娟、张军、李阳、王林烽、梅刚、彭伟强、鲜荣、代希华、张鑫敏、李彦兵、姚志安、钱叶祥、蔡依花、周旭东、赖嘉华、朱超、朱鹏

创新成果

1. 首次实现了桥梁缆索用1960MPa超高强度热镀钢丝盘条国产化，掌握了梁缆索用1960MPa超高强度热镀钢丝在各生产工序中的性能变化规律，制定了合理的生产工艺参数；开发应用了多种有效的大直径高强度高碳盘条韧化处理技术，提高盘条的索氏体化比率。

2. 开发出了桥梁缆索用1960MPa的高强度、高韧性、高耐久性锌铝合金镀层钢丝，其抗拉强度满足1960～2160MPa，扭转次数≥14，弹性模量值相对以前国产镀锌钢丝平均值略有提高。实现1960MPa钢丝批量化生产，并首次实现项目3万吨级实桥应用。在虎门二桥工程实际应用中，反映出架索精度高、速度快的特点，创3000m超长索股每天架设6根的新纪录。

3. 开发出了1960MPa主缆索股锚具、锚固技术，完善了制索工艺，使1960MPa主缆索股的锚固效率达95%以上。研制出的1960MPa索股的静载性能良好，最大静荷载≥95%标称破断荷载，静载延伸率≥2%，弹性模量≥95%钢丝弹性模量；抗疲劳性能优异，在应力上线0.40抗拉强度、应力幅200MPa、疲劳应力循环次数达200万次。

4. 该项目为我国大跨度缆索支撑桥梁的建设打下了坚实的基础。杨泗港大桥、沪通长江大桥、深中通道、商合杭铁路芜湖长江公铁大桥等重大项目都应用了该项目成果。通过超高强度主缆钢丝及索股的研发应用，不但可以节省用料减轻自重、优化主缆结构受力、延长钢丝和主缆安全使用寿命，还可以减小塔锚结构体积、索鞍索夹等结构尺寸及制造、运输、安装的风险，提升施工工效，在桥梁构件制造、施工阶段具备直接经济效益。此外，超高性能钢丝应用广泛，不仅适用于悬索桥，还适用于斜拉桥、拱桥等索结构桥梁，也可衍生应用于海洋重工等其他行业，具有广阔的经济价值和社会价值。

5. 该项目突破了高强度钢丝技术瓶颈和打破国际技术垄断，实现了我国桥梁缆索材料跨越式技术进步，增强了中国桥梁国际竞争力，推动实现了交通强国、桥梁强国的中国梦；形成了工业化产能和完备的标准体系，助推"中国制造2025"，服务"一带一路"倡议及"粤港澳大湾区"国家战略。

图2

图3

图2/1960MPa主缆
图3/1960MPa主缆用钢丝

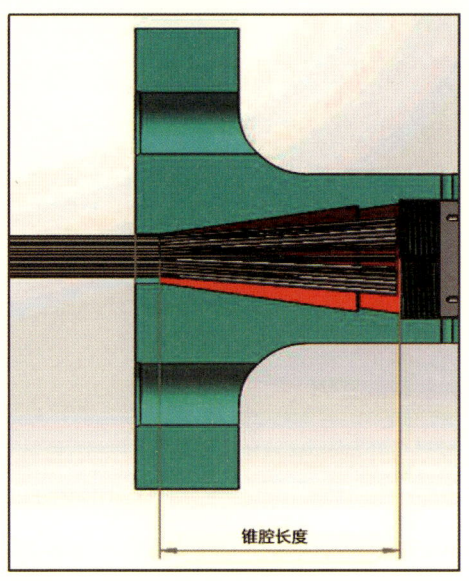

图 4

图 5

图 4/ 索股架设
图 5/ 锚固技术

/主要完成单位简介/

广东省公路建设有限公司1985年成立,1996年重组,2000年7月成为广东省交通集团有限公司(简称省交通集团)直属企业。2003年,由全民所有制企业改制为法人独资的有限责任公司。2014年,公司股东变更为广东省交通集团、粤财控股,公司类型由法人独资有限责任公司,变更为国有控股有限责任公司。公司是以公路、桥梁、隧道、交通基础设施的投资、建设及经营管理为主业,重点投资建设和经营管理珠三角高速公路的特大型国企。截至2016年年底,公司累计完成投资1040亿元,建成通车高速公路21条,包括广深珠高速公路和虎门大桥等珠三角交通大动脉,高速公路营运里程达746公里;公司注册资金78亿元,控股、参股及筹建项目26个,公司资产总量达725亿元,资产营运状况和经营效益多年保持全国同行业领先水平。

江苏法尔胜缆索有限公司成立于1998年,是世界领先的大型桥梁缆索生产企业。公司拥有超千米长的主厂房和世界上最先进的斜拉索和悬索主缆索股生产安装技术,产能达每年16万吨。公司拥有江苏省大跨径桥梁耐久型缆索工程技术研究中心,拥有锌铝合金镀层钢丝耐久性缆索、超高强度大规格预制平行钢丝索股、主缆缠绕S型钢丝等自主核心技术数十项,获得近百项缆索制造专利,并主持和参与了8项国际、国家及行业标准的制定、修订工作,承担或参与了10多项国家级和省部级重点科研创新项目;公司先后荣获国家科学技术进步奖一等奖、国家科学技术进步奖二等奖、江苏省科学技术进步奖一等奖、中国专利优秀奖等各类奖项70多项。公司产品已成功应用于虎门二桥、武汉杨泗港长江大桥、五峰山长江大桥、沪通长江大桥、苏通长江大桥、香港昂船洲大桥,以及土耳其伊兹米特大桥、挪威哈罗格兰德大桥等900多个国内外重大桥梁工程项目。

特 等 奖
Award for CHTS Science & Technology

/主要完成人简介/

吴玉刚，广东省公路建设有限公司副总经理兼总工程师，教授级高级工程师，主要负责公司技术管理、科研和招标等工作，先后参与了12个司属重大工程项目。2007年被广东省总工会授予五一劳动奖章；2015年被中华人民共和国国务院授予政府特殊津贴；荣获省部级特等奖1项、一等奖4项，发明专利1项；参与编制国家标准《锌铝合金镀层钢丝缆索》及行业标准《悬索桥主缆缠绕用S形钢丝》；2017年获得中国公路百名优秀工程师。

吴玉刚

赵军，江苏法尔胜缆索有限公司总经理，研究员级高级工程师，长期从事路桥材料领域的研究和管理。先后承担国家级和省部级科研项目15项，主持开发的24个科技成果项目通过省级鉴定；拥有25项发明专利及56项实用新型专利，发表论文10余篇；参与主持制定了2项国际标准、4项国家标准及6项行业标准；荣获国家科学技术进步奖二等奖1项、省级科学技术进步奖一等奖3项等各类奖项60多项；2013被中华人民共和国国务院授予政府特殊津贴；2016年被中华全国总工会授予全国五一劳动奖章。

赵军

图6

图7

图8

图9

图6/ 索股架设精度高 图8/ 制索精度控制技术
图7/ 预成型技术 图9/ 盘卷技术

高效耐久大跨径钢桥面浇注式沥青铺装性能保障成套技术

项目简介

大跨径桥梁正交异性钢桥面板变形大，铺装层较薄、剪应力大所带来的铺装技术问题一直是一个世界性难题。项目组经过15年技术攻关、工程实践和总结提升，使我国钢桥面铺装使用寿命从早期3~5年，提高到目前的10年以上，攻克了我国高温重载条件下的钢桥面铺装技术难题，经中国公路学会组织鉴定，成果整体达国际领先水平。

项目获授权发明专利22项、实用新型12项、软件著作权1项、国家级工法1项；编写专著2部；发表科技论文200余篇，其中SCI、EI收录36篇；编写行业规范4部，有力地推动了钢桥面铺装行业技术进步。成果成功应用于港珠澳大桥、云南龙江特大桥、安徽马鞍山长江公路大桥等国内120余座大跨径桥梁，并逐步推广到莫桑比克等亚非拉地区，取得了显著的社会效益和经济效益。

图1

/主要完成单位简介/

重庆市智翔铺道技术工程有限公司是招商局重庆交通科研设计院有限公司全资的专业化道路工程技术公司，是招商局集团旗下的三级企业，主要从事道路工程的科研、设计、工程施工、试验检测、技术开发和咨询服务。公司在钢桥面、功能性特色路面等具有特殊技术要求的路面铺装科研、设计、施工及新材料研发上，具有较强的科研开发、生产与施工能力。公司已建立了3个国家级和省部级科研平台，编写了交通运输部《钢桥面铺装设计与施工技术规范》等6部行业规范，业务遍布全国各地，成功实施了100余座桥面铺装的科研、设计和施工。

图2　　　　　　　　图3　　　　　　　　图4　　　　　　　　图5

图1/ 大型双组分高压无气全自动喷涂系统　　图2/ 在港珠澳大桥应用　　图4/ 在莫桑比克马普托大桥应用
图3/ 在马鞍山长江公路大桥应用　　图5/ 多轮组碎石碾压机

特等奖

Award for CHTS Science & Technology

主要完成单位：重庆市智翔铺道技术工程有限公司、港珠澳大桥管理局、华南理工大学、招商局重庆交通科研设计院有限公司

主要完成人：郝增恒、王民、张华、鲁华英、徐伟、肖丽、胡德勇、盛兴跃、尚飞、吴清发、张肖宁、李璐、周启伟、徐建晖、杨波、王滔、朱定、赵国云、徐光红、叶伟、代剑锋、陈诚、岳晓文、李书亮、吴雪柳

创新成果

1. 材料创新。自主开发了4种高性能铺装材料，从钢桥面防水黏结材料、沥青及沥青混合料3方面解决了桥面铺装材料耐久性等问题。通过共聚增韧改性开发的道桥专用甲基丙烯酸甲酯树脂防水材料，关键性能超过国外同类材料，打破了国外技术垄断；高温降黏型聚合物复合改性沥青，使浇注式沥青混合料高温性能提升30%，疲劳性能提高3倍以上，超过国内外同类产品技术水平；基于累积耗散能原理开发了高弹改性沥青，使SMA疲劳性能提高10倍以上，填补国内外在该领域研究的空白；基于超支化聚酯-碳纳米管协同增韧的高韧性环氧沥青，使环氧沥青混合料低温抗裂性提高20%以上，疲劳次数（600με）超过200万次。

2. 针对浇注式沥青铺装体系实施过程中的关键工序和质量风险点，自主研发了4套智能化设备，使钢桥面铺装机械化施工程度达90%以上。大型双组分高压无气全自动喷涂系统，实现了全断面自动匀速喷涂与厚度动态控制，工效提高2~3倍；多段位程控分频自动点火控温、大扭矩低转速的搅拌运输车，满载升温速率达到8℃/分，温度离散性≤2℃，氧气浓度降低60%，减少了混合料温度离析和热氧老化；具有精确控位、联动调控的多轮组碎石碾压机，解决了人工碾压不均匀、嵌入深度难以控制等难题。五参数联动控制、三重叠喷洒的多组分嵌固封层施工车，解决了液、固相材料难以雾化、易离析等难题，实现了四组分高粘材料悬浮态共混喷涂施工。

3. 提出了"GA+高弹改性沥青SMA"和"GA+高韧性环氧沥青混合料"2种适应高温重载条件的铺装新结构；制定了基于钢桥面铺装受力特点和破坏机理的设计指标和方法，形成了综合考虑温度、交通量和桥面系结构的钢桥面浇注式沥青铺装疲劳开裂、层间剪切破坏和车辙控制标准。

/主要完成人简介/

郝增恒

郝增恒，工学博士，研究员，重庆市智翔铺道技术工程有限公司总经理，重庆市科技创新领军人才，长期从事钢桥面、隧道路面等特殊铺装的科研、设计、咨询和工程管理等工作，主持了国家自然科学基金"超热老化模式下浇筑式沥青混合料力学性能衰变行为及机理"、国家火炬计划"基于浇注式沥青混凝土的钢桥面铺装体系"等3项国家级科研项目，以及重庆市杰出青年基金"基于协同增韧作用的环氧沥青结构表征及路用性能研究与工程示范"等8项省部级科研项目。曾获省部级科技成果奖11项，其中特等奖1项、一等奖2项、二等奖6项；获国家授权专利29项；公开发表论文近50篇。

王民

王民，工学博士，研究员，招商局重庆交通科研设计院有限公司科技发展中心主任，重庆市科技创新领军人才，长期致力于钢桥面铺装工程领域的技术研究和工程实践，先后主持和参与了港珠澳大桥、莫桑比克马普托大桥、马鞍山长江公路大桥、武汉沌口长江公路大桥、厦漳跨海大桥、湖南矮寨大桥等30余项钢桥面铺装工程的科研、设计和咨询任务。曾获省部级科技成果奖11项，其中特等奖1项，一等奖2项，二等奖6项，获国家授权专利24项，公开发表科技论文60余篇。

2018
Award for CHTS Science & Technology

一等奖

桥梁状态监测与维护决策新技术研发与应用

项目简介

近年来，国内一系列世界级桥梁的兴建，标志着我国从"桥梁大国"向"桥梁强国"迈进，桥梁建设取得了辉煌的成就。然而，在役桥梁由于设计缺陷、施工标准低、服役环境的变化及自然灾害破坏等原因，桥梁的安全面临着严峻的挑战。

项目针对桥梁隐蔽结构状态感知难、桥梁整体结构状态感知理论和实用技术缺乏、桥梁维护对策缺乏针对性及结构性能提升技术适应性不强三大问题，依托国家973前期计划项目等10余项国家级和省部级项目，通过多家高校、科研、桥梁建设和养护管理人员的联合攻关，取得了丰硕成果。

图1

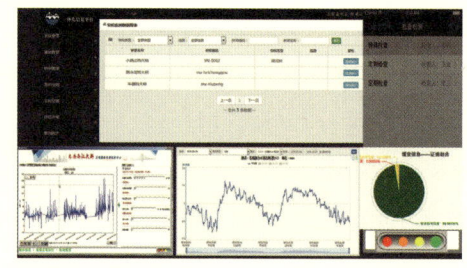

图3

图4

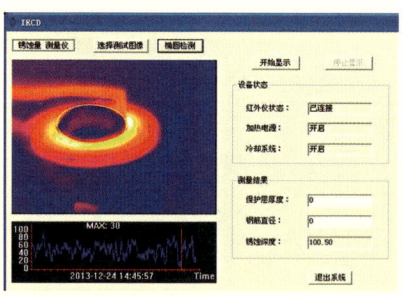

图5

图1/金属磁记忆装置现场检测情况
图2/全寿命监测模式
图3/"桥梁云"平台
图4/融合移动手持终端与集群中心的信息采集系统
图5/涡流热成像控制和分析软件系统

/主要完成单位简介/

重庆交通大学是一所交通特色鲜明、以工为主的多科性大学。拥有国家内河航道整治工程技术研究中心、山区桥梁与隧道工程国家重点实验室培育基地、交通土建工程材料国家地方联合工程实验室3个国家级平台，桥梁结构工程交通行业重点实验室、水利水运工程教育部重点实验室、山地城市交通系统与安全重庆市重点实验室等34个省部级平台，西南水运科学研究所、沙漠土壤化研究院等20余个研发机构。在山区桥隧、路基路面、内河港航、单轨交通、运输物流等领域取得了一批有影响力的成果，先后获国家科学技术进步奖、国家发明奖12项，省部级科技奖300余项。

一等奖

Award for CHTS Science & Technology

主要完成单位：重庆交通大学、北京航空航天大学、重庆市轨道交通（集团）有限公司、林同棪国际工程咨询（中国）有限公司、重庆建工集团股份有限公司

主要完成人：周建庭、张洪、杜博文、张奔牛、廖棱、郑丹、刘思孟、马虎、陈晓虎、黎小刚、蒋震、赵瑞强、辛景舟、杨俊、陈悦

创新成果

1. 首次研发了基于金属磁记忆效应和涡流热力学原理的结构内部钢筋锈蚀感知新技术、基于慢速电磁驻波谐振分析的预应力状态感知新技术，研制了桥梁结构内部钢筋腐蚀无损量化检测和预应力检测新装置，攻克了桥梁结构内部钢筋腐蚀状态和有效预应力承载状态感知技术难题。

2. 研发了桥梁结构响应感知新技术、新装置，构建了基于响应包络、时变可靠性和劣化效应的桥梁状态感知理论和技术，提出了预埋—表贴传感器接力监测技术，实现了基于结构响应的桥梁状态长期、可靠、稳定感知。

3. 开发了在役桥梁处置决策指标体系，研发了基于状态感知的桥梁管养决策支持技术，构建了桥梁养护检测评估决策一体化"云平台"决策系统，解决了桥梁维护最佳时机和最优处置决策的技术难题。

研究成果在16座大型桥梁及400余座中小跨径桥梁上取得了成功应用，显著提升桥梁管养水平的同时，大幅降低了桥梁的维护成本，保障了桥梁的健康使用状态，实现了科学养护，避免了中断交通所造成的经济损失与不便，取得了显著的社会效益和经济效益，具有广阔的推广应用前景。

研究成果共获得授权发明专利27项、实用新型专利13项，取得软件著作权11项，出版专著2部，发表论文128篇（SCI/EI收录75篇），培养了博士、硕士58人，培训了交通科技人才845人次，推动了桥梁监测与维护领域的技术进步。

图6/ 山区桥梁与隧道工程国家重点实验室培育基地

/主要完成人简介/

周建庭，教授、博士生导师。现任重庆交通大学土木工程学院院长、山区桥梁与隧道工程国家重点实验室培育基地主任、桥梁结构智能感知与控制重庆市重点实验室主任。长江学者特聘教授，国家杰青基金项目获得者，"万人计划"、新世纪百千万人才工程国家级人选，全国优秀科技工作者，国务院政府特殊津贴专家。主要致力于桥梁状态感知与先进维护研究。承担国家杰出青年基金项目、973计划、国家重点研发计划、国家科技计划攻关项目、国家自然科学基金项目和青年基金项目11项，发表学术论文316篇，其中SCI/EI收录118篇，出版著作9部；获得授权国家发明专利45项。"山区拱桥建设与维护新技术研发与应用"和"公路在用桥梁检测评定与维修加固成套技术"研究成果分别获2011年度和2009年度国家科学技术进步奖二等奖，另获得省部级科学技术奖一等奖7项、二等奖14项。

周建庭

大跨重载宽幅钢箱梁斜拉桥建设关键技术研究

项目简介

钢箱梁斜拉桥作为大跨径桥梁最为重要的形式之一，在交通基础建设中发挥着重大作用。随着我国经济的发展，公路运输交通量快速增长，其中重载车辆比例不断提高。作为跨江、跨海工程主选桥型之一的钢箱梁斜拉桥，一方面，将朝着宽幅、重载、大跨的趋势发展；另一方面，也暴露出桥面板疲劳问题突出、构件易损、运营期状态难识别等问题。

解决当前钢箱梁斜拉桥面临的关键技术问题，才能适应未来发展的需求。制造方面，需要研发先进的焊接技术，提升钢箱梁抗疲劳性能；结构约束方面，需要研发新型的减震装置，提高易损件的耐久性；建养方面，需研发全寿命过程控制系统和技术。

项目以武汉沌口长江公路大桥工程为依托，以安全、长寿、绿色、高效、智能为目的，形成了"大跨重载宽幅钢箱梁斜拉桥建设关键技术研究"成套技术，并实现了产业化。创新成果在沪通大桥、郑万铁路等工程中得到了成功应用，累计节约资金近亿元，有效提高了结构安全性能，降低了全寿命周期维修成本，在行业内产生了重大而深远的影响，推广应用前景广阔。

项目研发形成的"一种U肋焊接装置及其调整机构""一种大吨位弹性-阻尼复合减震装置""智能化梁段匹配安装控制系统"等30余项发明（实用新型）专利及软件著作权等自主创新成果，为桥梁可持续发展提供了重要的技术支撑，有利于提升我国同类型桥梁国际竞争力。

/主要完成单位简介/

中交第二航务工程局有限公司（简称二航局）创建于1950年，是原交通部直属四大航务工程建设一级施工企业之一。2006年成为世界500强企业——中国交通建设股份有限公司全资子公司。二航局经过60多年的发展，现已成为一家融设计、施工、科研、资本运作于一体，以路桥、港航、铁路、城市轨道交通、市政工程施工为主业，"大土木"、多元化经营的大型工程建设企业，市场遍布全国29个省（直辖市、自治区），以及东南亚、南亚、中东、欧洲、非洲、南美洲的24个国家和地区。

二航局下辖12家子公司，13家分公司，3家参股公司，30余家投资、房地产项目公司，以及30余家经营性分公司和海外经营办事处；具有公路工程施工设计—总承包特级、港口与航道工程设计—施工总承包特级、市政公用工程施工总承包一级和城市轨道交通工程专业承包等资质。

自成立以来，二航局共获得国家级和省部级优质工程奖234项，包括"詹天佑土木工程大奖"23项，"鲁班奖"19项，国家优秀工程金奖10项、银质奖18项，中国市政工程金杯奖5项。此外，先后9次斩获国际桥梁协会大奖（包括"亚瑟·海顿奖""乔治·理查德森奖""古斯塔夫斯·林德恩斯奖""尤金·菲戈奖"），10次获得"菲迪克"工程项目奖。同时，还获得国际桥协杰出结构工程奖、英国卓越结构工程大奖、国际道路联盟全球道路成就奖。

公司还先后获得全国五一劳动奖章、全国企业文化建设工作先进单位、全国守合同重信用单位、中国优秀诚信企业、中国最具影响力企业、中国交通建设十大桥梁英雄团队等荣誉。

一等奖
Award for CHTS Science & Technology

主要完成单位：中交第二航务工程局有限公司、中交第二公路勘察设计研究院有限公司、武汉中交沌口长江大桥投资有限公司、武汉锂鑫自动化科技有限公司、武船重型工程股份有限公司、中交公路长大桥建设国家工程研究中心有限公司

主要完成人：由瑞凯、冯鹏程、张鸿、徐刚、张永涛、陈超华、李芳武、南军强、张延河、陈毅明、付坤、封江东、黄灿、杜俊、郑建新

图1

图1/建设中的武汉沌口长江公路大桥

创新成果

1. 首创了正交异性钢桥面板U肋内焊成套工艺与装备，并实现了产业化；实现了U肋内焊角焊缝的可焊、可检、可修；试验证明双面焊抗疲劳性能相对单面焊提高2倍以上；制定了U肋双面焊接技术规程。

2. 提出了弹性约束与阻尼约束的最优组合参数，研发了"弹性+黏滞阻尼"复合减震装置，有效改善了大跨斜拉桥结构静力、疲劳、稳定受力性能。

3. 研发了基于几何控制法的桥梁安全监控技术和平台，实现了施工与运营全寿命过程监控。

4. 研发了基于倾角传感测量的智能化梁段匹配安装控制技术，提高了梁段的匹配工效与精度；采用三维激光测控技术，提出了合龙口形态参数的精准识别技术与方法。

图 2

图 3

图 4

图 2/ 自动 U 肋内焊系统及生产线
图 3/ U 肋内焊自动焊接生产
图 4/ "弹性 + 黏滞阻尼" 复合减震器整体性能试验

一等奖
Award for CHTS Science & Technology

图5

图5/ 桥梁安全监控平台

/主要完成人简介/

张鸿，教授级高级工程师，华中科技大学土木工程专业博士，现任中交第二航务工程局有限公司总经理。长期从事土木工程设计、科研与建造工作，主持了20多座特大型公路桥梁和10多个港口航道工程的建造技术工作，承担和参与了20余项国家级和省部级科研课题研究及实践。科研成果荣获国家科学技术进步奖一等奖、二等奖各1项，省级技术发明奖一等奖1项，省部级科学技术进步奖36项，国家专利金奖1项，国家授权发明专利68项；主持编制国家级工法5项、交通行业标准2项，发表论文60余篇，出版专著8本。享受国务院政府特殊津贴，获交通运输部交通青年科技英才、武汉市有突出贡献中青年专家。

张鸿

徐刚，全国五一劳动奖章获得者，教授级高级工程师，一级建造师，现任中交第二航务工程局科技管理部经理，中国交建公路工程入库专家。长期从事施工现场技术研究和管理工作，主持修建了4座世界级桥梁，其中阳逻长江大桥获"詹天佑土木工程大奖"，坝陵河大桥获"鲁班奖"，九江长江大桥获"鲁班奖"和"詹天佑土木工程大奖"。积累了丰富的项目管理经验，撰写科技论文10多篇，国家级、省部级工法10余项，申请各项专利10余项。

徐刚

装配式桥梁快速施工结构体系研发及其应用

项目简介

随着人们生活质量的提高,与以现浇为主的传统桥梁建造模式相关的环境保护、工作效率、工程安全等问题日益突出。2016年国务院办公厅印发的《关于大力发展装配式建筑的指导意见》指出,发展装配式建筑是建造方式的重大变革,有利于节约资源能源、减少施工污染、提升劳动生产效率和质量安全水平。因而,发展装配式桥梁技术是解决上述问题的合理选择,需求十分迫切。

该项目依托多项国家自然科学基金和上海市科委研发任务,历经10年攻关解决了上述问题,首次建立了桥梁结构全装配式施工技术体系,填补了桥梁下部结构预制拼装技术的空白,形成了完全自主知识产权的技术和工法,取得了桥梁装配技术的新突破,在工程建安费与现浇基本持平的情况下,达到了现场工期缩短50%以上、现场工人减少80%以上、施工期内交通影响降低60%以上的预期目标,推动了桥梁结构装配化、工厂化、标准化技术的科技进步。

项目获得专利43项,其中发明专利3项;申报省部级工法1项;主编行业标准1部、团体标准1部和地方标准9部;发表论文12篇。实现了"核心技术—系统集成—成果转化—工程应用—理论突破"的全过程创新;已成功应用于上海、广东、四川、湖南、东北等地20余项代表性工程,近3年国民经济效益节支总额约5.7亿元,促进了我国装配式桥梁技术的跨越式发展,应用前景广阔。

图 1

图 2

图 1/装配式盖梁施工
图 2/装配式立柱施工

一等奖

Award for CHTS Science & Technology

主要完成单位： 上海市城市建设设计研究总院（集团）有限公司、中交第二公路勘察设计研究院有限公司、上海公路投资建设发展有限公司、同济大学、安徽省交通规划设计研究总院股份有限公司、上海公路桥梁（集团）有限公司、上海城建市政工程（集团）有限公司

主要完成人： 周良、冀振龙、李雪峰、冯鹏程、闫兴非、郑益、朱玉、王志强、沙丽新、徐宏光、刘经熠、徐桂平、王洪新、崔晨、张涛

创新成果

1. 突破桥梁下部结构传统现浇的建造方式，首次构建了"桩基-承台-立柱-盖梁"全套快速施工体系，攻克了桩基与承台连接、承台与立柱连接、立柱与盖梁连接的技术瓶颈。针对桥梁结构荷载重、动力响应大、连接构造难的特点，研发了灌浆套筒连接、超高性能混凝土快速接头等多种连接形式，首次建立了大悬臂盖梁的预制拼装方法，通过拟静力试验和振动台试验揭示了装配式桥梁的地震破坏规律，实现了装配式技术在高烈度地震区的应用。

2. 创新的将超高性能混凝土在预制装配桥梁主体结构中应用，完成了25~40米通用先张法超高性能混凝土预制箱梁结构和102米全体外束超高性能节段箱梁简支结构的设计与应用。通过应用超高性能混凝土实现了构件的轻量化，将结构自重减少了40%以上。

3. 建立了装配式桥梁设计方法，编制了装配式桥梁结构领域的第一部标准——上海市工程建设规范《预制拼装桥墩技术规程》，主编了交通部行业标准《装配式桥梁设计规范》及其他主要规范5部，形成了从设计、施工、验收到运维的全体系标准，支撑了装配式桥梁技术的推广应用。

4. 构建了装配式桥梁技术完备的产业链体系，提出了"环境友好型"的低影响建设体系及以"精度"为核心的工程建设理念。首次确立了适用于不同构件的、规模化制备的工艺流程和信息化组织管控技术，集成了大型的运输设备、现场拼装吊装设备和压浆设备，研发了构件间拼装对准技术、信息化施工模拟分析技术等，实现了桥梁建造与信息化工业化深度融合，培育了新产业新动能。

图3

图4

图3/ 预制场立柱预制
图4/ 嘉闵高架施工

图 5

一等奖

Award for CHTS Science & Technology

/主要完成单位简介/

上海市城市建设设计研究总院（集团）有限公司成立于1963年，具有国家工程设计综合甲级、工程勘察综合甲级、工程咨询甲级、城乡规划甲级等资质。公司致力于聚焦技术革新，在道路、交通、桥梁、给水排水与环境工程、轨道交通、规划、建筑园林等领域硕果累累，并在现代有轨电车、街道设计、智能交通、地下空间、环境工程等新领域走在行业前列。荣获国家级、省部级和市级各类奖项近千项，拥有发明专利百余项，主编和参编的标准、规范、通用图等百余项。

/主要完成人简介/

周良，教授级高级工程师，上海市城市建设设计研究总院（集团）有限公司总工程师、副总经理，一级注册结构工程师。1998年获上海市桥梁专业学科带头人称号，荣获上海市领军人才、五一劳动奖章、重大工程立功竞赛杰出人物、实施发明成果优秀总工程师等称号。住房和城乡建设部道路与桥梁标准化技术委员会委员，中国土木工程学会桥梁与结构专业委员会常务理事，中国钢协桥梁钢结构协会理事，上海市城乡建设交通委科技委委员。主编《钢-混凝土组合桥梁设计规范》《预制拼装立柱技术规程》等10余部国家标准和地方标准。发表了"城市高架桥设计施工技术及工程实例""闵浦二桥工程"等多项专著。获中国公路学会科学技术奖、上海市科学技术进步奖、华夏科学技术进步奖、全国优秀城乡规划设计及咨询奖等奖项近百项。

周良

冀振龙，高级工程师，上海公路集团第一事业部副总经理。毕业于清华大学，先后主持和参建了东海大桥、上海市S32申嘉湖高速公路、嘉闵高架路、S3高速公路先期施工段、S26高速公路入城段等项目，多次获得市级优秀建设者、先进个人等称号。主编了企业标准《公路施工标准化指南》，参编了上海市地方标准《预制拼装设计施工技术规范》。获中国公路学会科学技术奖、上海市科学技术进步奖、上海市公路学会科学技术奖等奖项，完成的上海市科委重大课题城市桥梁预制拼装成套技术研究及示范工程应用，专家一致认定达国际领先水平，该技术已在上海及全国推广应用。

冀振龙

李雪峰，高级工程师，上海市城市建设设计研究总院（集团）有限公司装配式桥梁研发中心副主任，上海大学校外导师，中南大学校外导师。毕业于同济大学，分别获得国家自然科技青年基金、上海市自然科学基金、中国博士后特别资助、上海博士后基金等课题资助，获"上海市科技启明星"的称号。作为规范主要起草人，参加了《钢-混凝土组合桥梁设计规范》《纤维增强复合材料筋混凝土桥梁技术标准》等20余部标准的编制工作。获中国公路学会科学技术奖、上海市科学技术进步奖、华夏科学技术进步奖、上海市公路学会科学技术奖等奖项。

李雪峰

图5/预制立柱吊装

小半径混凝土弯斜拉桥关键技术研究

项目简介

作为斜拉桥的一个分支，曲线斜拉桥的应用还不广泛。曲线斜拉桥主要应用在一些对线型要求比较严格的场合，如两端接线必须要求桥梁走向位于曲线上，另外，对于一些有景观需求的情景，也比较适合修建曲线斜拉桥。该课题依托刚果（布）布拉柴维尔沿河大道弯斜拉桥项目，该桥位于布拉柴维尔市中心，接近总统官邸、国家主要行政机构、布拉柴纪念馆等重要地点附近，同时斜拉桥濒临刚果河，建成后将成为两岸地标性建筑。

该桥地理位置重要，且因线型要求必须采用弯曲线，结构形式新颖，受力形式极其复杂，国内外对曲线斜拉桥的研究又缺乏系统性，可参考的技术资料很少。因此，亟须研究该桥在设计及施工中的关键技术。

针对小半径混凝土弯斜拉桥设计、建造的关键技术问题，该项目组采用理论分析、物理模型试验、数值模拟仿真、实桥应用等研究方法，通过自主创新和实践，对小半径混凝土弯斜拉桥的重点和难点，进行长期研究，解决了刚果（布）布拉柴维尔沿河大道弯斜拉桥建造的技术难题，使得布拉柴维尔沿河大道曲线斜拉桥精准合龙。研究成果的推广应用将进一步支撑混凝土弯斜拉桥的设计和施工，提升我国基础设施建设的国际竞争力，大力推动行业科技进步，意义深远。

图1

图2

图3

图4

图1/刚果（布）布拉柴维尔沿河大道弯斜拉桥全景
图2/刚果（布）布拉柴维尔沿河大道弯斜拉桥主塔建设
图3/刚果（布）布拉柴维尔沿河大道弯斜拉桥合龙
图4/刚果（布）布拉柴维尔沿河大道弯斜拉桥夜景

/主要完成单位简介/

中国路桥工程有限责任公司（简称中国路桥）是中国最早进入国际工程承包市场的4家大型国有企业之一，主要从事国内、国际道路、桥梁、港口、铁路、机场、隧道、水工、市政、疏浚等工程承包，兼具投资、实业、贸易、租赁、服务等业务，在亚洲、非洲、欧洲、美洲50多个国家和地区设立了分支机构，形成了高效快捷的经营开发管理网络，是中国交通建设股份有限公司海外业务的重要载体、窗口和平台。中国路桥的前身是交通部援外办公室。从1958年开始走出国门，承担中国政府对外援助项目建设。1979年正式组建公司，进入国际工程承包市场。2005年成为重组后的中国交通建设股份有限公司的全资子公司，主要从事中国交建的海外业务，承建了多个有地区和国际影响力的标志性建筑，荣获了多项国内、国际大奖。

近年来，中国路桥积极响应国家"走出去"战略的号召，创新进取，培育核心竞争力，以EPC等高端方式承揽了塔乌公路、巴基斯坦喀喇昆仑公路改建工程、毛里塔尼亚友谊港改扩建工程、塞尔维亚泽蒙—博尔察大桥等著名项目。

一等奖

Award for CHTS Science & Technology

主要完成单位： 中国路桥工程有限责任公司、中交公路规划设计院有限公司、中交第二公路工程局有限公司、西南交通大学

主要完成人： 周泳涛、单德山、孙耀国、杜飞、梁青山、彭运动、童育强、郭猛、陆从飞、刘海龙、肖军良、夏嵩、张二华、喻志刚、胡娟

创新成果

项目技术创新之处在于根据混凝土弯斜拉桥的力学性能，依托实地调研、室内试验、数值分析、现场加载试验、工程验证等手段，研发了小半径混凝土曲线斜拉桥的成套技术，研究成果成功应用于刚果（布）布拉柴维尔滨河大道曲线斜拉桥的建造中，具体如下。

1. 采用正交试验设计及极差分析技术，进行随机多参数敏感性分析，提出多参数的耦合效应影响，确定曲线斜拉桥设计和施工的关键参数。

2. 通过对不同曲率小半径混凝土弯曲线斜拉桥的系统研究，首次提出了小半径混凝土弯曲线斜拉桥设计半径的阈值。

3. 基于试验数据和有限元模拟，得到了T形、矩形、正方形3种不同截面形式的混凝土构件，在压弯剪扭复合受力状态下的极限承载力分析方法和计算公式，为日后的相关研究提供参考。

图5

图6

图7

图5/ 现浇混凝土连续梁组合型支架专利证书
图6/ 一种承重牛腿装置专利证书
图7/《小半径混凝土弯斜拉桥关键技术研究》论文清单

/主要完成人简介/

周泳涛，教授级高级工程师，中国路桥副总工程师。曾获国家级和省部级科学技术进步奖及勘察设计奖20项。在国内外各类核心期刊、学术论文集上共发表论文45篇，出版专著2本。2009年获中交建设集团科技先进个人荣誉称号。

周泳涛

单德山，西南交通大学教授，博士生导师，IABSE、IABMAS和ASCE会员，中国振动工程学会结构抗振控制与健康监测委员会委员；发表核心及以上论文130余篇、专著/译著3部，软件著作权3件；获国家科技奖1项，省部级一等奖3项。

单德山

基于BIM的公路桥梁建养一体化关键技术研究

项目简介

一、问题导向

设计阶段，传统二维桥梁设计精细化程度低，缺乏参数化模块化设计方法；施工阶段，精细化可视化管理程度低，缺乏有效的协同管理手段；养护阶段，病害溯源性差、养护决策支撑不足，缺乏数字化管理手段；在设计施工养护一体化管理阶段，建养数据孤岛现象严重，公路桥梁物理和功能特性信息不能实现有效传递，缺少整体解决方案。

二、主要任务

通过搭建公路桥梁全生命期建养一体化平台，实现设计、施工、养护协同管理；实现桥梁BIM模型与计算分析一体化数据融合，建立3D交付模式；实现基于BIM的桥梁建设进度、质量、安全可视化精细化管控；实现基于BIM的桥梁病害管理及养护维修辅助决策智能化。

三、主要成果

1. 首次编制形成地方标准《公路工程信息模型分类与编码规则》。
2. 实现BIM与力学分析融合的正向设计，并首次建立了3D交付模式。
3. 研发并实现了基于BIM的桥梁建设期协同管理系统。
4. 研发并实现了基于BIM的公路桥梁病害管理以及养护维修辅助决策系统。

经专家鉴定研究成果总体达到国际领先水平。

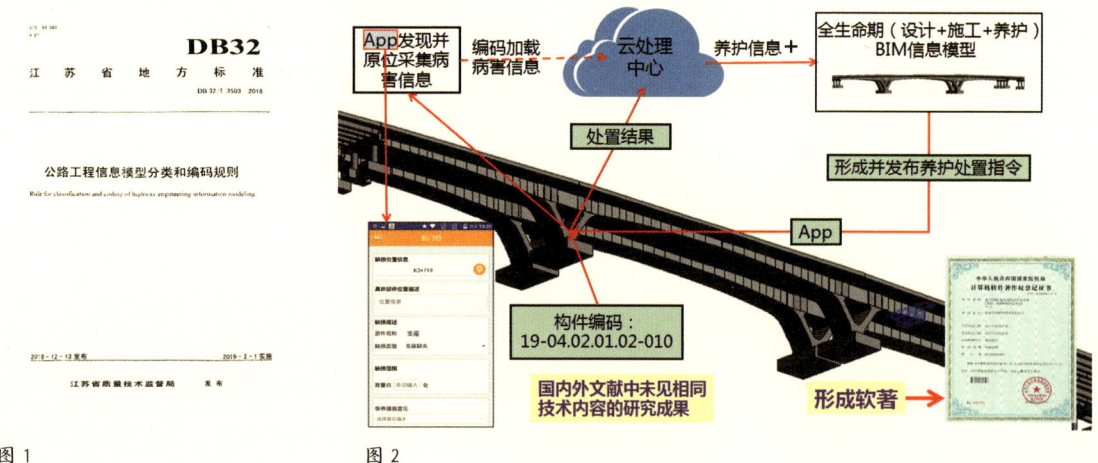

图 1 / 公路工程信息模型分类和编码规则

图 2 / 基于BIM的公路桥梁病害管理及养护维修辅助决策系统

/主要完成单位简介/

北京公科桥梁技术有限公司是交通运输部公路科学研究所下属的全资子公司。公司自成立以来，一直专注于桥梁与隧道设计、检测，桥隧养护、咨询与技术服务，桥梁施工监控、健康监测及软硬件设计与开发等业务。

中设设计集团股份有限公司是一家拥有综合设计甲级资质的综合性全国工程设计咨询公司，是江苏省高新技术企业。公司主要为公路、水运、市政、建筑等领域的建设工程提供规划咨询、勘察设计、试验检测、工程管理等工程咨询和专业技术服务。

一等奖

Award for CHTS Science & Technology

主要完成单位： 江苏省交通运输厅公路局、北京公科桥梁技术有限公司、中设设计集团股份有限公司、东南大学、江苏省交通运输厅工程质量监督局、泰州市公路管理处、交通运输部公路科学研究所、兴化市交通运输局、兴化市金桥工程有限公司

主要完成人： 史国刚、闫昕、李法雄、姜竹生、元宇、陈胜武、周进华、谢利宝、朱辉阳、蒲政、郭建华、李晓龙、张晓冬、朱雷雷、袁永红

促进科技进步情况

该项目充分将BIM技术可视化、协调性、模拟性、优化性特点与工程最本质的力学特征相结合，对桥梁的设计、施工和养护技术管理进行变革，构建实现了基于统一编码的设计阶段形成的工程信息模型向施工、养护全生命期传递的新模式，打造了公路桥梁建设和养护一体化管理的新方案。一是首次编制形成了公路工程信息模型分类与编码标准，实现了一体化数据协同管理，填补了国内空白；二是提出了桥梁结构BIM模型与力学分析融合的全套解决方案，并创新地建立了3D交付模式，推动了桥梁BIM正向设计模式的革新；三是开启了三维可视化、精细化、智能化的公路桥梁全寿命期建养一体化管理新模式，为桥梁建设注入了新的技术动力，推动了行业科技进步。

图3

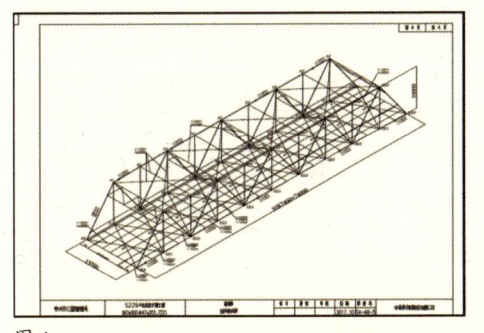

图3/ 计算机软件著作权登记证书
图4/ 三维施工图纸
图5/ 基于BIM的公路桥梁建设管理系统首页

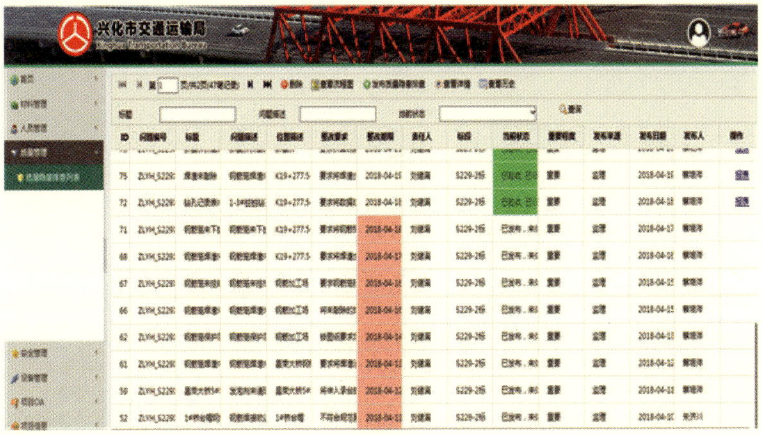

图4

价值效益

在经济效益方面，项目成果已在江苏省省道229线兴化段改扩建工程昌荣桥、国道204线杨林塘大桥、国道104线南京浦仪公路跨江大桥等省内外工程中成功示范应用，使设计出图量减少20%；现场施工方案优化率大幅提升；提高养护效率，减少养护人员30%；整合进度、质量、安全、病害、维修等7项业务数据，形成全生命期工程基础大数据库，产生了重大的经济效益。

在社会效益方面，形成了江苏省公路工程信息模型分类与编码的地方标准，为国标制定奠定了基础；搭建了基于BIM的公路桥梁建养一体化平台，形成了一套可复制、可推广的全生命期完整解决方案；首次在国省干线公路桥梁全生命期应用BIM技术，社会效益显著，推广应用前景广阔。目前，基于BIM的公路桥梁建养一体化关键技术已在全省公路钢桥建设中全面推广应用。

图5

公路桥梁工业化与标准化建造关键技术

项目简介

绿色建造和可持续发展是我国交通建设的必然趋势,在桥梁建设领域,以预制装配化为代表的桥梁工业化技术,近年来在我国得到了迅速发展。然而,随着工程材料的性能提升,智能化、信息化技术的飞速发展,加工制造自动化技术推广,环境友好的社会需求,均要求进一步提升现有的桥梁工业化建造水平。

该项目针对量大、面广的中等跨径桥梁,以预制拼装混凝土桥梁、钢和钢混组合桥梁为研究重点,围绕结构的合理化、设计的精细化、加工-制造-安装一体化、环境评估定量化等技术难题,联合科研院所、高等院校、制造与施工企业等开展了联合攻关,研究成果达到国际领先水平,并形成地方标准2部、团体标准1部、企业标准7部,编制标准图集19套,获发明专利30余项(含美国专利1项)、软件著作权2项,出版专著2部,发表SCI和EI收录论文48篇,培养研究生和工程技术人员36名。项目成果在江苏、广东、云南、山东等多个典型工程中得到了成功应用,有效地提升了桥梁工业化建造水平,产生了良好的经济效益和社会效益。

  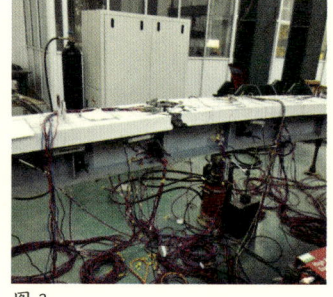 

图1 图2 图3 图4

图1/ 小节段预制拼装桥墩抗震性能试验
图2/ 预制混凝土桥面板钢混组合梁受力性能研究(集簇式栓钉连接效应、剪力连接度的影响性分析)
图3/ 预制混凝土桥面板钢混组合梁受力性能研究(连续梁桥负弯矩区混凝土开裂对策)
图4/ 高耐久性纤维复合模壳组合桥面板试验研究

/主要完成单位简介/

苏交科集团股份有限公司是一家基础设施领域综合解决方案供应商,是全国交通行业省属科研设计院所中第一个由事业单位改制为员工持股的科技型民营企业,也是国内首家工程咨询行业上市公司,在全球30多个地区设立了分支机构,在50多个国家开展项目。公司前身为江苏省交通科学研究所,成立于1978年。目前拥有新型道路材料国家工程实验室与在役长大桥梁安全与健康国家重点实验室,累计获得科研、设计、咨询等各种奖项近400项。2016年,先后战略联合了全球领先的工程设计咨询服务商——西班牙EPTISA公司和美国环境检测市场最大的"一站式"服务商TestAmerica公司。2017年,在美国《工程新闻记录》(ENR)全球工程设计公司150强中位列75位,并首次入选美国《工程新闻纪录》(ENR)国际工程设计公司225强(位列第93位),是唯一跻身双百强的中国民营企业。

一等奖
Award for CHTS Science & Technology

主要完成单位：苏交科集团股份有限公司、东南大学、南京工业大学、中交第二航务工程局有限公司、中铁宝桥（扬州）有限公司
主要完成人：张建东、吴智深、刘钊、徐秀丽、白炳东、贺志启、李雪红、刘朵、汪昕、张文明、周叮、杨扬、徐剑、李明、卓为顶

创新成果

1. 建立了预制节段拼装上部结构适用性评价和参数化设计方法。首次提出了基于"性价比"指标的结构适用性定量评价方法，实现了基于BIM平台的参数化建模、模块化设计、结构计算及施工模拟的一体化。

2. 研发了配置高强钢筋的小节段预制拼装桥墩及其抗震设计方法。开发了配置"高强钢筋（600E级）"的具有自恢复功能的小节段预制拼装桥墩，提出了预制拼装桥墩基于性能的延性设计及自恢复性能评价方法。

3. 提出了基于模数化的中等跨径钢桥设计、制作与施工一体化技术，研发了具有通用性、组合形式多样、适用范围广的模块化结构体系，建立了中等跨径钢桥的部件、部品族库，提出了参数化快速建模方法、基于BIM平台的标准化制作及施工控制方法。

4. 发展了装配式组合桥梁的设计理论，研发了高耐久性组合桥面板。提出了基于层合梁理论的装配式钢混组合梁非线性分析方法，建立了基于拉压杆模型的集簇式栓钉连接预制桥面板精细化设计方法，研发了适用于海洋环境的高性能纤维增强模壳-混凝土组合桥面板，提出了纤维增强模壳组合桥面板界面黏结-滑移模型和疲劳性能分析方法。

5. 提出了工业化桥梁全生命周期环境负荷评估体系。建立了工业化桥梁全生命周期环境影响的原单位数据库，构建了桥梁全生命周期环境影响评价指标及评估系统。

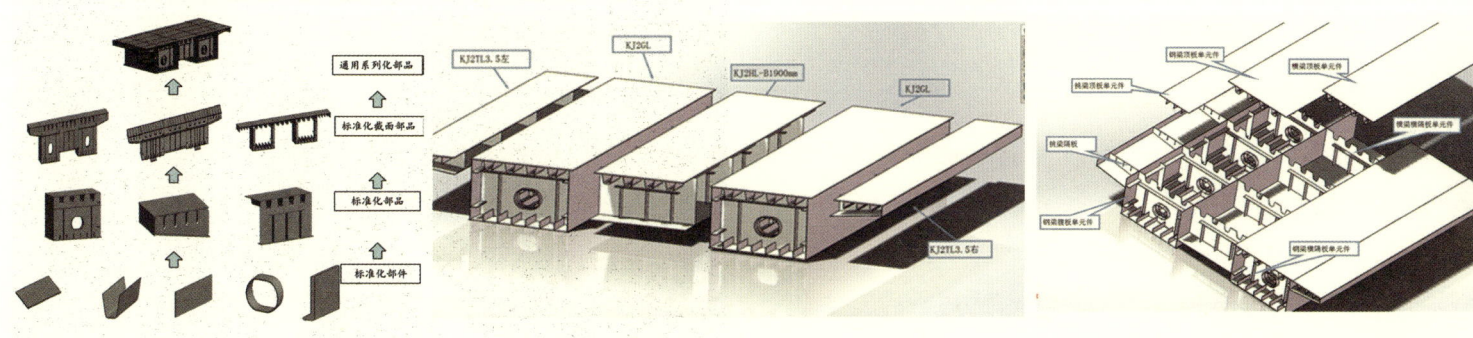

图4
图4/ 基于模数化的钢箱梁桥"递进式"组合标准化设计

/主要完成人简介/

张建东，工学博士，教授级高级工程师，博士生导师，中组部"千人计划"国家特聘专家，江苏省科技创新团队领军人才，江苏省引进高层次创新创业人才。苏交科集团股份有限公司副总工，南京工业大学特聘教授，在役长大桥梁健康与安全国家重点实验室副主任。1986年赴日留学，1992年获工学博士学位，在日留学20余年，长年在日本三菱建设集团从事桥梁工程和港湾工程的技术研发、设计施工总承包，先后担任设计主管、现场指挥长、技术部长等职。回国后，主持国家自然科学基金、国家重点研发计划课题、交通运输部科技项目等多项国家级和省部级科研项目。目前主要从事钢和钢混组合桥梁、预制装配化桥梁、施工安全监控等方面的研究与应用。发表学术论文150余篇，授权中国和国际授权发明专利80余项，出版著书6部，主编多部国家行业和地方标准规范。科研成果获省中国公路学会一等奖、技术发明一等奖、省科技进步二等奖、华夏建设科技一等奖、中国优秀专利奖等。

张建东

泰州大桥长大桥梁运营安全风险防控与示范

项目简介

我国长大桥梁体量庞大、流量集中,加上事故影响大、救援要求高,其运营安全至关重要,急需开展长大桥梁运营安全风险辨识评估管控,实施安全源头管控,提升长大桥梁安全预防水平。

江苏泰州大桥有限公司结合自身运营特点,克服现有方法未能有效适应长大桥梁运营期风险辨识评估、长大桥梁运营安全风险防控体系不完善、风险管控决策信息化、智能化程度不高的3个方面瓶颈;从探索风险辨识评估方法、构建风险管控体系、营运安全信息化管理3个方面进行创新突破,形成了管理导则、技术标准、操作手册3个层级的技术成果,以期实现长大桥梁运营风险的全面可控,有效预防和遏制事故发生。

该项目发表期刊论文4篇,授权国家专利1件、软件著作权1项,并培养了数位优秀人才。形成了1套行业标准,2018年被纳入江苏省交通运输厅科技创新示范项目,并已在苏通大桥、润扬大桥、宁杭高速公路等进行了推广应用。从理论创新到技术创新,该项目突破了长大桥梁运营安全风险辨识评估管控瓶颈,建立了一套贯穿在役长大桥梁运营全过程的安全风险防控技术体系,显著提升了交通事故率大幅度下降运营安全整体水平。

图1

图2

图1/ 泰州大桥全景
图2/ 钢结构防火保护工程

/主要完成单位简介/

江苏泰州大桥有限公司是江苏交通控股有限公司下属的路桥经营管理公司,成立于2008年9月19日。公司主要负责泰州大桥沿线泰镇高速公路(S35)和江宜高速公路(S39)路段的经营管理,以及餐饮、商品零售、汽车加油、广告发布等配套服务业务。江苏泰州大桥有限公司先后获得英国结构工程师学会2013年度卓越结构工程大奖、国际桥协2014年度杰出结构工程奖、中国公路学会科学技术奖,以及江苏省科学技术奖等30多个国家级和省级荣誉。

一等奖

Award for CHTS Science & Technology

主要完成单位： 江苏泰州大桥有限公司、苏交科集团股份有限公司、中国科学技术大学

主要完成人： 阚有俊、汤海学、杨扬、孙金华、朱绍玮、蒋波、王华城、吉林、张云必、熊琴、严圣友、宋建辉、孙黎松、史登峰、段强领

图3

图3/ 危化品事故快速处置演练

创新成果

1. 首次构建了基于全要素的长大桥梁运营安全风险半定量评估方法。鉴于长大桥梁运营安全风险特殊而又复杂，单一风险辨识方法辨识风险的局限性，首次对长大桥梁运营安全体系进行界定和研究，明确风险辨识对象和范围；首次提出了一套系统性的、易于推广的风险辨识方法，构建了结构化风险体系分解表，形成了风险辨识清单。结合泰州大桥运营安全特点，基于风险矩阵理论，首次构建了基于人、物、环、管等因素的RIF评价模型及其影响因素的多层次指标体系，首次提出了适用于长大桥梁风险评估的半定量方法。

2. 首次形成了一套长大桥梁运营安全风险分级分类管控体系。风险管控机制由目标、组织机构与责任、技术标准与方法、工作程序与过程管控四大体系要素构成，根据风险管理工作程序，围绕管理、人、设备、环境、应急5个维度，构建了"目标层——准则层——方案层"体系。

3. 初步建成了长大桥梁运营安全风险智能管控平台。按照"1+N"的建设思路，以泰州大桥安全生产管理系统为依托，已建成"风险管控"子系统，实现了风险管理的数据管理、动态管理，并持续完善平台，最终实现长大桥梁营运风险的智能化管控。

/主要完成人简介/

阚有俊，江苏泰州大桥有限公司副总经理，高级工程师，一直从事交通运输、工程建设工作，现主要从事高速公路运营管理、安全管理工作。参与《交通运输企业安全生产标准化建设基本规范》起草；编写发布了《基于BORA分析法的长大桥梁运营安全风险评估技术研究》《高速公路营运管理企业风险管理实践与改进途径》等数篇论文。参与的《三塔悬索桥上部结构施工关键技术研究》荣获中国公路学会科学技术奖一等奖，《桥梁钢塔火灾防治及风险管理研究》荣获中国公路学会科学技术奖二等奖，《三塔悬索桥钢箱梁重点部位疲劳裂缝预防性维护关键技术研究》荣获江苏省公路学会科学技术奖一等奖。

阚有俊

公路隧道智慧建养关键技术及应用示范

项目简介

项目通过设计三维化、施工智能化、运维智慧化及建养一体化平台，构建公路隧道智慧建养关键技术体系。设计阶段，通过基于地质的公路隧道三维设计方法及设计平台，使得设计信息方便快捷应用于施工阶段；施工阶段，结合视频变形在线监测、基于过程的施工安全风险快速评估、基于地质的围岩稳定性快速分析及支护动态设计方法，实现了公路隧道施工安全及质量的动态智慧管控；运营阶段，利用基于监测检测的隧道结构健康度评价与加固设计计算方法，结合基于图像的衬砌裂缝快速识别、基于移动终端的无纸化巡检及长期健康监测技术，动态、量化评价并快速反馈结构运营安全状态，为结构的维修养护筹划提供依据；通过自主研发搭建公路隧道建养一体化管控平台，集成全寿命周期各阶段关键数据。

项目成果有效解决了隧道建养分离、后期养护缺乏前期地质与施工数据支持的技术难题。

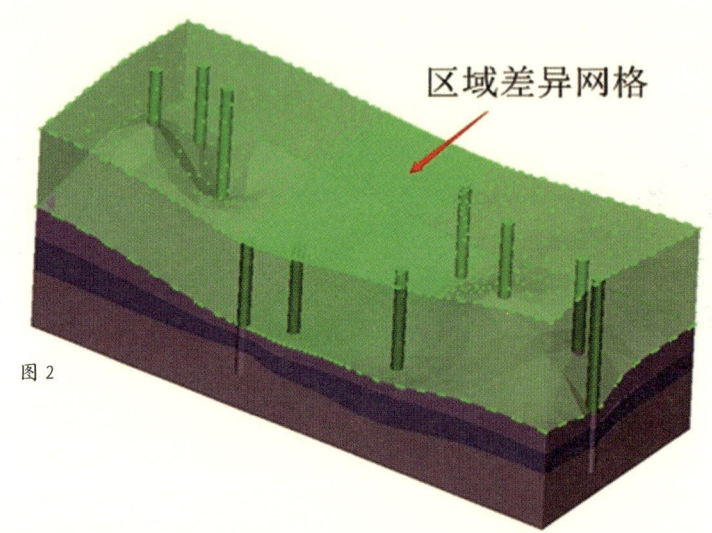

图2

图1

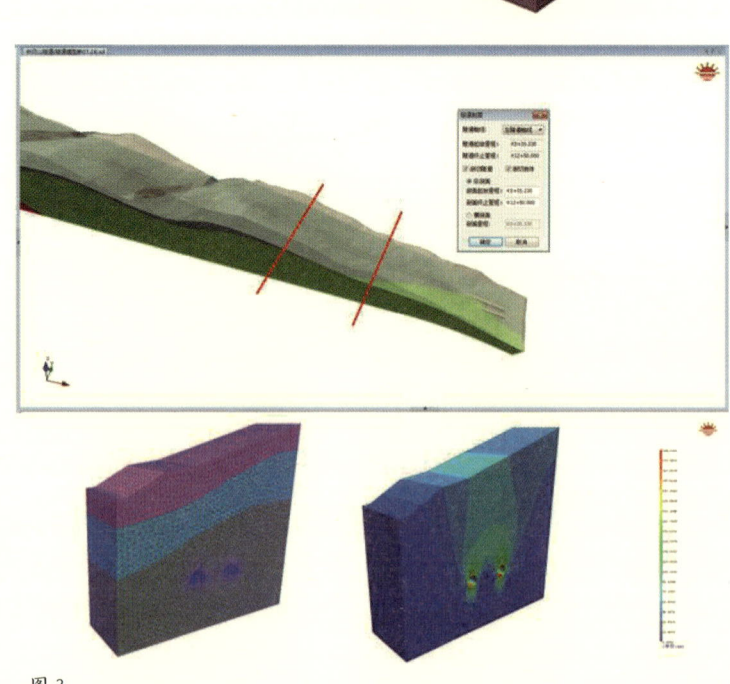

图3

图1/ 三维参数化建模
图2/ 子钻孔递归创建地层
图3/ 数字数值无缝对接

一等奖
Award for CHTS Science & Technology

主要完成单位： 江西省高速公路投资集团有限责任公司、江西交通咨询有限公司、同济大学、上海同岩土木工程科技股份有限公司、江西省交通工程集团有限公司

主要完成人： 俞文生、刘学增、王建秀、万义云、刘风云、邹辉杰、刘新根、解琴、叶康、梁仁鸿、师刚、张吉祥、何喆卿、罗鸣、王晓形

创新成果

1. 提出了公路隧道三维设计方法。建立了基于子钻孔递归的围岩地质参数化建模方法，提出了公路隧道三维设计方法及其与数值计算的无缝对接技术，自主研发搭建了三维参数化设计及设计计算一体化分析平台，首次将三维设计方法应用于公路隧道工程。

2. 建立了公路隧道建设安全动态管控成套技术。建立了基于视频图像的隧道变形实时在线监测系统，50米范围内识别精度达1毫米；提出了基于地质、设计及施工参数的公路隧道施工安全风险动态快速评估方法，构建了基于风险分级管控与隐患快速排查治理的施工安全双重预防体系，从而实现关键风险源的快速普查、跟踪及隐患闭合管理；提出了隧道围岩稳定性快速分析及支护参数动态设计方法，揭示不同节理产状下围岩失稳特征，提出合理支护参数。

3. 提出了公路隧道健康度评价与加固设计计算方法。建立了裂损衬砌承载能力的评价模型和健康度评价指标体系，开发了基于荷载-结构法的常见病害计算方法及平台；结合长期健康监测、无纸化巡检、裂缝快速识别方法实现了结构安全状态的快速评价和智能反馈；同时提出了基于二次受力和叠合梁理论的衬砌加固设计计算方法。

4. 研发了公路隧道智慧建养平台。基于统一的三维数字化模型，集成勘察、设计、施工、运维各阶段多源异构数据，构建了公路隧道建养一体化的智慧管控平台，实现了全生命周期信息的互联互通。

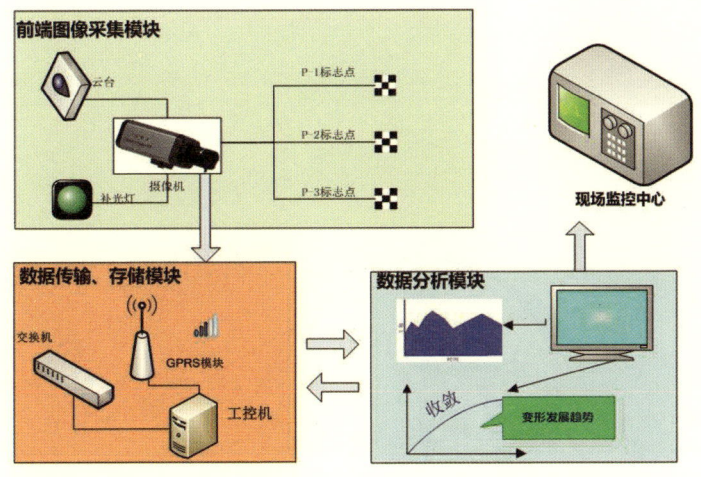

图4

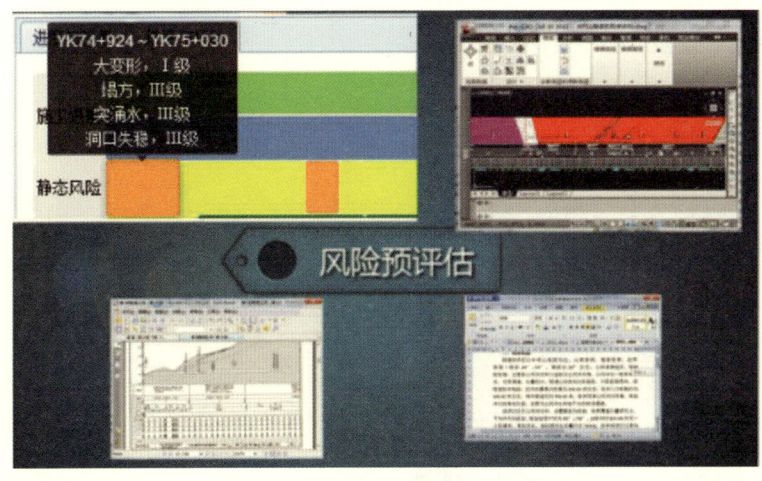

图5

图4/ 视频图像实时变形监测
图5/ 风险评估

/主要完成单位简介/

江西省高速公路投资集团有限责任公司（简称江西高速）是经省政府批准成立的大型国有独资企业，江西省交通运输厅根据省政府授权依法履行出资人职责。江西高速于2009年11月28日挂牌成立，2010年1月1日正式运作。目前，江西高速注册资本为95.05亿，资产总额达2806亿元，位居全省第一，净资产1091亿元；旗下直接管理10个全资及控股子公司（包含1个上市公司）、8个直属路段管理中心、11个参股子公司，共有690个所属单位、18 000多名员工，企业信用评级为AAA，连续多年入围中国服务业500强；经营管理5112公里高速公路，占全省通车里程的86%；经营业务除高速公路投资建设、运营管理外，还涉足金融投资、路域资源、工程施工、地产开发等领域。

省高速集团秉承项目建设好中求快、产业经营实中求优、运营管理稳中求进的理念，在交通基础设施建设及其他领域取得了一系列辉煌成就。目前，江西省高速公路通车里程达5944公里，在全国继河南、辽宁后第3个实现"县县通高速"的省份，形成了"纵贯南北、横跨东西、覆盖全省、连接周边"的高速路网。

投资项目多次荣获"中国建设工程鲁班奖"和"詹天佑奖"，省高速集团也先后获得全国五一劳动奖状、全国交通运输文化建设示范单位等称号，各单位累计荣获省部级以上荣誉570余项。在"十一五""十二五"的全国干线公路养护管理大检查中，高速公路优良路率达99%；在服务方面，涌现出熊文清班组、龚全珍班组等一批全国知名窗口品牌，其中，"微笑映山红"被评为全国交通运输行业十大文化品牌，"巾帼鹰西"等获评为全国交通行业文明示范窗口。省高速集团投资建设的景婺黄（常）高速公路荣获"詹天佑奖"，九江长江公路二桥荣获"鲁班奖"和"詹天佑奖"。

/主要完成人简介/

俞文生

俞文生，教授级高级工程师，江西省高速公路投资集团有限责任公司副总经理、党委委员，长期从事高等级公路项目管理工作。2016年度享受国务院政府特殊津贴，2014年获第六届全国优秀科技工作者，2012年获第七届中国公路青年科技奖，2009年获第五届中国公路百名优秀工程师；2014年获国家科技进步二等奖1项，获江西省科学技术进步奖二等奖、三等奖3项，获中国公路学会科学技术奖一等奖、二等奖3项。

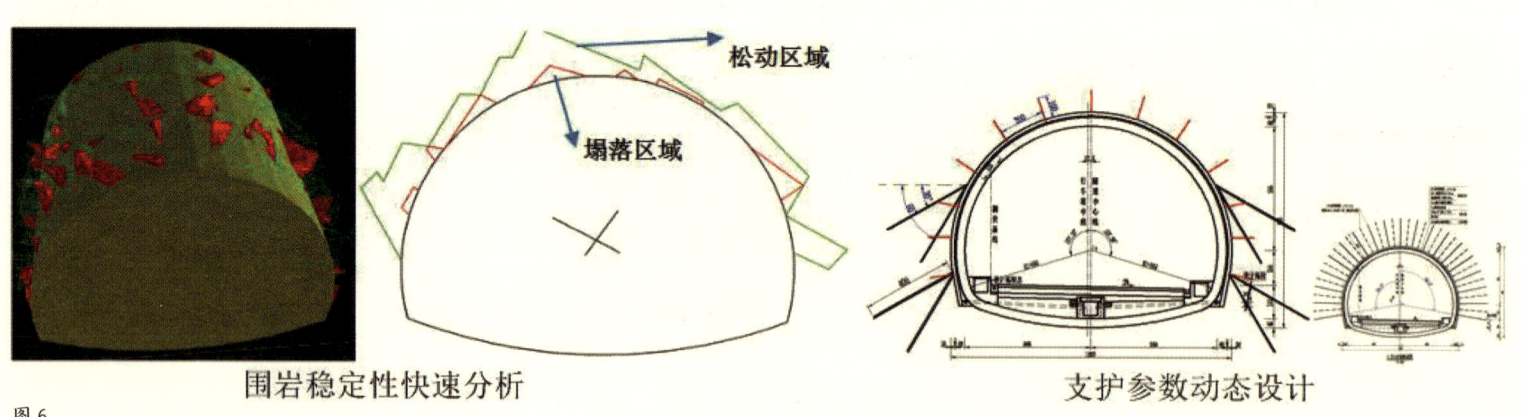

图6

图6/围岩稳定性快速分析与支护参数动态设计

一等奖
Award for CHTS Science & Technology

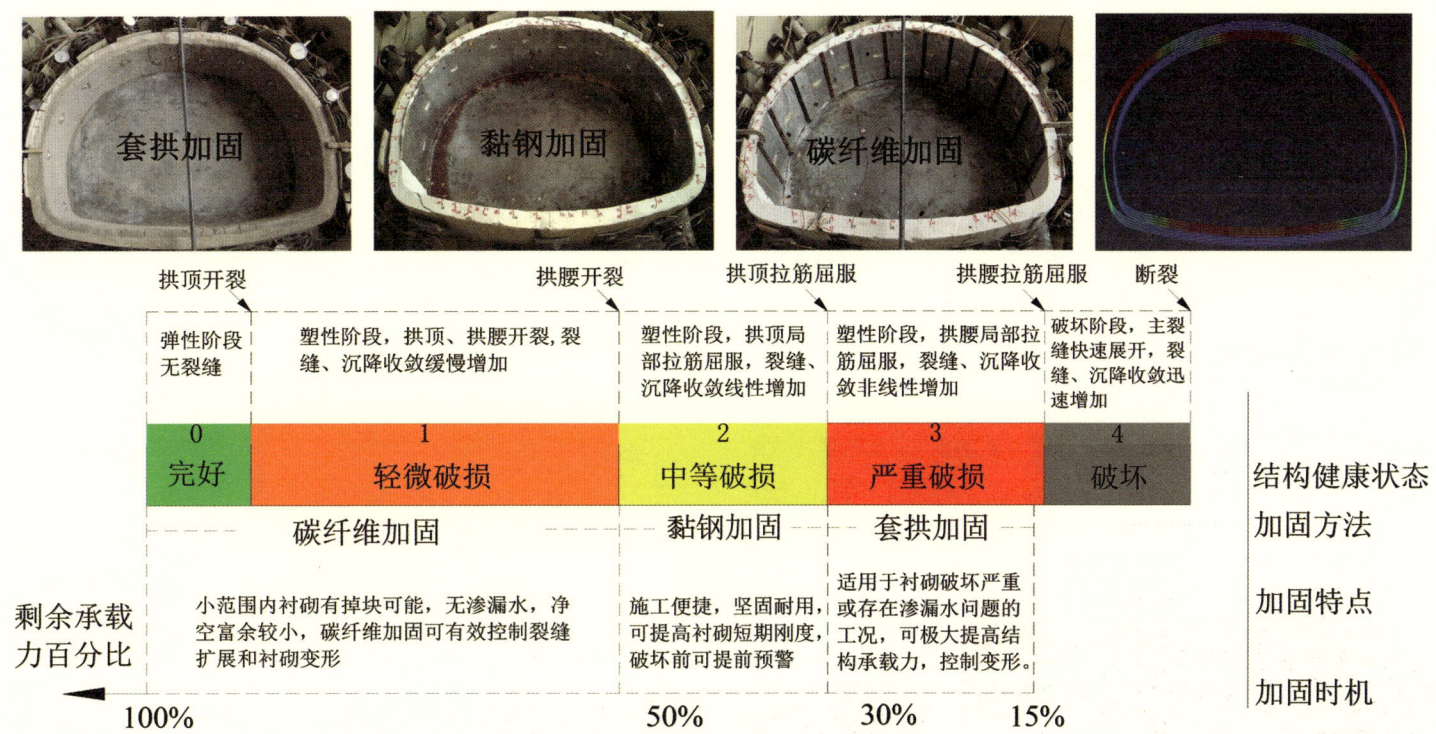

图7

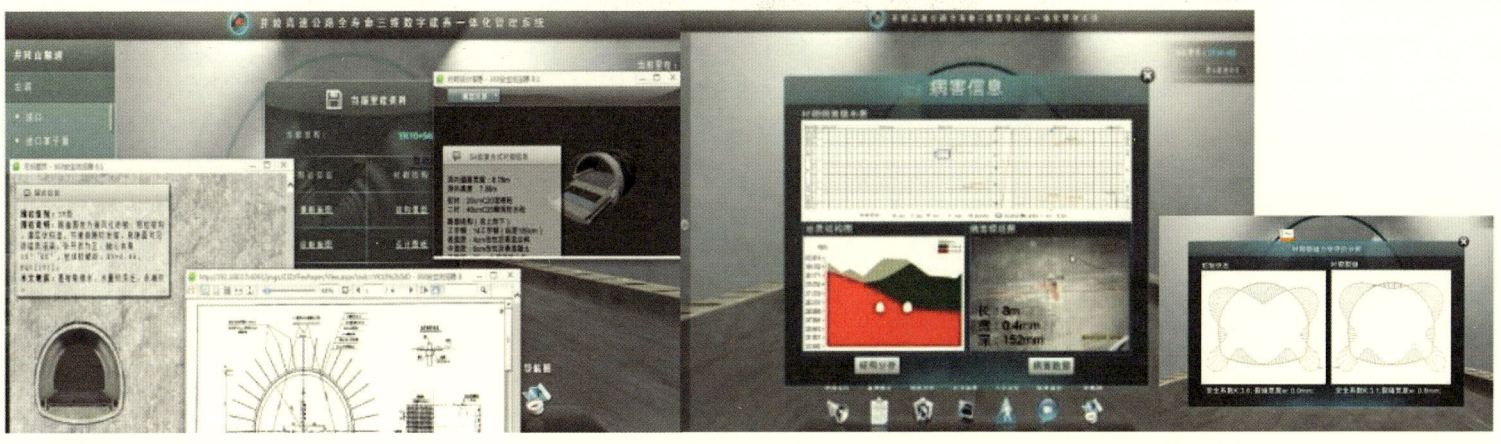

图8

图7/ 公路隧道健康度评价与加固时机
图8/ 动态交互三维数字平台

高速公路绿色隧道关键技术及工程示范

项目简介

为践行绿色发展战略，结合安徽省公路建设发展的黄金机遇期，依托G42S上海至武汉国家高速公路岳西至武汉安徽段工程建设的实际需要，牵头单位安徽省交通控股集团有限公司紧扣公路建设绿色发展的主题，开展了以降低长大隧道长期运营能耗、控制隧道建设对环境的影响和保持生态环境平衡等应用技术专题研究，对实现高速公路建设转型绿色发展理念，具有重要的学术价值和重大的现实意义，研究项目得到部省主管部门的大力支持，列为交通运输部建设科技项目（项目编号：2013 318 J02 120）。

依托工程地处大别山腹地，地形地质复杂，生态环境保护要求高，特长隧道、隧道群密集，是交通运输部首批绿色公路示范项目。项目组结合工程建设实际，以目标和问题为导向，围绕"节能、节水、节材、节地、环保"的绿色隧道建设主题，系统研究了特长隧道施工运营通风与防救灾、隧道区域水环境影响与控制、地产酸性洞碴综合利用、公路边坡生态恢复、隧道智慧供配电等关键技术，形成了高速公路绿色隧道建设集成技术体系，出色地完成了交通运输部绿色公路工程示范，有力地推动了本行业科技进步。主要技术成果应用性强，可复制易推广，社会效益、经济效益高。

图1

图2

图1/ 安徽第一特长隧道明堂山隧道7770米
图2/ 桥隧相连曹河大桥采用体内体外预应力混合配束

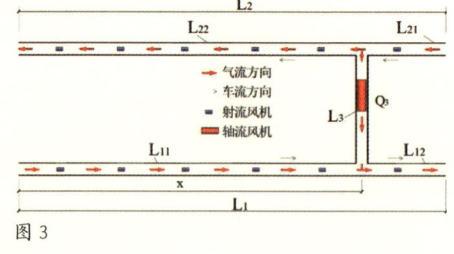

图3

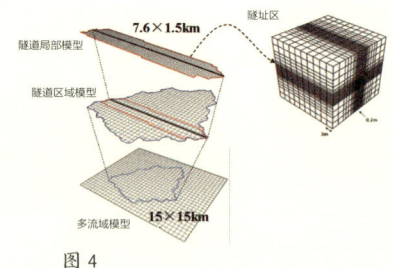

图4

图3/ 新型单通道送风式纵向通风方法
图4/ 多尺度混合动态模型示意

/主要完成单位简介/

安徽省交通控股集团公司成立于2014年年底，由原高速集团和原交投集团合并重组成立。经过重组整合，集团成为全省统一的高速公路投资运营管理平台，也是资产规模最大的省属企业。截至2018年年底，集团资产总额2447亿元，拥有交通运输、投资与资产管理、房地产和建筑三大主业，下辖53家直属及二级单位，其中控股"皖通高速""设计总院"两家上市公司。

集团营运高速公路里程4421公里，占全省的91%，在建高速公路近1000公里。高速公路建设塑造了"安徽精度"品牌，建成了马鞍山长江大桥、岳武高速公路、芜湖长江二桥等一批品质徽道，先后荣获国家优质工程奖、"鲁班奖""詹天佑奖""李春奖""乔治·理查德森奖"等创新大奖及省科学技术进步一等奖、二等奖和中国公路学会科学技术进步奖特等奖。

一等奖

Award for CHTS Science & Technology

主要完成单位： 安徽省交通控股集团有限公司、同济大学、交通运输部公路科学研究所、北京林业大学、安徽省交通规划设计研究总院股份有限公司、安徽省高速公路试验检测科研中心有限公司、安徽省高等级公路工程监理有限公司、安徽省交通建设股份有限公司、安徽省路桥工程集团有限责任公司、中交一公局第一工程有限公司

主要完成人： 黄学文、朱合华、徐剑、李晓军、严二虎、吴林松、闫治国、孟春雷、杨建英、何玉柒、陈传明、刘拓、许泽宁、齐运书、曹小祥

创新成果

1. 研发了长大隧道通风节能与防救灾新技术。首创了长大隧道单通道送风式纵向通风新模式，并揭示其节能机理，建立了基于通风能耗最小的长大隧道单通道送风式纵向通风计算理论与设计方法，降低通风能耗40%。开发了基于动态预警技术的长大隧道火灾排烟与疏散救援系统，形成了单通道与单竖井相结合的长隧道火灾通风排烟及防救灾新方法，提高防灾救援能力。

2. 创立了隧道建设对区域水环境影响评价与控制新方法。提出了采样数据稀缺条件下岩体渗透系数的确定方法，建立了隧道对地下水环境影响的多尺度模型，创建了隧道对地下水环境影响的定量化分析和评价方法，并提出了基于地下水生态埋深指标的隧道防排水环保设计方法，攻克了隧道对地下水环境影响分析与评价的世界难题。

3. 研发了酸性洞碴高性能综合利用成套技术及碴场生态防护关键技术。提出了热冲击与耐热老化集料试验方法，研发了酸性集料沥青混合料关键技术，开发了机制砂专用改性剂，实现了酸性洞碴绿色循环利用，利用率高达85.8%。探明了植物纤维毯理化性能及土壤改善机理，揭示了其水土保持能力和耗水规律，研发了基于秸秆植物纤维毯的多组合类型边坡生态防护技术，攻克了植被建植初期水土保持的技术难题。

4. 研发了高速公路隧道分布式供电与智能控制技术。提出基于脉冲宽度调制（PWM）技术的隧道照明智能控制方法，显著降低了隧道能耗。

/主要完成人简介/

黄学文，公路桥梁专家，教授级高级工程师，安徽省政府津贴专家，第十二届安徽省青年科技奖获得者，交通运输部优秀科技人员、百名优秀工程师。现任安徽省交通控股集团有限公司副总工程师，长期从事高速公路建设技术研究和项目建设管理，先后参加与负责完成了合徐高速、合安高速、宁淮高速安徽段、合淮阜高速、阜六高速、蚌淮高速、岳武高速公路等10余个项目。主持或参与省部级科研项目10余项，获得安徽省科学技术进步奖二等奖5项、中国公路学会科学技术奖一等奖2项。

黄学文

李晓军，同济大学工学博士，同济大学教授、博士生导师、科研管理部副部长，长期从事隧道与地下结构分析与计算、隧道结构长期性能及控制、岩土与地下工程信息化与数字化方向研究。主持国家自然科学基金项目4项，参与国家973计划、863计划项目和多项自然科学基金及省部级科技攻关项目，发表论文100余篇，获得省部级科技奖6项。

李晓军

吴林松，工程硕士，高级工程师、注册安全工程师，现任安徽省交通控股集团有限公司滁天项目办总工程师，长期从事技术和安全生产管理。15年来，承担完成六潜高速公路、周六高速公路、岳武高速公路、广宁高速公路等项目的建设管理工作，参与省部级科研项目10余项，获得省科学技术进步奖1项、中国公路学会科学技术奖1项、中国循环经济学会科技奖1项、安徽省交通科学技术进步奖2项，授权专利4项。

吴林松

隧道智慧照明系统成套技术研究与装备开发

项目简介

针对我国公路隧道运营中车辆运行安全隐患较大、交通事故发生率高、隧道照明设施规模、运营费用和维护费用逐年攀升、隧道安全与节能矛盾日益凸显等现实问题，20余家政产研用单位联合攻关，历时13年，投入科技人员达400余名，以国内12省、2326座高速公路隧道和城市道路隧道照明数据为基础，以信息采集、信息挖掘、信息交互、信息推送为主线，集成应用智能传感技术、信息网络技术、通信传输技术、数据挖掘技术，通过理论分析、室内外试验、数值模拟和现场测试等手段，对隧道智慧照明系统成套技术研究与装备开发进行研究。

图1

图2

图3

图4

图1/各种工况下安装高度光效提升水平对比实体隧道试验与火灾工况下隧道烟雾层高度测量试验

图2/隧道智慧照明系统成套技术研究与装备开发项目标准指南编制过程

图3/隧道智慧照明系统成套技术研究与装备开发项目典型工程应用照片

图4/隧道智慧照明系统成套技术研究与装备开发项目典型专利

/主要完成单位简介/

招商局重庆交通科研设计院有限公司（简称招商交科院）成立于1965年，前身为交通部交通科学研究院重庆分院，是部属正厅级事业单位；2000年转制进入招商局集团，成为其全资二级企业。招商交科院是国家认定的国家火炬计划重点高新技术企业、首批国家创新型企业、国家级创新人才培养示范基地和国家山区公路工程技术研究中心的依托建设单位，是交通行业重要的智力密集型科技综合服务企业。公司拥有各级各类从业资质近60项，包括工程勘察综合类甲级、公路行业设计甲级、市政行业（道、桥、隧）专业设计甲级等；培育形成了勘察设计、试验检测、咨询监理、工程施工、产品制造、信息服务、设计施工总承包、PPP等主营业务类型。

重庆高速公路集团有限公司是受重庆市政府委托，负责全市高速公路筹融资、建设和经营管理的公益类投融资企业。集团总部设9个部门、1个中心，共32家子分公司（含2家骨干子企业）；其中，分公司4家、全资子公司9家、控股公司11家，主业参股公司8家。另有参股7家企业。截至目前，资产总额近1800亿元，员工超过8000人。

一等奖

Award for CHTS Science & Technology

主要完成单位： 招商局重庆交通科研设计院有限公司、重庆高速公路集团有限公司、山东高速股份有限公司、广东省高速公路有限公司、贵州高速公路集团有限公司、上海三思电子工程有限公司、重庆星河光电科技股份有限公司

主要完成人： 韩直、陈晓利、付立家、于香玉、周广振、杜益文、曾祥平、李远哲、冯畅、谢耀华、刘相华、刘贞毅、朱湧、杨栂、谢富有

创新成果

1. 揭示了交通流态、交通组成、隧道断面、路面状态等信息对照明需求的影响关系，建立了基于交通流、交通行为与行车安全的公路隧道照明模型，提出了基于停车视距的公路隧道基本段照明亮度需求计算方法，通过提升隧道中间段1亮度、降低中间段2亮度，有效减少了隧道洞口区域尾撞事故发生，达到了公路隧道照明设置兼顾安全与节能要求。

2. 揭示了隧道断面、车辆轮廓、灯具位置、火灾规模等信息对光效性能的影响，提出了公路隧道低位照明设计方法，实现了不改变光源特性提升灯具效能30%以上、提高火灾工况逃生诱导能力、有效减少封道维护作业。通过提取照明需求、运营工况、灯具特征等信息，揭示了不同照明场景对照明设计配线设计的影响机理，提出了LED照明干线布线方法，实现配线线缆节约50%以上；通过数据驱动与策略驱动，提出了公路隧道照明全息控制方法，开发了本地与云端信息交互控制平台，实现隧道照明控制节能30%以上。

3. 建立了公路隧道LED照明的产品、设计、施工、检测、验收及运营的节能标准体系。

4. 开发了功能照明与环境照明相结合的双角度模块化LED隧道灯，以及模块化、五统一的LED隧道照明产品系列。

成果在重庆、贵州、山东等13个省份、57座隧道（总长181.597公里）得到推广应用，累计减少初始投资1809.35万元，近3年累计节约运营成本7223.62万元；同时，项目成果应用于上海三思、山西光宇、重庆极光、陕西华夏和重庆星河等企业隧道照明产品，累计新增销售额32.40亿元，社会效益和经济效益显著。

项目获国家专利授权16项（其中发明专利10项）、出版技术专著1部，发表论文21篇，编制地方标准11部，成果纳入交通运输部行业标准《公路隧道照明设计细则》《公路隧道照明灯具》和中国工程建设标准化协会团体标准《公路隧道照明质量评价规程》。

/主要完成人简介/

韩直，研究员，现任招商局重庆交通科研设计院有限公司交通工程专业首席专家，享受国务院政府特殊津贴，全国优秀科技工作者，获得"詹天佑奖"1项；国家科学技术进步奖一等奖、省部级科学技术进步奖一等奖6项、二等奖4项，全国优秀工程勘察设计一等奖2项，交通部优秀勘察设计二等奖1项；授权发明专利28项、实用新型15项；发表论文80余篇；主持编写行业和地方标准8部、专（合）著3部。

韩直

陈晓利，高级工程师，现任招商局重庆交通科研设计院有限公司交通与节能工程院主任，重庆大学、重庆交通大学硕士生导师，国家科技专家库评审专家，2018年国家重大专项"综合交通与智能交通"评审专家，主持/主研交通运输部、公安部行业标准、地方标准25部，荣获省部级以上奖励5项（中国公路学会科学技术奖一等奖1项、二等奖2项，重庆市、广东省科学技术进步奖各1项），授权各项专利21项（其中发明专利12项），发表科技论文24篇，参编专著2部。

陈晓利

泡沫轻质直立式路基快速构筑成套技术及工程应用

项目简介

由泡沫轻质直立式路基理论、材料、装备和工法组成的成套技术成果，创立了一种新的轻质路基，主要用于公路、铁路工程建筑行业路基工程建设，属于交通土建工程技术领域。

该项目开展了现浇轻质直立式路基设计理论、构筑材料、生产装备和施工工法等研究，突破了轻质土路基力学模型、高倍率发泡剂、大产能现浇装备等关键技术，创立了现浇轻质直立式路基及其施工工法，在行业中大规模应用，推动了公路、铁路等交通行业路基工程领域的科技进步，总体水平国际领先。

该项目获专利25项，其中，发明专利8项，实用新型专利17项，研编了11部行业技术标准；主持研编了我国第一部轻质土技术标准《现浇泡沫轻质土技术规程》、第一部发泡剂行业标准《泡沫混凝土用泡沫剂》和第一部轻质土生产装备行业标准《泡沫混凝土制备机组》，参编《路基设计规范》等交通行业标准8部，均已颁布实施；出版著作3部，发表论文42篇；成果已在我国交通领域贵广高铁、京珠高速公路、港珠澳大桥、鸟巢大跨度隧道桥、某国防重点设施等3000余项路基工程中应用，累计节约用地2.8万余亩，近3年新增利税12.6亿元。

图1/ 奥运项目施工现场（亚洲最大跨径地下隧道结构减载项目）
图2/ 港珠澳大桥附属工程——港珠澳大桥澳门口岸人工岛

/主要完成单位简介/

广州大学，是经教育部批准于2000年由广州师范学院、华南建设学院（西院）、广州教育学院、原广州大学和广州高等师范专科学校等高校合并组建而成的综合性大学。学校师资结构合理，素质优良，学校教学科研成果突出，综合实力稳步提升。2004年至今，学校获得各级各类科研项目5122项，其中，国家级146项，省部级696项，到位科研经费达5.77亿元以上。获省部市以上科研奖励107项，其中，国家科学技术进步奖二等奖3项。10年前率先开展水泥基轻质材料（特别是现浇泡沫轻质土）的成套技术攻关，先后在发泡材料、发泡系统、制备系统、输送系统等领域取得了一系列创新性成果。

广东盛瑞科技股份有限公司，是一家为土建工程领域提供绿色节能材料及技术咨询服务等综合解决方案的科技型领军企业。于2015年11月在全国中小企业股份转让系统成功挂牌（股票简称：盛瑞科技，股票代码：834138），系泡沫轻质材料细分领域的唯一挂牌上市企业。公司系高新技术企业、中国民营科技发展贡献奖、中国产学研合作创新奖获奖单位。以具有完全自主知识产权的泡沫剂、泡沫轻质材料成套技术及以此为基础的整体解决方案为依托，以全新的技术手段、开创性地解决了高速公路、高速铁路、地铁等轨道交通、市政工程、地质环境治理及军事工程等领域用传统方法难于解决的一系列技术难题。相关成果已成功应用于北京鸟巢、广州亚运大道、南水北调、上海世博工程及大量的高速铁路等国家重点基础设施建设项目。设立了包括院士工作站、省级工程技术研究中心在内的5个研发及试验平台。目前已出版专著3部、主编及参编标准11部，授权及申请专利45项，获国际发明展览会发明金奖2项，中国专利优秀奖1项，取得各类科学技术进步奖8项。

一等奖

Award for CHTS Science & Technology

主要完成单位： 广州大学、广东盛瑞科技股份有限公司、湖南路桥建设集团有限责任公司、中电建路桥集团有限公司、广东省交通规划设计研究院股份有限公司、佛山市路桥建设有限公司

主要完成人： 陈忠平、成子桥、周强、汪建斌、刘吉福、陈锡麟、姬同庚、彭建江、陈俊霖、李建宇、熊杰、郭立成、谢山海、罗国民、詹云霞

创新成果

1. 创立了泡沫轻质路基设计理论和稳定性评价方法。

2. 发明了铁路、公路及特殊道路等泡沫轻质直立式路基及其施工工法。

3. 发明了高倍率、早强增强型无机发泡剂。

4. 研制了大产能、智能化泡沫轻质路基现浇生产装备。

5. 解决了软弱地质条件下路基承载力不足、稳定性差、沉降控制难等重大技术难题，建立了现浇泡沫轻质直立式路基成套技术体系，路基结构与设计理论、发泡材料与现浇装备、施工工法与技术标准属国内首创，是路基工程建设领域的重大技术创新，总体水平国际领先。自主创新技术占总体技术的90%以上。

图3

图4

图5

图3/ 国内首个高速铁路主线应用项目——商合杭高速铁路路基工程
图4/ 江广高速公路
图5/ 广清高速公路

/主要完成人简介/

陈忠平，日本九州大学岩土工程博士，现任广东盛瑞科技股份有限公司董事长、广州大学工程材料研究所所长，教授，硕士生导师，国家"万人计划"科技创业领军人才，国家"创新人才推进计划"科技创新创业人才，中国侨联创新创业杰出人才；兼任国家住房和城乡建设部建筑施工安全标准化技术委员会顾问委员，中国混凝土与水泥制品协会泡沫混凝土分会专家委员会副主任委员，中国硅酸盐学会混凝土与水泥制品分会泡沫（发泡）混凝土专业委员会副主任委员，中国公路理事会常务理事，中国工程建设标准化协议常务理事等职务。

陈忠平

软弱地基土工合成材料约束桩处理技术及工程应用

项目简介

无论是我国沿海还是内陆，工程建设中均遇到大量的软弱地基处理问题。以粒料桩、水泥搅拌桩、水泥旋喷桩等为代表的复合地基法以其成效快、相对经济而受到工程界的广泛青睐。然而，这些传统的方法成桩质量难以保障，承载力和变形难以控制，更是难以满足湿地、盐渍土等特殊区域环保、耐腐蚀需求，以及高烈度地区液化地基抗震、超软土地基处理的需求，极大地制约了其广泛应用。项目遵循“紧扣地基特点、结构科学合理、技术系统实用”的总体思路，历经12年联合攻关，研发了土工合成材料约束桩，并对其应用于软弱地基处理的设计方法、施工工艺及质量控制等进行了系统研究。

图 1

图 2

图 3

交通运输建设科技成果推广证书

单　　位：武汉广益交通科技股份有限公司

成果名称：土工织物散体桩处理软基技术

成果类型：技术类

证书编号：2015005

有效期限：2018年12月9日

交通运输部科技司

2015年12月10日

图 4

图 5

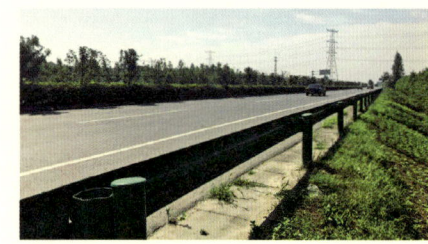

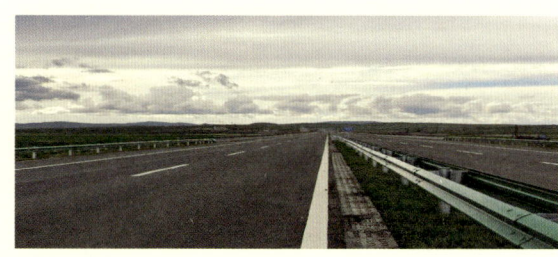

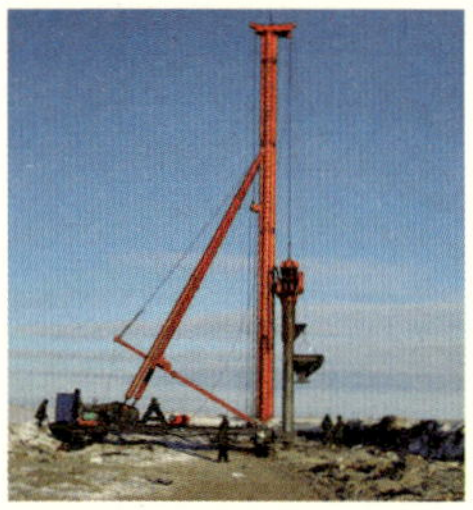

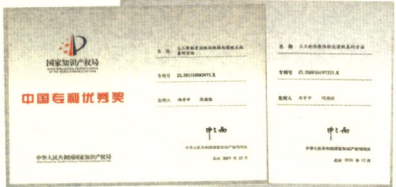

图 1/ 安徽合铜一级公路湿地超软土地基处理工程效果

图 2/ 内蒙古海满一级公路湿地软弱地基处理施工及建成后效果

图 3/ 土工合成材料约束桩施工设备

图 4/ 交通运输建设科技成果推广证书

图 5/ 中国专利优秀奖

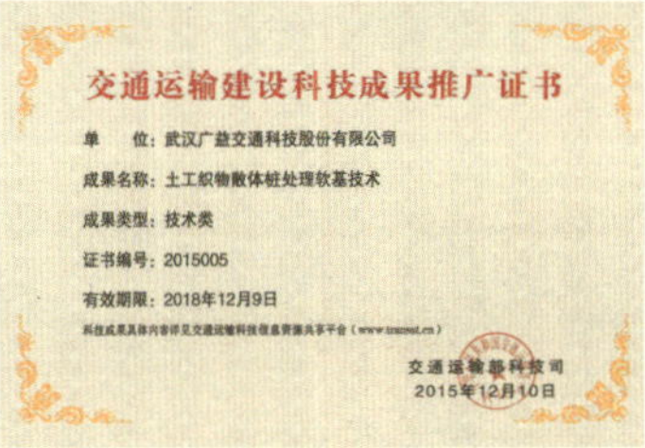

/主要完成单位简介/

招商局 重庆交通科研设计院有限公司
CHINA MERCHANTS CHONGQING COMMUNICATIONS TECHNOLOGY RESEARCH & DESIGN INSTITUTE CO.,LTD.

招商局重庆交通科研设计院有限公司，为国家骨干央企——招商局集团有限公司的二级企业，是首批国家级“创新型企业”。建有“国家山区公路工程技术研究中心”“山区道路工程与防灾减灾技术国家地方联合工程实验室”“桥梁工程结构动力学国家重点实验室”等6个国家级研发平台，设有院士和博士后工作站、6个硕博士点。单位长期从事本行业科研、设计和工程等业务，以及设计施工总承包、BT和PPP等复合业务，具有集科研、设计、工程、运管和投资于一体的科技产业企业特色。

武汉广益交通科技股份有限公司
Wuhan Guangyi Transportation Science and Technology Incorporated Company

武汉广益交通科技股份有限公司，是国家级高新技术企业，主要从事交通土建领域的科学技术研究、工程技术咨询等。公司已累计完成各类科研、咨询和施工监理项目200余项，涉及项目投资总额超过1500亿元人民币。公司已取得授权的国家发明专利技术12项、实用新型专利技术17项，已申报正在公示待授权的国家发明专利技术10项；截至目前，公司已获得各类荣誉32项，已获中国土木工程詹天佑奖1项，中国技术市场金桥奖1项，中国专利奖1项，省（部）级科学技术进步奖10余项；公司牵头主编和参与编制完成的省部级行业规范、标准14部，并在一系列国家重点工程项目建设中取得了优异的成绩。

一等奖
Award for CHTS Science & Technology

主要完成单位： 招商局重庆交通科研设计院有限公司、武汉广益交通科技股份有限公司、天津大学、同济大学
主要完成人： 冯守中、邓卫东、郑刚、陈建峰、孙立强、李聪、周海祚、李洁、李亮、余文魁、张睿、周雄华、闫澍旺、梅森、陈芳

创新成果

1. 发明了2种土工合成材料约束桩。利用土工合成材料（土工织物、土工格栅等）形成环向约束，创造性地发明了土工合成材料散体桩和土工合成材料材料轻质活性材料桩，有效解决了这类置换桩长期困扰工程界成桩质量难以保障的技术难题；基于室内试验，揭示了土工合成材料约束桩的力学特征及破坏机制，奠定了设计的理论基础。

2. 创建了系统实用的土工合成材料约束桩复合地基设计方法。基于模型试验和数值分析，揭示了土工合成材料约束桩复合地基的力学特征及破坏机制；建立了土工合成材料约束桩桩体设计计算方法、复合地基承载力、稳定性和沉降设计计算方法；结合工程实践，提出了复合地基设计总体控制思路、材料要求和典型结构；形成了系统实用的设计方法。

3. 研发了土工合成材料约束桩施工装备及施工质量控制技术。针对土工合成材料约束桩结构特点，研发了土工合成材料约束桩施工装备；创建了工合成材料约束桩软弱地基处理的施工工艺及质量控制标准。为高效、高质量施工及施工质量保障提供了有效的技术手段。

项目突破了传统方法成桩质量难以保障的技术难题，构建了涵盖设计、施工、质量控制的土工合成材料约束桩地基处理成套技术。成果已在内蒙古、安徽及国外10多项重大工程中得到成功应用，节省工程造价17亿多元；支撑安徽泗许高速公路获得"国家优质工程奖"交通运输部设计质量"李春奖"、安徽环巢湖大道一级公路及内蒙古呼包高速公路改扩建工程获得了交通运输部设计质量"李春奖"。

依托项目研究，共培养博士、硕士12名，发表学术论文38篇（SCI、EI检索28篇），获国家授权发明专利9项（核心）、实用新型专利2项，获得中国发明专利奖2项，编制了中国土木工程学会标准《土工织物散体桩处理软土地基技术规程》。

/主要完成人简介/

冯守中，教授，工学博士，天津大学兼职教授、同济大学兼职教授、华中科技大学产业教授，武汉广益交通科技股份有限公司董事长，安徽省建筑节能与安全防灾院士工作站研究中心主任，中国土木工程学会工程风险与保险研究分会副理事长等。主持完成了36项省部级交通领域的科研项目/课题研究；获中国土木工程詹天佑奖1项，中国专利奖1项，省部级科学技术进步奖10多项，优质工程奖3项；获国家发明专利授权15项，实用新型专利17项，出版专著2部；主持编制国家及省部级行业标准、规范7部。

冯守中

邓卫东，研究员，工学博士，国家山区公路工程技术研究中心副主任，国务院特殊津贴专家，全国交通科技英才，交通部新世纪十百千人才第一层次人选，重庆市学术技术带头人，中国公路学会专家委员会委员。现任招商局重庆交通科研设计院有限公司首席专家、创新研究院院长。参加工作30多年来，一直从事道路工程的科研与技术咨询工作，先后主持和参与国家和省部级重大科研项目30余项，参与20多项国家重大工程设计与技术咨询，主持或参编国家、交通运输部的标准、规范6部；获国家科学技术进步奖二等奖1项，省部级科学技术进步奖一等奖7项、二等奖6项、三等奖8项，省部级勘察设计一等奖1项，发表学术论文60余篇，出版专著8部。

邓卫东

山区花岗岩残积土路基智能建养技术

项目简介

花岗岩残积土在我国分布广泛，因具有变异性大、含水率高、遇水软化等不良工程特性，在工程应用中存在一系列问题。项目面向花岗岩残积土的特殊工程性质，基于山区高速公路路基的实际运营状态，从路用原理、设计方法、施工控制和运营监测等方面，对山区花岗岩残积土路基智能建养技术进行了系统研究，实现了花岗岩残积土的高效利用、精细设计、智能施工和实时监测。项目研究成果，在依托工程——宁定高速公路安远至定南段与定南联络线建设中得到了应用和验证，并在多项工程中得到推广应用。该技术的发展，推动了道路建设的智能化发展，保障了路基长期性能和运营安全，支撑了山区高度公路建设的质量和水平，提升了路基的长效耐久，促进了行业的科技进步，具有广泛应用前景。

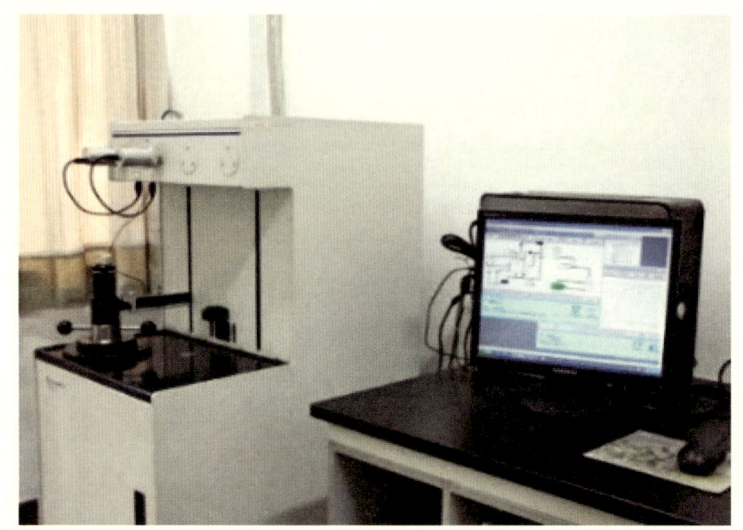

图2

图1

图3

图1/ 竣工后的安定高速公路及沿线出露的花岗岩残积土
图2/ 压汞试验
图3/ 动态三轴试验

一等奖

Award for CHTS Science & Technology

主要完成单位：江西省高速公路投资集团有限责任公司、同济大学、中交一公局桥隧工程有限公司、上海同科交通科技有限公司
主要完成人：费伦林、钱劲松、徐立红、胡秋宝、凌建明、郭建国、刘伟胜、王海涛、林佑华、张宏、杜浩、余辉、邓长平、彭礼鹏、杨戈

创新成果

1. 揭示了初始状态对花岗岩残积土路基长期性能的影响及其微观机制，创新提出了基于长期性能的施工含水率确定方法，含水率较传统方法提高5%，实现了过湿土的高效利用；首次建立了融合毛细饱和度和基质吸力影响的回弹模量预估模型，预估精度达94%，为路床补强设计奠定了理论基础。

2. 基于花岗岩残积土的材料变异性和不同路基层位的差异化性能要求，提出了花岗岩残积土的分类利用方法，实现了填料利用与结构补强的统一；针对花岗岩残积土边坡典型浅层滑塌失稳模式，提出了多类型生态防护技术及方案优化方法，保障了山区多雨条件下的路基长期稳定。

3. 开发了多指标连续压实控制系统，有效消除填料变异性和下卧层刚度对测试结果的影响，相关性提高至80%以上，实现了压实程度的实时连续监控；突破无核密度仪在含水率测试精度上的局限性，建立了花岗岩残积土电阻率与含水率的经验模型，提出了压实度的联合快速无损检测技术，测试精度达95%。

4. 应用全息主动感知和信息动态交互相技术，构建了运营期花岗岩残积土路基监测系统，实现了路基长期性能的实时监测、在线分析和提前预警。

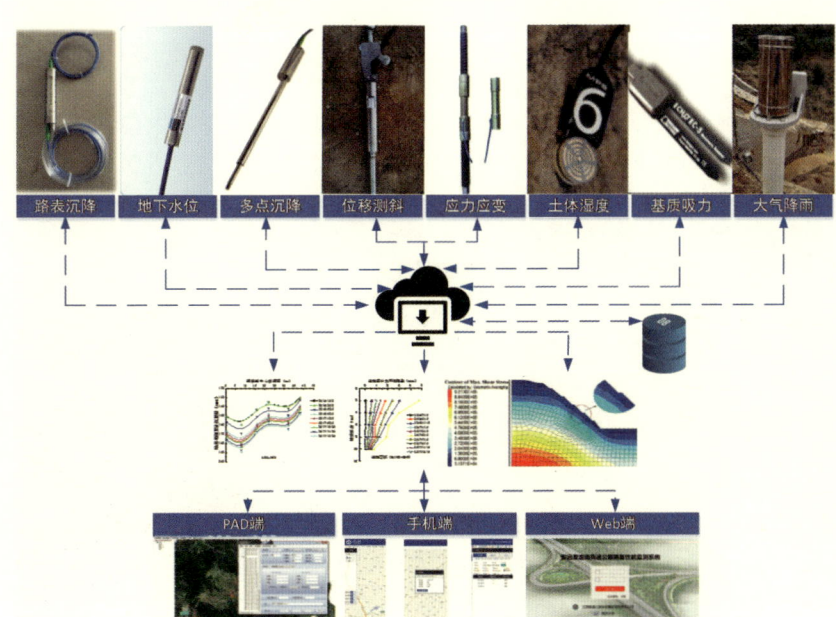

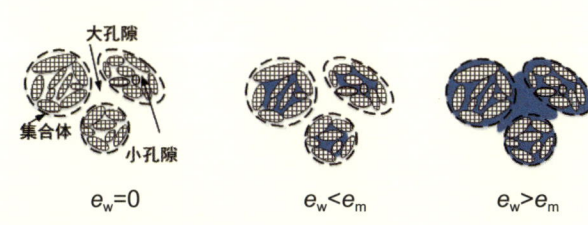

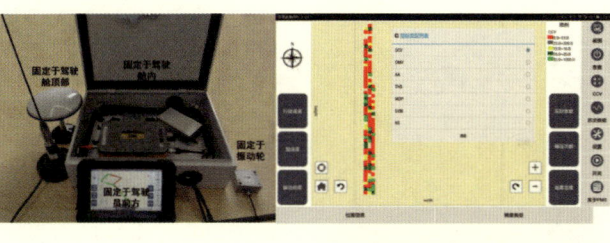

图4/ 监测系统框架
图5/ 以集合体间孔隙的饱和度表征湿度影响
图6/ 花岗岩残积土路基连续压实控制系统
图7/ 定量湿化装置

/主要完成单位简介/

江西省高速公路投资集团有限责任公司（简称省高速集团）是经省政府批准成立的大型国有独资企业，江西省交通运输厅根据省政府授权依法履行出资人职责。省高速集团于2009年11月28日挂牌成立，2010年1月1日正式运作。目前，省高速集团注册资本为95.05亿元，资产总额达2806亿元，位居全省第一，净资产1091亿元；旗下直接管理10个全资及控股子公司（包含1个上市公司）、8个直属路段管理中心、11个参股子公司，共有690个所属单位、18 000多名员工，企业信用评级为AAA，连续多年入围中国服务业500强；经营管理5112公里高速公路，占全省通车里程的86%；经营业务除高速公路投资建设、运营管理外，还涉足金融投资、路域资源、工程施工、地产开发等领域。

同济大学历史悠久、声誉卓著，是中国最早的公立大学之一，是教育部直属，并与上海市共建的全国重点大学。经过110多年的发展，同济大学已经成为一所特色鲜明、在海内外有较大影响力的综合性、研究型、国际化大学，综合实力位居国内高校前列。同济大学交通运输工程学院道路与机场系现有教师和专职研究人员38人，其中，教授20名，副教授18名，省部级以上人才计划获得者8名（包括长江学者1名、杰出青年1名，中组部"青年千人计划"入选者3名），具有博士学位人数31名，实力雄厚。近5年来，同济大学交通运输工程学院道路与机场系在交通运输工程领域共承担国家科技支撑项目3项、国家863项目14项（包括目标导向3项）、国家自然科学基金重点项目2项、面上项目30项。科研成果方面也取得了历史性突破，路基、路面、机场、管理4个方向获得国家科学技术进步奖二等奖5项（主持2项，参加3项）。同时，获得省部级科技奖50项，其中，一等奖10项。

图8

图8/该项技术在实际工程应用中效果良好

一等奖
Award for CHTS Science & Technology

图9

图10

图9/ 边坡绿化与防护
图10/ 建成后的高速公路航拍

/主要完成人简介/

费伦林，1980年11月生，硕士，高级工程师。现任江西省高速公路投资集团有限责任公司安远至定南高速公路项目办副主任，长期从事特大型桥梁及高速公路项目建设和管理工作，参加了九江长江公路大桥、安远至定南等重点项目的建设，主持完成了交通运输部全国科技示范工程1项、江西省交通运输重点工程科研项目4个，获中国公路学会科学技术奖一等奖1项、二等奖2项，江西省科学技术进步奖三等奖1项；获国家发明和实用新型专利5项、软件著作权3项；完成专著2部，发表论文20余篇；主编部工法2项、江西省工法1项、企业标准2项。曾获交通运输部授予的"交通运输青年科技英才"、中国公路学会授予的"全国公路优秀科技工作者"和"首届江西公路优秀工程师"等称号。

费伦林

钱劲松，同济大学教授、博士生导师，道路岩土工程技术中心主任。长期从事道路与机场工程的研究，研究方向主要包括软土地基处理、非饱和土和特殊土路基、公路智能建造与感知。已承担国家重点研发计划课题、国家自然科学基金项目等国家级课题3项、省部级课题10余项，发表学术论文70余篇，出版专著2部，参编教材1部，主编或参编行业和地方标准5部，授权发明专利3项，获得国家科学技术进步奖二等奖1项、省部级科学技术进步奖特等奖1项、一等奖6项。

钱劲松

徐立红，男，1967年10月生，硕士，教授级高级工程师。现任江西省高速公路投资集团有限责任公司安远至定南高速公路项目办主任，长期从事高速公路项目建设和施工管理工作，曾任江西省高速集团赣州中心总经理、江西省天驰科技公司总经理等职务，主持完成了交通运输部全国科技示范工程1项、江西省交通运输重点工程科研项目3个，获中国公路学会科学技术奖一等奖1项、二等奖1项；获国家发明和实用新型专利4项、软件著作权2项；完成专著3部，发表论文10余篇；主编部工法1项、企业标准2项。多次荣获江西省高速公路建设领导小组授予的"劳动模范"荣誉称号。

徐立红

环氧类钢桥面铺装维养与评价关键技术

项目简介

钢桥面铺装的维养一直是工程界难题，由于钢桥面铺装支撑条件与使用条件的特殊性，其维养与评价不同于沥青路面，20世纪末，沿用沥青路面养护技术导致钢桥面铺装屡修屡坏，产生了不良的社会影响。环氧类材料是目前国内钢桥的主要铺装材料之一，环氧类材料的高强度使得铺装层难以清除，进一步提高了环氧类钢桥面铺装的维养难度。高效的维养与评价技术对于保证桥梁咽喉交通正常通行、延长桥面铺装使用寿命至关重要。项目组最早发现环氧类钢桥面铺装应用问题并展开其养护保存技术研究，经历10余年的系统研究和工程实践，研发了修复材料、工艺和设备，实现了"诊断—维修—评价"关键技术突破，成功解决了环氧类钢桥面铺装缺乏维养技术的难题。

专著《钢桥面沥青铺装养护维修及评价》被列入"十二五"国家重点图书规划。获授权国家发明专利25项，实用新型专利15项。形成行业标准2部、团体标准2部、地方标准2部。发表SCI论文28篇，EI论文77篇。项目成果被交通运输部评为科技成果推广项目（2014003），在国内20余座钢桥中成功推广应用，累计节约工程管养成本、创造经济效益超过21.9亿元人民币，其中，近3年新增销售额约8.43亿元人民币，新增利税约3.33亿元人民币。中国公路学会组织的评价专家委员会一致认为本项目成果总体达到国际领先水平。

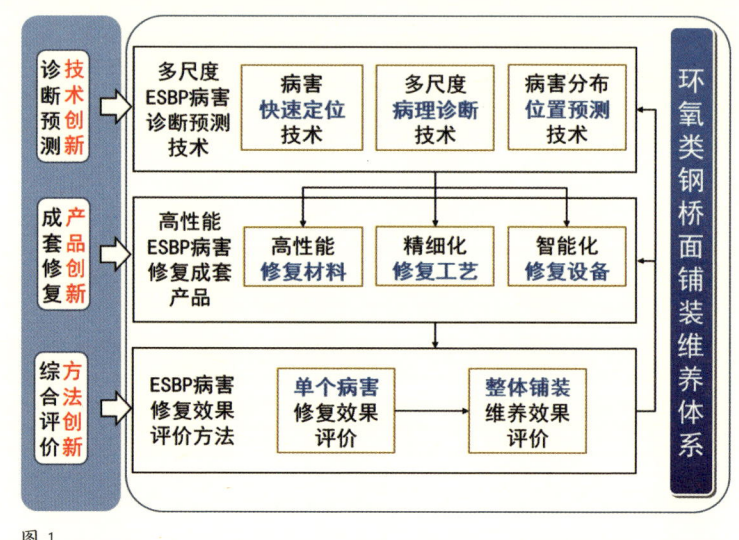

图1/项目整体研究体系

/主要完成单位简介/

东南大学是中央直管、教育部直属的全国重点大学，是"985工程"和"211工程"重点建设的大学之一。东南大学桥面铺装课题组由黄卫院士创建，钱振东教授具体负责，团队成员由桥梁工程、道路工程、工程力学、材料工程等多专业、跨学科研究人员组成。依托学科交通运输工程连续两轮学科评估排名全国第一，入选国家一流大学和一流学科工程。

课题组在桥面铺装材料、结构与工艺的研究及开发方面处于世界领先地位，研究成果广泛应用于跨江河湖海、山谷及跨线的公路钢桥桥梁、水泥桥梁和铁路桥梁等。共完成了40余座大跨径桥梁桥面铺装工程的研究，应用区域超过20个省（市），占同期建设主跨超过500米桥梁总数的80%以上。承担国家和省部级科研项目20余项，获国家科学技术进步奖1项、教育部技术发明奖一等奖1项、教育部科学技术进步奖一等奖1项、江苏省科学技术进步奖一等奖1项，以及其他省部级奖项10余项。作为主要编写单位编制国家行业标准"公路钢桥面铺装设计与施工技术规范""城镇桥梁沥青混凝土铺装层施工技术规程"等标准8项。出版著作4本，发表桥面铺装方面SCI/EI论文近200篇。

一等奖
Award for CHTS Science & Technology

主要完成单位：苏交科集团股份有限公司、东南大学、天津城建集团有限公司、南京市交通建设投资控股（集团）有限责任公司、江苏省交通工程建设局、镇江蓝舶工程科技有限公司、江苏高速公路网公路工程养护技术有限公司

主要完成人：钱振东、陈磊磊、吴春颖、周建华、胡靖、韦武举、白炳东、刘伟、钟东、张可强、刘津、王建伟、夏立明、朱元军、赵付星

创新成果

1. 从环氧类钢桥面铺装的结构特点与病害分布规律出发，提出了基于数字编码的病害定位技术，实现了病害的快速定位。提出了基于多尺度分析的病理精确诊断与准确预测技术，实现了病因综合诊断及病害空间位置预测。

2. 结合环氧类钢桥面铺装病害特征及修复要求，构建了环氧类钢桥面铺装修复材料的综合评价指标体系，提出了修复材料的性能参数指标。发明了专用冷拌树脂类高性能快速裂缝灌封材料与坑槽填补材料，其使用性能与效果均优于国内外同类产品。

3. 编制了钢桥面沥青铺装养护与维修技术指南，根据不同养护需求提出了针对性修补方法和精细化修复工艺，提升了钢桥面铺装维养寿命；发明了成套病害智能化养护施工设备，降低了人力物力资源损耗，提高了维养效率与效果。

4. 提出了环氧类钢桥面铺装单个病害修复后的性能恢复评价方法，建立了养护效果先验技术，为病害修复材料及工艺的选择提供理论支撑；充分考虑环氧类钢桥面铺装结构特点，提出了六大性能评价指标，建立了基于"力学—经验"法的性能评价模型，实现了对环氧类钢桥面铺装整体维养效果的跟踪评价。

图 2

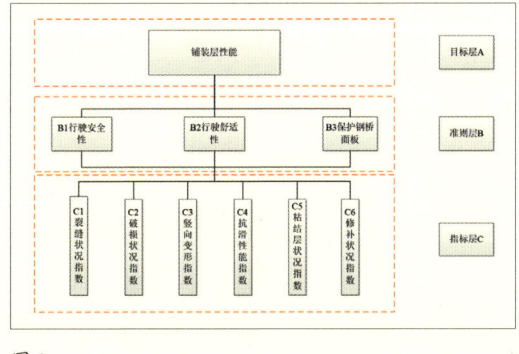
图 3

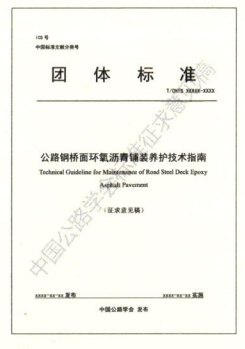
图 4

图 5

图 2/ 项目专著《钢桥面沥青铺装养护维修及评价》
图 3/ 钢桥面铺装评价指标体系
图 4/ 团体标准《公路钢桥面环氧沥青铺装养护技术指南》
图 5/ 俄罗斯科学与技术协会（Technopol-Moscow）杰出贡献创新奖

/主要完成人简介/

钱振东，东南大学教授、博士生导师。现任交通运输部"交通基础设施安全风险管理"行业重点实验室主任，东南大学交通学院副院长。江苏省特聘教授、教育部新世纪优秀人才、江苏省"333高层次人才培养工程"首批中青年科技领军人才。主要从事桥面铺装建设及养护关键技术、新型路面材料结构研究与交通基础设施安全监测、城市与轨道交通等方面的研究。主持了国家科技支撑计划、国家重点研发计划、交通运输部西部交通科技项目等国家/省部级项目近20项，主持了泰州长江大桥、武汉天兴洲公铁两用长江大桥、南京长江大桥等30余个重大工程项目建设维修项目科研与应用。成果获国家科学技术进步奖二等奖1项、江苏省科学技术一等奖1项、中国公路学会科学技术奖特等奖及其他省部级奖项6项。

钱振东

重交通沥青路面耐久性结构与VVTM材料设计关键技术及工程应用

项目简介

随着交通量快速增长、重载车辆显著增大，我国沥青路面损坏问题日趋严重，传统方法设计的路面结构与材料已难以解决重交通沥青路面早期破坏的技术难题。

该项目以交通运输部行业联合科技攻关项目和陕西、河南、浙江等省交通科技项目，以及一批重大建设工程为支撑，科研院所、建设、设计与施工单位等科技人员共同努力，历经10年联合攻关与工程实践，攻克了重交通沥青路面耐久性结构、VVTM路面材料设计方法与施工技术三大难题，形成了建设重交通沥青路面的成套技术，并率先在陕西省应用，使陕西省沥青路面的品质得到了极大提升，受到了社会各界普遍好评和交通运输部、中国公路学会等的高度评价。

项目主要创新性成果发布地方标准7部，取得发明专利16项、实用新型专利1项，出版专著1部，发表学术论文27篇（SCI/EI收录20篇）。成果已在陕西、浙江、河南、河北等地推广应用，显著提高了沥青路面耐久性，建成了一批高质量沥青路面并已形成技术示范。截至2017年年底，高速公路应用里程4200公里、干线公路1300公里以上，仅建设成本节约75.8亿元，延长了路面使用寿命，极大地减少了养护与大中修费用，取得了显著的社会效益和经济效益，推广应用前景广阔。

   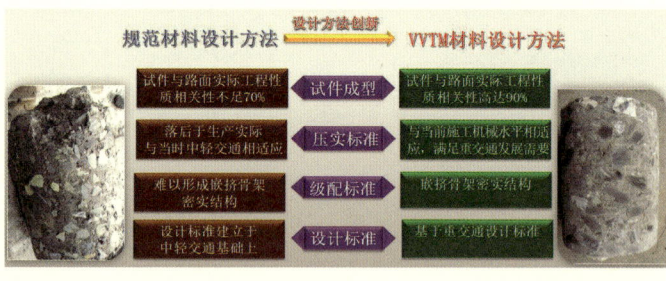

图1　　　　　　图2　　　　　　图3

图1/ 规范试验方法　　　　图3/ 规范设计方法与VVTM设计方法对比
图2/ 垂直振动压实试验方法

/主要完成单位简介/

长安大学，直属教育部，是教育部和交通运输部、国土资源部、住房和城乡建设部、陕西省人民政府共建的国家"211工程"重点建设大学，国家"985工程优势学科创新平台"建设高校，国家世界一流学科建设高校。

学校坚持产学研相结合，近年来，共承担了包括国家973、863和国家自然科学基金等重点科研课题在内的科研项目8770余项，荣获包括国家科学技术进步奖一等奖在内的国家科技奖励20项，省部级一等奖28项，其他省部级奖励200余项；承担了包括国家规划课题在内的各类教育教学研究项目380余项，获得国家级和省级教学成果奖50余项。年科研经费超过7亿元。

一等奖

Award for CHTS Science & Technology

主要完成单位：长安大学、陕西省交通建设集团公司、陕西省交通运输厅工程质量监督站、陕西省交通工程咨询有限公司、金华市公路管理局、河南省交通运输厅京珠高速新乡至郑州管理处

主要完成人：蒋应军、乔怀玉、纪小平、张毅、李明杰、王天林、陈浙江、赵卫东、刘海鹏、雷甲、李顿、薛金顺、邓长清、陆锡铭

创新成果

1. 发明了模拟现场实际压实效果的沥青路面材料（沥青混合料、半刚性基层材料、级配碎石）垂直振动试验方法（VVTM），首次成功解决了规范方法测试结果失真及无法科学有效控制施工质量的技术难题。

2. 构建了沥青混合料性能与特定压实状态下体积参数之间的函数关系，提出了VVTM沥青混合料体积参数标准和矿料级配标准，发明了沥青混合料VVTM设计方法，极大提升了路面耐久性。

3. 提出了基于VVTM控制疲劳开裂的强度设计标准与控制收缩开裂的强嵌挤骨架密实级配，发明了控制开裂破坏半刚性基层材料（水泥稳定碎石、二灰稳定碎石）VVTM设计方法，攻克了公路界长期期待解决的半刚性基层开裂的世界性难题。

4. 基于VVTM提出了控制塑性变形累积破坏的强度设计标准与强嵌挤骨架密实级配，发明了级配碎石VVTM设计方法，提高了抗塑性变形能力。

5. 创新性提出了基于层位功能的面层倒装式半刚性基层沥青路面耐久性结构，极大地提升了半刚性基层沥青路面耐久性。

图4

图5

图7

图4/ 传统路面结构（上）与重交通耐久路面结构（下）
图5/ 示范工程1
图6/ 示范工程2
图7/ 示范工程3

/主要完成人简介/

蒋应军，长安大学教授，博士生导师。东南大学博士后研究生经历，新加坡南洋理工大学高级访问学者，入选教育部新世纪优秀人才计划（编号：NCET-08-0749）。主要从事道路工程研究、工程技术咨询等工作。曾获省部级科学技术进步奖一等奖1项、二等奖9项、三等奖8项；发表学术论文90余篇，其中，SCI/EI收录40余篇；授权国家专利50余项，其中，发明专利20余项；编制地方标准7部；出版专著3部。

蒋应军

城市公交高效运行集成设计与控制优化关键技术

项目简介

面向快速机动化过程中，我国城市持续涌现出来的道路交通改善和公交优先重大社会需求，项目通过深入分析我国公交客流大、网络复杂、道路功能复合、通行条件混杂、通行资源竞争激烈等特点及难题，围绕公交运行环境集成设计、时空协同控制、控制-调度协调优化、系统诊断评价等关键性技术难题，攻克多元集成设计、一体化运行控制、多层次诊断评价等关键技术，形成了"城市公交高效运行集成设计与控制优化关键技术"研究成果，经鉴定，成果达世界领先水平。

项目研究成果支撑了《快速公共汽车交通系统建设与运营管理规范》《城市公共交通发展水平评价指标体系》等4个国家规范和4个行业标准的制定，发表学术论文51篇，出版专著/教材2部，获得国家发明专利授权8项，软件著作权5项。项目成果在北京、上海、郑州、济南等20余个城市中得到成功应用，服务了2010世博会公交专线、上海、郑州等多个"公交都市"试点城市示范工程的实施，为上海等城市建设国家"公交都市"建设示范城市提供了重要技术支撑，创造直接经济效益约5.3亿元，同时，通过优化设计，节约了大量项目建设和社会成本，显著改善了城市公交运行状况，提高了公交出行的分担比例，推广应用前景广阔。对落实国家公交优先战略、促进城市交通可持续发展具有重要的价值和意义，产生了重要的社会效益和国际影响。

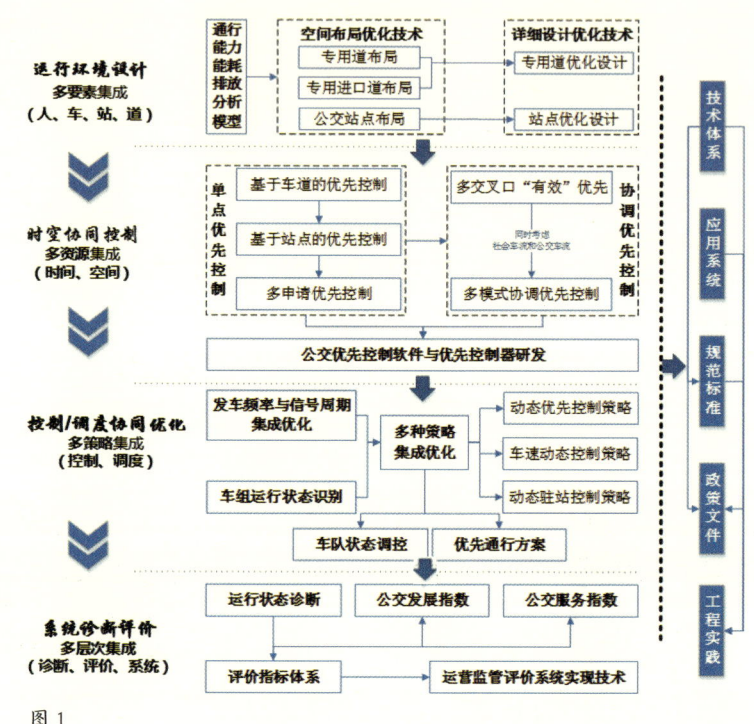

图1/城市公交高效运行集成设计与控制优化关键技术理论体系

主要完成单位简介

同济大学的交通运输工程学科办学历史可以追溯到20世纪初，1914年同济大学设立土木科时即下设道路、铁路施工专业。2000年同济大学与上海铁道大学合并，组建成立同济大学交通运输工程学院。学院拥有交通运输工程一级学科博士点授予权和博士后流动站，下设道路与机场工程系、交通工程系、城市轨道与铁道工程系、运输管理工程系和综合交通信息与控制工程系5个系，学院现有教职员工170余人。

同济大学交通运输工程学院已成为中国交通运输领域人才培养与科学研究的重点基地之一。2015年以来，在国家"双一流"和上海"高峰高原"建设等支持下，先后荣获国家科学技术进步奖和技术发明奖10项，省部级科学技术进步奖200多项。

一等奖

Award for CHTS Science & Technology

主要完成单位： 同济大学、交通运输部科学研究院、上海电科智能系统股份有限公司、上海交通投资（集团）有限公司、上海城市交通设计院有限公司

主要完成人： 马万经、杨晓光、刘好德、娄亭、滕靖、叶磊、沈峰、吴忠宜、李永、王继东、潘振兴、朱鲤、李成、张品立、孙拓

创新成果

1. 提出了公交专用道优化设置技术，揭示了不同交通设计要素及组合对延误、能耗、排放等方面的影响机制；考虑效率、节能减排等多目标，提出了公交专用道、专用进口道和停靠站集成设计技术，为公交车辆高效运行提供了技术支撑。

2. 发明了时空协同公交优先控制优化技术，首次提出了基于车道的公交时空集成优化技术和交叉口群"有效优先"协调控制方法，研发了多申请条件下公交优先控制、预防站点溢流控制等技术，研制了公交信号优先控制系统和设备，提升了公交信号优先控制技术水平。

3. 建立了公交优先控制与调度协同优化技术，构建了公交静/动态调度–离/在线控制集成优化方法，实现了发车频率与信号周期、驻站控制–速度控制和信号优先控制等关键参数与策略的同步优化，保证了控制与调度在公交高效运行上的协同。

4. 研发了公交系统诊断与评价技术，提出了面向运行效率和可靠性的公交运行问题诊断方法；从公交优先发展、公交服务及公交出行目标实现程度3个层次，建立了公交优先评价指标体系、标准体系及评价系统。

图2

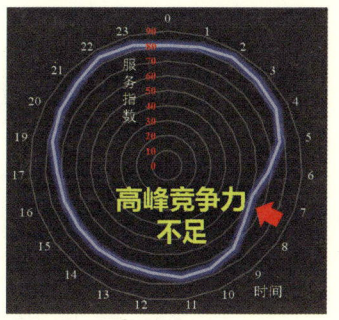

图3

图2/运营中的71路中运量系统
图3/全天公交服务指数变化

/主要完成人简介/

马万经，同济大学教授，博士生导师。长期从事交通设计与控制、车路协同等的研究。现任同济大学交通运输工程学院副院长，同时兼任国家四部委"城市道路交通文明畅通提升行动计划"专家组专家、全国道路交通管理标准化技术委员会委员、中国交通运输协会青年科技工作者委员会常务委员，Transportation Research Part C等3个期刊编委。近年来，主持和参与国家自然科学基金委优秀青年基金、国家重点研发计划等国家级课题10余项，完成专著1部，发表期刊论文100余篇，申请专利20余项，先后获得教育部、上海市、中国智能交通协会等奖励10余项。

马万经

杨晓光，同济大学教授，博士生导师。享受国务院政府特殊津贴、入选交通运输部"新世纪十百千人才工程"第一层次、上海市领军人才等，历兼任教育部高校交通运输学科教学指导委员会委员、交通工程专业教学指导分委员会主任委员。在我国先导性研究现代路面交通智能控制与管理系统、先进的交通信息服务/智能公共交通与多式联合运输/交通防灾与紧急救援/车路联网与主动交通安全系统，以及混合交通流与通行能力基础理论和实验交通工程学等，并取得丰硕成果。主持和参与完成国家自然科学基金重点项目等国家级课题20余项，分获公安部、上海市、四川省、广西壮族自治区、中国智能交通协会授予的科学技术奖项12项。

杨晓光

营运车辆安全驾驶保障技术创新与应用

项目简介

我国公路运输总量居世界第一，营运车辆承担了我国近三分之二的客货运转量，80%以上重特大运输事故与其密切相关，营运车辆事故是青壮年人群第1位死因，也是社会致残、失能及植物人前3位致因。研究表明，营运车辆重特大事故86%是由驾驶员不良驾驶行为引起的，我国在道路、车辆的营运安全上已得到明显改善，但是营运驾驶员安全方面一直是薄弱环节，为了全面提升我国运输安全水平，践行"交通强国""健康中国"战略，项目依托国家科技支撑计划及交通运输部科技项目，历经8年科技攻关和工程实践，攻克营运驾驶员不良驾驶行为致因机制不明、在途驾驶行为难以监测、预警和控制手段不足、行车环境风险保障措施薄弱等一系列重大问题，实现了营运驾驶员运输全过程安全状态的可视、可测和可控。

项目构建了营运车辆安全驾驶出车前—行车中—事故时全程防范技术及保障体系，开发10台套系统与装备，研制国家标准3项，行业标准2项，获发明专利10项、软件著作权42项，出版著作3部。成果总体达到国际先进水平，部分成果达到国际领先水平。

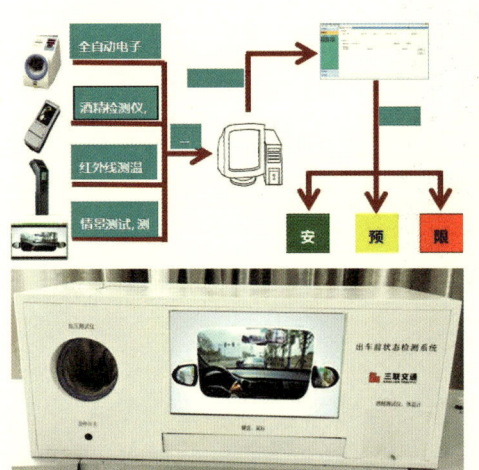

图1

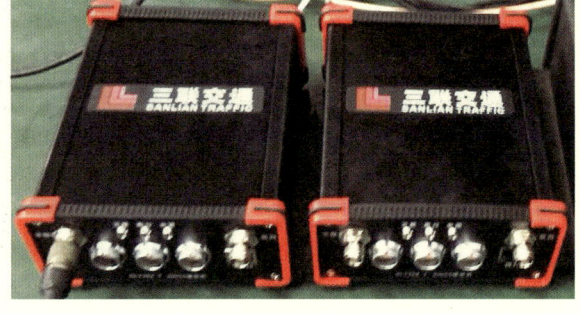

图2

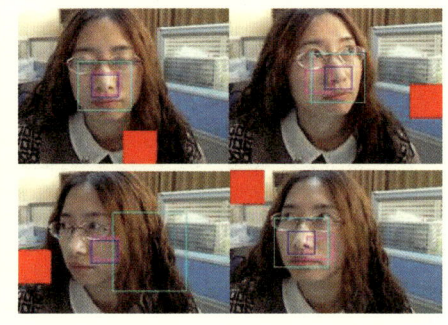

图3

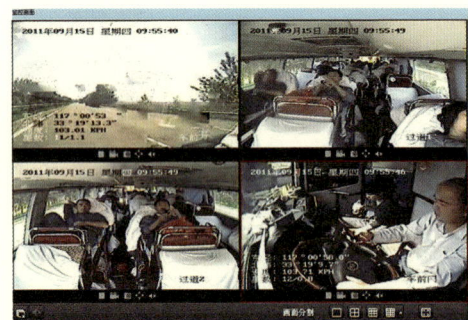

图4

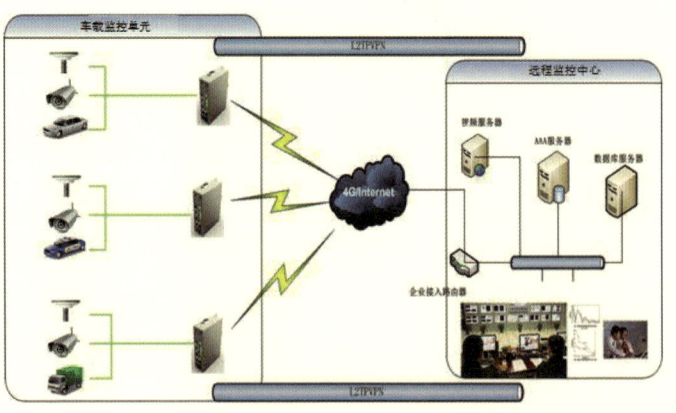

图5

图1/ 出车前状态检测

图2/ 车载多元信息采集盒

图3/ 驾驶视线方向判别

图4/ 营运驾驶人在途状态远程实时监测

图5/ 远程监控 4G 无线网络数据传输

一等奖
Award for CHTS Science & Technology

主要完成单位： 交通运输部公路科学研究所、安徽三联交通应用技术股份有限公司、安徽三联学院、华北高速公路股份有限公司、安徽省合肥汽车客运有限公司

主要完成人： 金会庆、王笑京、王江波、李斌、汪林、刘应吉、李宏海、赵丽、张树林、黄惠民、张纪升、唐毅、余皖生、方有明、王敬刚

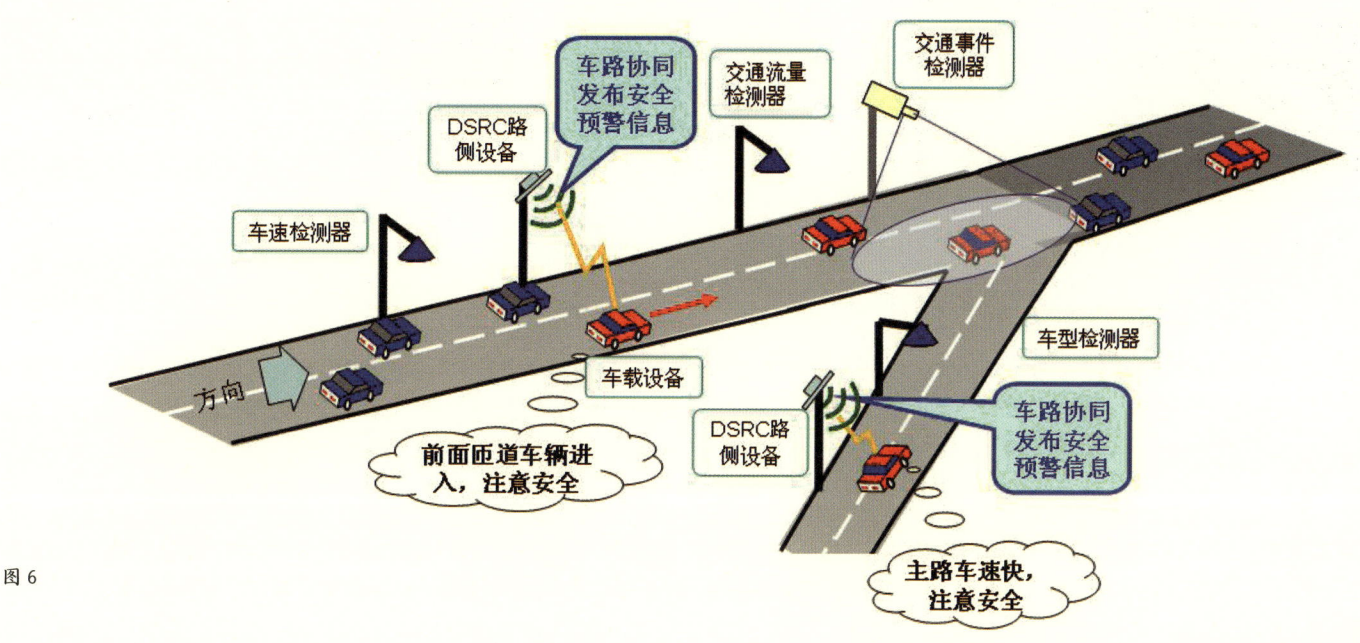

图6

图6/ 基于车路协同的高速公路行车环境主动预警系统

创新成果

1. 创建不良驾驶行为特征、诱发机制及识别方法。在国际上率先从生物学及生理、心理学角度阐述不良驾驶行为成因，揭示不良驾驶行为特征，发现其易感性关联基因，阐明不良驾驶行为是个体易感性、时期、环境3个变量综合作用的结果，建立不良驾驶行为诱发机制理论模型，创建不良驾驶行为识别方法，解决了不良驾驶行为动态识别、特征提取等难题，实现我国不良驾驶行为基础研究理论创新。

2. 基于不良驾驶行为的易感性，研制国内首套营运驾驶员安全驾驶能力胜任性测评系统，通过实际道路安全驾驶能力测评，解决了营运驾驶员资质审验的技术难题。

3. 基于不良驾驶行为潜伏期与发作期，攻克营运驾驶员出车前及在途安全保障技术。研制首套基于情景测试的出车前安全状态快速检测装置，填补了出车前异常状态快速检测的技术空白，从源头上防范异常状态出车的事故隐患。研发不良驾驶行为在途车载检测与预警技术及装备，攻克了营运驾驶员动态监控信息接收与处理技术和基于卫星定位数据的异常行为智能监测技术，实现在途典型不良驾驶行为的全程实时预警和远程监测。

4. 基于不良驾驶行为的环境诱发因素，创建基于车路协同的高速公路营运车辆行车环境主动警示系统，发明基于事故碰撞声的声纹模式识别自触发机制的车载自动报警装置，提升我国营运车辆行车环境风险可控能力。

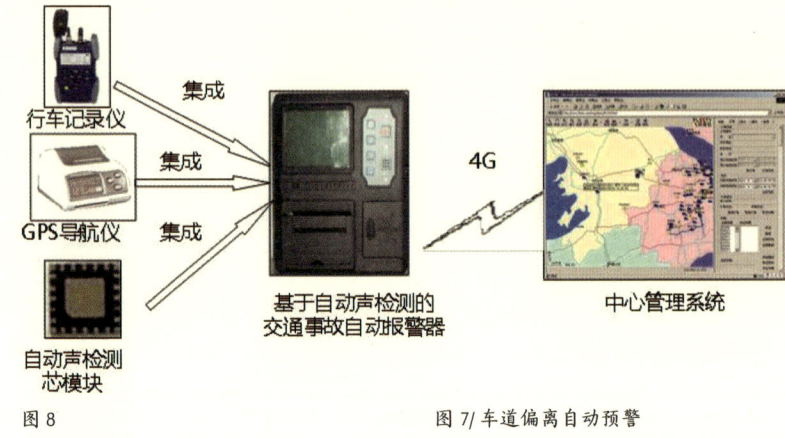

图7

图8

图7/ 车道偏离自动预警
图8/ 基于音频的事故车辆自动报警系统

/主要完成单位简介/

交通运输部公路科学研究所（简称公路所）成立于1956年，是交通运输部直属的大型综合性公路交通科研机构，主要从事道路工程、桥梁工程、交通工程、智能交通、汽车运用工程、道路运输与物流、公路生态与环境保护工程等领域的科学研究及技术材料与装备开发。公路所承担了大量国家级、省部级和地方重大科研项目及标准规范的制修订等工作，目前已发展成为集科研创新与产业开发于一体的交通运输行业规模最大、多领域、跨学科，在国内外具有重要影响力的综合性科研机构。拥有数百项具有自主知识产权、达到国际先进水平的科研成果。

改革开放以来，公路所完成各类科研成果1200余项，获国家级奖64项，其中，全国科学大会奖20项，国家科学技术进步奖41项，国家发明奖3项，省部级二等奖以上成果153项。主持完成各类标准规范的修订近600余项；获得各种工程奖项近百项。与此同时，通过与世界银行、亚洲开发银行、国外知名科研机构和企业广泛合作，国际影响力不断提升，已经成为我国公路交通科技领域对外交流的重要窗口与桥梁。

安徽三联交通应用技术股份有限公司成立于2005年12月，位于安徽省合肥市国家高新技术产业开发区核心示范园区，是我国交通安全科技行业的领军企业。主要从事驾驶人考试系统工程装备和智能交通技术产品的研发、生产、销售及安装服务。公司现有员工520人，注册资金4308万元,总资产6.8亿元。2016年4月在新三板成功挂牌，股票代码：836725。在上海拥有全资子公司——上海诚联智能科技有限公司。2017年4月与日本著名上市公司日本株式会社京三制作所注资成立合资公司——安徽三联京三智能科技有限公司。公司系国家火炬计划重点高新技术企业、国家创新型试点企业、中国"平安城市"建设优秀安防工程企业、安徽省创新型企业、安徽省重点软件企业、安徽省科技小巨人企业、安徽省A级纳税信用单位、守合同重信用单位，具有CMMI三级、安防一级、ITSS二级等荣誉资质。

公司是国家创新型试点企业，拥有行业领域唯一的"国家车辆驾驶安全工程技术研究中心"，引领我国车辆驾驶安全工程技术研发及产业辐射。核心技术团队曾荣获国家科学技术进步奖一等奖和二等奖，并完成研制了相关国家和行业标准。已先后承担国家科技支撑计划、863计划、公安部重大科技成果推广计划等重大科技项目20余项。获国家专利87项、软件著作权216项。公司拥有21 000多平方米研发和生产基地，建立了企业研发中心、营销中心和生产中心。组建了长沙、西安、广州、南宁分公司和20多个办事处。主营产品为机动车驾驶人科目考试系统(科目二、科目三)、机动车驾驶人科目考试监管系统、机动车驾驶人驾驶技能培训系统、汽车模拟驾驶系统、驾驶适应性检测系统、智慧交通等10多个系列。市场覆盖全国400多个城市公安交警部门和驾驶员培训机构，并已出口到日本、乌兹别克斯坦、越南、马来西亚等国。

一等奖

Award for CHTS Science & Technology

/主要完成人简介/

金会庆，日本东京大学医学博士，道路交通事故防治工程专家。曾任中华全国工商业联合会副主席，第九届、第十届、第十一届、第十二届全国人大代表。曾获国家科学技术进步奖一等奖、二等奖各1项，全军科学技术进步奖二等奖，卫生部科学技术进步奖二等奖，国家级有突出贡献的中青年专家、国务院政府特殊津贴享受者、全国民办教育办学优秀奖、"全国首批优秀留学回国人员五十杰"、安徽省重大科技成就奖、安徽省"贡献奖"金质奖章、安徽省劳动模范、2012年度"中国科学年度新闻人物"等荣誉称号。先后任中国民间商会副会长、中华民办高等教育协会会长。国家车辆驾驶安全工程技术研究中心主任，安徽三联学院校长。日本东京大学客员教授，美国哈佛大学肯尼迪政府学院高级访问学者。兼任中国人类工效学学会副理事长、中国人类工效学学会交通工效学专业委员会主任委员，中国优生优育协会儿童事故预防专业委员会主任委员，《人类工效学》杂志主编，《中国科学报》首席科学家等学术职务。

金会庆

王笑京，我国智能交通系统（ITS）的著名学者和带头人，国家有突出贡献的中青年专家和国家百千万人才工程第一层次人选，长期担任亚太ITS协会理事和ITS世界大会理事会理事。他领导建设了我国ITS领域第一个国家工程技术中心和行业重点实验室，带出了一支既能创新又能创业的团队，并获交通运输行业优秀科技创新团队和"十一五"国家科技计划执行优秀团队。

20世纪90年代，他组织开展中国ITS发展战略、体系框架和标准体系研究。21世纪，他主持开展一系列智能交通系统关键技术和前瞻技术攻关，指导国内10多个城市的ITS示范工程，形成的标准规范支撑了国家ITS工程建设。主持研发和工程化的不停车收费系统（ETC）在全国应用，用户近6000万并形成规模化新产业；依托本中心建设的交通运输行业密钥与认证中心已经在ETC、路网管理、水路和公路运输等领域提供全面服务。成果先后获国家科学技术进步奖二等奖和多项省部级奖励，鉴于他为ITS做出的突出贡献，2012年智能交通世界大会授予他世界智能交通杰出成就奖。

王笑京

图9

图9/事故自动报警与快速救援机制

交通运输北斗增强关键技术研究与应用

项目简介

主要依托国家863课题"面向我国中东部地区的分米级相位增强运行服务系统研制与应用示范"、交通运输信息化技术研究课题"交通运输行业高精度卫星导航技术研究及应用示范"和北京市科技计划项目"基于北斗导航的隧道内行车状态综合监测系统研制",开展卫星导航技术和位置信息应用研究,属地球观测与导航技术领域和智能交通领域。

在国家推动北斗应用和发展智慧交通的大背景下,针对当前卫星导航增强基础技术和应用技术不能满足交通运输领域需求的问题,面向国家"北斗地基增强系统"和行业"交通运输高精度位置服务中心"建设,该项目创新性提出了交通运输北斗精度增强系统架构,提出了面向交通运输的增强信息播发格式,编制了国家和交通运输行业系列标准,并申请了RTCM104国际标准专用字段,满足大并发用户数、高可靠服务、短传输时间要求的交通运用需求。针对公路隧道存在卫星导航定位盲区,首次提出了复现式扩展定位技术,兼容现有营运车辆卫星导航监控终端。依托原创性基础技术成果,研究了面向水上应用的北斗精度增强技术,开发了专用终端和应用系统;研发了隧道内复现式扩展定位系统和基于位置信息的隧道安全监管系统;研发了基于分米级定位信息的营运车辆精细管理系统。该项目形成了1项国家标准、4项行业标准、4项发明专利、1项实用新型专利和6项软件著作权,发表了10篇论文。

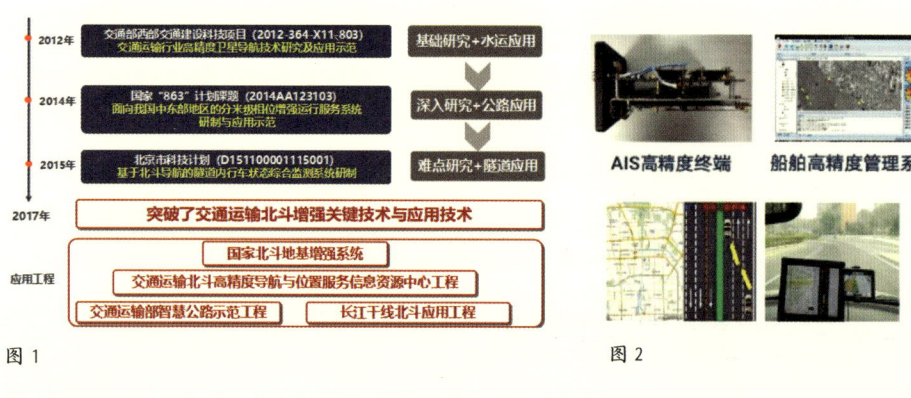

图 1

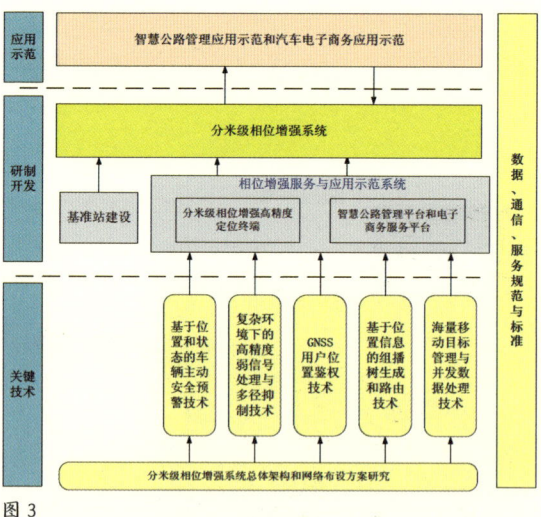

图 2

图 3

图1/ 总体情况
图2/ 应用成果
图3/ 技术方案示意

/主要完成单位简介/

中国交通通信信息中心(CTTIC),作为交通运输部直属事业单位,主要面向交通运输行业开展通信、网络、信息数据中心、导航、遥感等方面的基础服务,全面参与交通运输行业信息化系统建设、服务工作。近年来,积极跟踪行业信息化发展态势,为行业信息化顶层设计和总体规划建言献策,积极参与北斗系统应用推广、道路运输信息化、水路运输信息化、物流信息化等相关领域的技术研究、系统建设和行业应用发展。坚持"发展带动整合,整合促进发展"的原则,以积极的服务态度和坚实的技术基础,努力占领信息通信服务制高点,以服务国家、社会、行业和公众对现代交通运输的新需求。

一等奖

Award for CHTS Science & Technology

主要完成单位：中国交通通信信息中心、北京国交信通科技发展有限公司、上海市城市建设设计研究总院（集团）有限公司、北京理工雷科电子信息技术有限公司、同济大学

主要完成人：殷林、张炳琪、周良、曾大冶、沈兵、丁美、沈刚、李晶、王解先、夏威、李锐、王林、蒋应红、冯涛、糜江

创新成果

1. 交通运输增强系统建设方案创新——首次提出了适用于我国交通运输领域的北斗增强系统建设方案。

2. 交通运输增强应用标准创新——首次提出了适用于交通运输的压缩式增强数据传输标准，并获得专用国际标准字段，编制形成适用于交通运输行业的增强应用系统系列标准。

3. 卫星导航盲区消除技术创新——首次提出了适用于公路隧道安全管理的卫星定位盲区消除技术，开发了多源信息融合的隧道安全监控系统。

4. 北斗增强系统应用技术创新——首次实现了基于北斗增强技术的车辆、船舶高精度位置安全管理和应用示范。

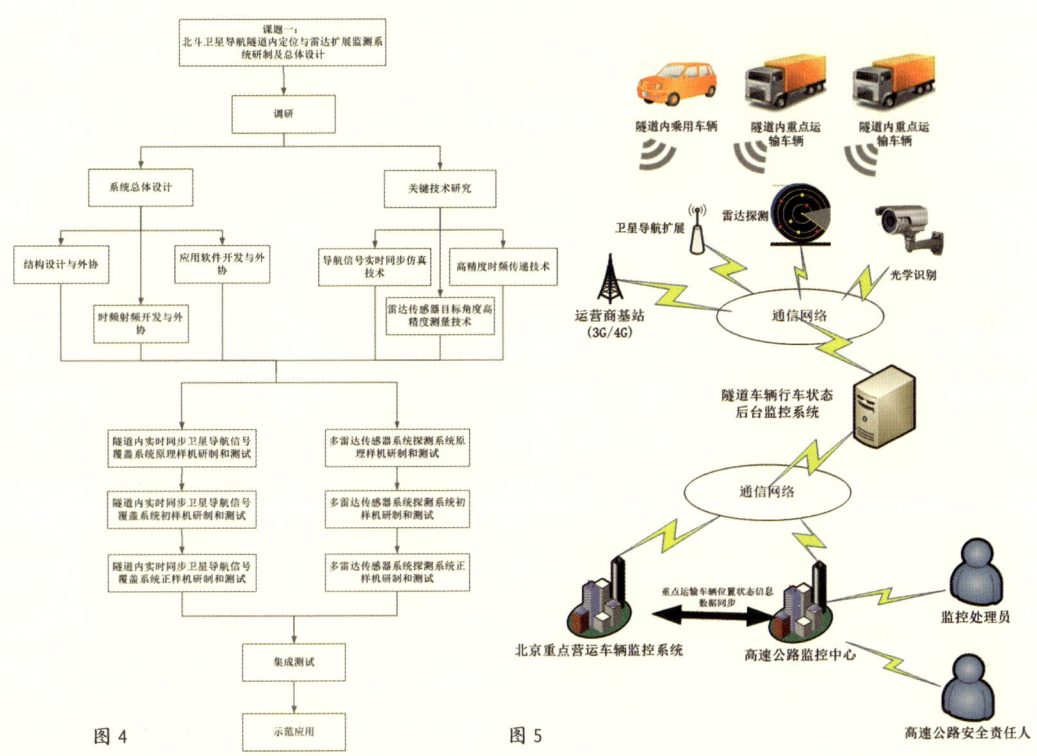

图4/ 技术实施路线　　图5/ 系统总体架构

/主要完成人简介/

殷林，现任中国交通通信信息中心副主任，高级工程师，享受国务院政府特殊津贴。入选国家奖励办专家；现任中国海上搜救部级协调机制专家组成员、中国卫星通信专家委员会委员。长期从事国内外交通运输通信、导航、信息化、物流领域的战略研究、交通运输行业技术业务管理及国家交通运输物流公共信息平台建设管理工作。10余次主持和参与交通运输行业信息化重大课题、规划和项目建设工作，多次获得省部级科学技术进步奖。近3年获得王选科技特别贡献奖、地理信息科技进步奖一等奖等。

殷林

张炳琪，现任中国交通通信信息中心数据应用事业部副总经理，高级工程师，博士。长期从事定位导航技术和位置服务技术研究。入选交通运输科技专家库，国家公路建设项目评标专家库。近5年来，先后主持省部级科技课题2项，作为技术骨干人员参与国家级科技项目（863项目）3项，省部级科技项目1项，作为核心技术人员参与国家级北斗专项"国家北斗地基增强系统"工程论证和实施工作、"交通运输高精度位置信息资源中心"论证工作、"新一代交通控制网"工程论证和应用示范项目实施工作。

张炳琪

广东省高速公路设计标准化技术研究与应用

项目简介

随着我国经济的不断发展,高速公路建设取得了巨大成绩,建设质量和技术水平得到不断提高,特别是超大跨径桥梁和跨海工程突飞猛进,但占据公路桥梁90%的中小跨径桥梁技术发展比较缓慢,问题仍然突出。究其原因,主要是高速公路的快速发展,设计单位生产压力大,设计力量不足,全寿命周期理念很多还停留在口号上,造成"用心"设计和"精细"设计不足,制约了高水平、精细化设计发展。同时,相同功能的结构物有着多样化的设计,滞后的设计标准化严重制约了施工标准化发展和公路产业转型升级。

为解决上述问题,广东省自2011年开始,历经7年,采用充分调研、理论分析、工程设计、模型试验、现场验证等手段,开展了广东省高速公路设计标准化研究工作。

该项目采用PDCA发展模式指导项目研究的全过程。首先坚持问题导向,进行研究策划,然后开展专题研究与标准图编制,再进行足尺试验验证和依托项目验证,最后成果发布推广;同时,选取了国内一流的设计团队,聘请了国内知名专家成立顾问组,为研究审查把关,保证了成果的科学性、先进性和前瞻性。

该项目已编制并发布了路、桥、涵、隧及交通工程的高速公路设计标准化图集262册,发布技术指南、管理办法7项,部分研究成果被行业规范采纳。研究成果已推广到广东省内及省外34条高速公路近2600公里,解决了高速公路约90%结构物的设计问题,总计节约建设费用高达30亿元,取得了显著的质量效益、经济效益和社会效益,具有良好的推广应用前景。同时,广东省开展如此系统的高速公路设计标准化研究在全国范围内尚属首次,为推动全国高速公路设计标准化工作打下了坚实的基础。

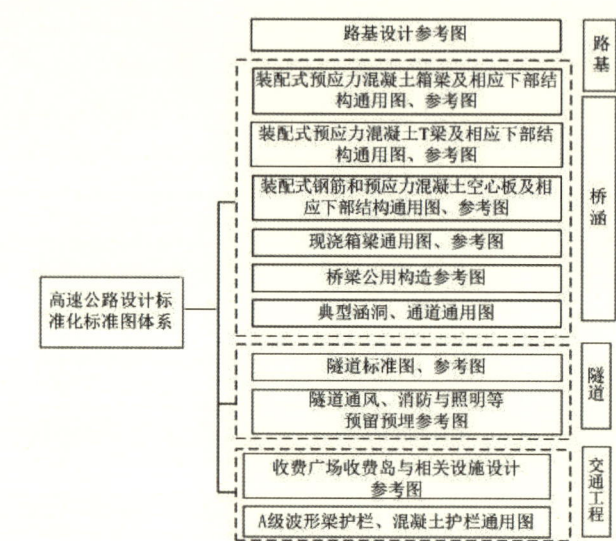

图1

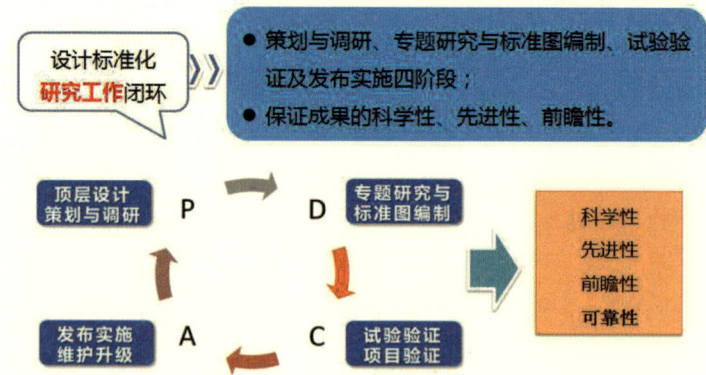

图2

图1/ 高速公路设计标准化标准图体系
图2/ 项目研究方法

一等奖
Award for CHTS Science & Technology

主要完成单位： 广东省交通运输厅、广东省交通集团有限公司、广东省高速公路有限公司、中交第一公路勘察设计研究院有限公司、中交第二公路勘察设计研究院有限公司、中交公路规划设计院有限公司、中国铁道科学研究院集团有限公司、广东省交通规划设计研究院股份有限公司、中国公路工程咨询集团有限公司、广东省交通运输规划研究中心

主要完成人： 贾绍明、李卫民、王安惠、邱志雄、黄成造、余国红、余培玉、张钱松、韩常领、朱玉、周登燕、张勇、王景奇、徐陈群、陈红

创新成果

1. 基于标准化基本原理，提出了"统一化、通用化、组合化、简易化、模块化"的公路设计标准化"五化"理论；构建了包括路基、桥梁上部、桥梁下部、桥梁基础、隧道、涵洞和交通安全设施等较为系统完整的高速公路设计标准化标准图体系，建立了标准图数据库，无缝对接施工标准化，实现工厂化、装配化建造。

2. 基于可靠度理论、"统一化"理论及大数据、统计学和交通安全理论，构建了桥梁结构设计荷载体系、预应力度参数、路桥隧建筑限界体系，进一步完善了相关技术指标，显著提高了公路交通的安全性和耐久性。

3. 突破了高速公路设计标准化一系列关键技术，实现设计标准化工程技术的原始创新和集成创新；提出了同跨径、不同桥梁宽度、不同铺装方式的预制梁标准断面，预制梁湿接缝结构设计方法，基于路基稳定性和基底沉降的涵洞地基容许承载力计算方法；首次开展了中小跨径桥梁下部结构和基础标准化研究，首次开展了现浇箱梁设计标准化研究，研发了两支座空心板梁、俯斜式桥台背墙、无系梁肋式桥台等新型构造；创新开展了中小跨径现浇箱梁标准化研究；系统构建了不同地质条件的公路隧道支护结构体系。

4. 创建了高速公路设计标准化"PDCA"全过程研究新模式。通过大规模开展预制梁极限承载能力足尺试验，取得并验证了预制梁关键设计参数；创新了设计标准化预制梁关键构造合理设置的研究方法；首次编制了设计标准化预应力混凝土预制梁技术条件和预应力混凝土预制梁静载弯曲试验方法及评定标准。

图3

图3/运营中的71路中运量系统

/主要完成单位简介/

广东省交通运输厅为广东省人民政府组成部门，主管全省公路、水路和地方铁路，承办省人民政府和交通运输部交办的其他事项。改革开放40年大潮激荡，全国交通建设系统砥砺奋进，以波澜壮阔之势，改写了华夏大地的交通格局。广东是这一伟大变革的试验田，交通是这一伟大征程的先行者。1978年，广东在全国首创出租车"扬手即停、昼夜服务"；1981年，率先提出了"贷款修路、收费还贷"构想，拉开了交通基础设施建设多渠道筹集资金的序幕；2018年，历经10年建设的港珠澳大桥建成通车；2019年，南沙大桥（虎门二桥）建成通车。截至2018年年底，全省高速公路突破9000公里高速公路，高速公路里程连续5年领军全国。

广东省交通集团有限公司是在2000年广东省机构改革，实行党政机关与企业脱钩后，按照省委、省政府"粤办发〔2000〕号"文精神组建的大型国有资产授权经营有限责任公司。2000年6月28日挂牌成立，总部设在广州，注册资本268亿元。省交通集团对省级管辖的高速公路投资、建设、运营统一管理，构建"公路投资建设运营、出行服务及物流、智慧交通、施工和设计及监理、土地等配套资源开发"五大板块，建立集约化和扁平化的组织架构，建立集约化和扁平化的组织架构。截至2017年年底，集团拥有全资和直接控股公司17家，其中有2家上市公司及4家港澳注册的全资或控股公司；合并报表范围内企业总数249家，企业员工人数6万多人。截至2018年年底，集团所属营运高速公路达6719公里，占广东省高速公路通车里程9002公里的74.6%，公司经营性资产3969.12亿元，管理总资产达6047.83亿元，资产规模居广东省属国有企业首位，连年稳居中国企业500强和广东企业50强。

中交第一公路勘察设计研究院有限公司，始建于1952年，前身为交通部第一公路勘察设计院，现隶属于中国交通建设股份有限公司，是我国交通工程咨询、勘察、设计、研究领域大型骨干企业，首批"中国勘察设计综合实力百强"企业。公司拥有包括工程设计综合甲级、工程勘察综合甲级、公路工程监理甲级、公路工程及桥隧专项试验检测甲级、测绘甲级、公路工程施工总承包一级，以及项目管理等在内的各类各级资质共30项。目前，拥有高寒高海拔地区道路工程安全与健康国家重点实验室及省部级重点实验室、技术研究中心、博士后工作站等科技创新高端研发平台10余个。已完成各类科研项目500余项，荣获国际级、国家级、省部级奖项400余项，其中，国家科学技术进步奖8项（一等奖3项，二等奖5项），累计获得专利授权近200项。

图 4

图 5

图 4/ 统一桥梁跨径、桩径和柱径
图 5/ 设计标准化标准图册

一等奖

Award for CHTS Science & Technology

/主要完成人简介/

贾绍明，高级工程师，硕士研究生，担任广东省交通运输厅副厅长，负责路政管理、工程质量和施工安全监督、地方铁路、农村公路管理工作。分管厅公路路政处、工程质量管理处、地方铁路处，省公路事务中心、省交通运输建设工程质量检测中心。先后主持或参与"广东省公路建设造价管理模式研究""广东省公路养护工程技术经济与招投标管理研究""公路工程排水技术经济研究"等国家级和省部级重大技术研究10余项。获省部级科学技术进步奖一等奖1项，二等奖1项，三等奖2项，出版学术专著3部，在国内外核心期刊发表学术论文20余篇。

贾绍明

李卫民，教授级高级工程师，硕士，现任广东省交通集团副总工程师。主持多个重点工程建设和多项科研项目，主要包括华南地区公路路面修筑成套技术的研究与推广应用、已建大跨径桥梁长期下挠的对策研究、佛开高速公路扩建成套技术研究等、广乐高速公路安全和环保建设技术研究等，获得多项省部级科技奖励。发表论文10余篇，专著《高速公路雾区预测预报与监控系统》，主编《广东省高速公路设计标准化指南》《广东省高速公路设计标准化论文集》等。曾获全国交通系统青年岗位能手、广东省五一劳动奖章、国务院政府特殊津贴、丁颖科技奖、詹天佑奖等，主持的科技项目获省部级科技奖一等奖2项，二等奖4项，三等奖3项。

李卫民

王安惠，政府特殊津贴获得者，教授级高级工程师，国家注册土木工程师（道路工程），交通运输部资深技术审查专家，中国公路百名优秀工程师，陕西省优秀勘察设计师。担任中交第一公路勘察设计研究院有限公司副总经理、总工程师，长期从事公路总体设计、路线设计和技术审查管理工作，具有扎实的理论基础和丰富的实际工作经验。多年来先后主持多项国家高速公路网项目，均获得省部级一、二等奖励；主持或主要参与编写《新理念公路设计指南》《公路工程设计文件编制办法》《山区高速公路勘察设计指南》等著作，以及"公路边坡加固技术应用及示范""西部地区公路路线线形设计及安全评价技术研究"等课题研究成果。

王安惠

黄成造，博士，教授级高级工程师，现任广东省交通运输厅党组成员、总工程师，享受国务院政府特殊津贴，中国公路学会专家委员会委员，中国公路学会桥梁和结构工程分会副理事长。曾参加广深高速公路、深汕东高速公路等项目施工，技术主持广州北二环高速公路建设管理，主持广州珠江黄埔大桥建设管理；在广东省交通运输造价管理站和省交通运输厅期间，主编、主审交通运输部行业标准各1部。获省部级科学技术奖特等奖和一、二、三等奖共10余项；交通运输部科技英才、广东省丁颖科技奖获得者，获广东省和广州市优秀共产党员、劳动模范、全国"五一劳动奖章"等荣誉称号。

黄成造

交通运输信用体系建设重大政策和监管模式研究及实践应用

项目简介

该项目属于跨学科的新兴领域研究，具有鲜明的时代特征和行业特点，通过对新时代交通运输信用体系建设理论体系、重大政策、监管模式、系统平台等进行了系统研究及应用实践，取得了多项创新性成果，研究具有奠基性、前瞻性、开创性。

1. 研究构建了我国交通运输信用体系建设的理论体系，系统回答了交通运输信用体系是什么、建什么、怎么建等核心问题，形成了多个专著、决策内参等。

2. 研究提出了交通运输信用体系建设的顶层制度设计，明确了交通运输八大领域推进信用建设重点及路径安排，支撑部印发《加强交通运输行业信用体系建设的若干意见》。

3. 研究建立了交通运输守信联合激励和失信联合惩戒对象名单制度。针对认定标准、认定程序、共享发布、联合奖惩、信用修复等焦点问题进行制度设计，支撑部起草《交通运输守信联合激励和失信联合惩戒对象名单管理办法（试行）》。

4. 首次提出了交通运输行业联合惩戒和联合激励备忘录，支撑印发36部委签署的《对严重违法失信超限超载运输车辆相关责任主体实施联合惩戒的合作备忘录》和《对交通运输工程建设领域守信典型企业实施联合激励的合作备忘录》。

5. 研究提出了运输物流领域加强信用治理应用的制度设计。支撑发展改革委研究运输物流行业严重违法失信名单管理制度，提出运输物流信用建设实施方案和3年行动计划。

6. 研究建立交通运输信用信息管理与服务综合平台。针对公路建设、水运工程建设、道路运输和水路运输领域，建成覆盖企业、从业人员信用信息数据库和综合应用服务系统，实现了国家-部-省信用信息系统交换共享；开通国家部委中第一家行业信用门户网站，提供信用公开、公示、查询、宣传等服务。

该项目主要研究成果支撑形成的11项重大政策文件，在推进交通运输行业信用体系建设顶层设计和应用实施等方面发挥了重大促进作用，在指导地方实践加强行业治理方面成效显著。该项目完成的"一平台、两库、一网站、四个系统"交通运输信用信息管理与服务综合平台已投入使用，并成为行业开展信用信息共享总枢纽，开展行业褒扬诚信、惩戒失信主阵地和提供行业信用信息一站式服务主窗口。

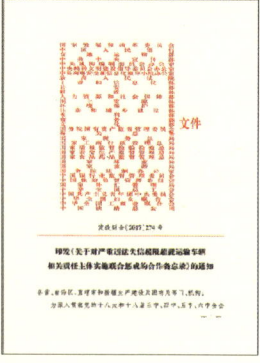
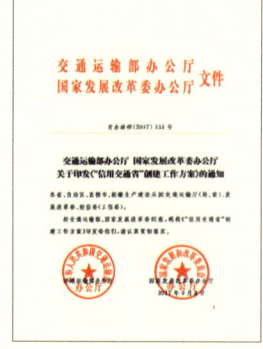

图1/《交通运输部关于加强交通运输行业信用体系建设的若干意见》

图2/《关于对严重违法失信超限超载运输车辆相关责任主体实施联合惩戒的合作备忘录》

图3/《"信用交通省"创建工作方案》

图4/《交通运输部办公厅关于印发2017年交通运输信用体系建设工作要点及分工方案的通知》

一等奖
Award for CHTS Science & Technology

主要完成单位： 交通运输部科学研究院、交科院（北京）科技发展有限公司
主要完成人： 王先进、高爱颖、褚春超、罗凯、张晓利、靳瑾、赵新惠、樊东方、刘欣欣、孙志超、石磊、欧阳斌、徐婧、马英杰、狄小峰

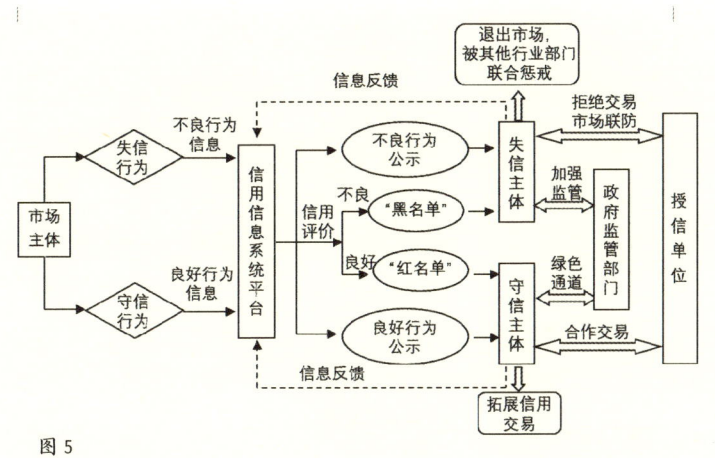

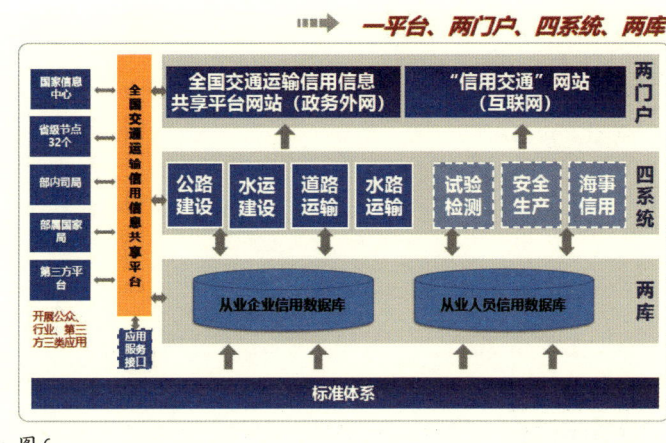

图5/信用奖惩机制的运行原理框架　　图6/一平台、两门户、四系统、两库架构

创新成果

1. 研究构建我国交通运输信用体系建设的理论体系。从顶层设计、法规制度、标准体系、信用信息化、联合奖惩、信用评价与监测、信用修复等方面进行全景式系统研究。

2. 研究提出交通运输信用体系建设的顶层制度设计。从信用信息标准、信用制度、采集归集、评级评价、联合奖惩、共享应用等全链条进行设计，明确交通运输八大领域推进信用建设重点及路径。

3. 研究建立交通运输守信联合激励和失信联合惩戒对象名单制度。针对认定标准、认定程序、信息共享和发布、联合奖惩、信用修复及监督等焦点问题进行制度设计，形成以信用治理为基础的交通运输市场监管机制。

4. 首次提出交通运输行业联合惩戒和联合激励备忘录。针对公路超限超载运输领域链上严重失信行为对象和工程建设领域守信典型企业，从行政审批、市场准入、招标投标、经济激励、财政扶持、评先表彰等多方面明确具体举措，实施联合惩戒与激励。

5. 研究提出运输物流领域加强信用治理应用的制度设计。支撑研究运输物流行业严重违法失信名单管理制度，形成加强运输物流行业信用体系建设的实施方案和3年行动计划。

6. 研究制定多部联合、部省共建的"信用交通省"创建模式，以及定性与定量相结合的评价指标体系。

7. 研究建立交通运输信用信息管理与服务综合平台。针对公路建设、水运工程建设、道路运输和水路运输领域，建成覆盖企业、从业人员信用信息数据库和综合应用服务系统，实现了国家-部-省信用信息系统交换共享；开通国家部委中第一家行业信用门户网站，提供信用公开、公示、查询、宣传等服务。

研究成果已被国家有关部委采纳，支撑《加强交通运输行业信用体系建设的若干意见》、《对严重违法失信超限超载运输车辆相关责任主体实施联合惩戒的合作备忘录》（36部委）、《关于对交通运输工程建设领域守信典型企业实施联合激励的合作备忘录》（36部委）等11个重要文件制定，产生了深远的社会影响，取得了显著的社会效益和经济效益。充分体现了政策研究成果对行业管理决策的关键支撑作用。研究成果具有较高的理论水平和很强的应用价值，总体上达到国际先进水平。

/主要完成单位简介/

交通运输部科学研究院成立于1960年11月，现为交通运输部直属的综合性科研事业单位，主要面向政府主管部门、交通运输行业开展基础性、前瞻性、公益性研究及技术咨询、服务工作。多年来，交通运输部科学研究院在交通运输发展战略、规划、政策、法规、标准等研究方面，大量成果被政府部门采用，发挥了重要决策支撑作用；在信息化、环保安全、低碳交通、公路工程等技术领域，一大批成果得到推广应用，经济效益和社会效益显著；在行业科技交流、成果推广、检测认证等科技服务领域，做出了重要贡献；已成为支持交通运输部的科学决策、机关履行职能、行业科技创新的重要力量。展望未来，交通运输部科学研究院将继续深入实施创新驱动发展战略，践行"科技强交、造福社会"的发展使命，立足"高端专业智库、一流创新基地、重要服务平台"的发展定位，力争成为公益属性突出、业务布局合理、运行管理高效、创新人才辈出的新型综合性科研院所，为交通强国建设提供智力支撑与技术保障。

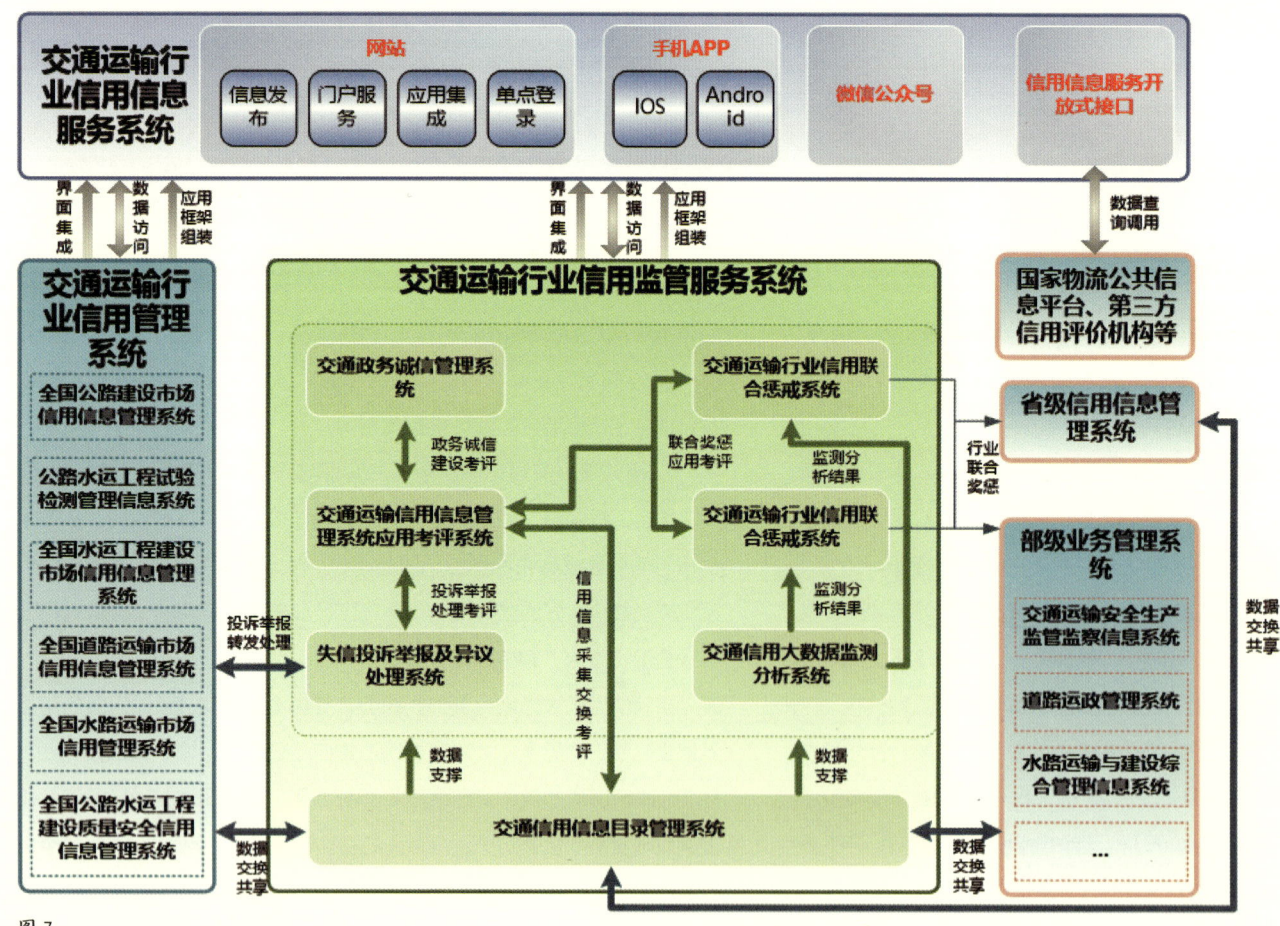

图7

图7/ 交通运输信用信息共享平台逻辑架构

一等奖

Award for CHTS Science & Technology

图8

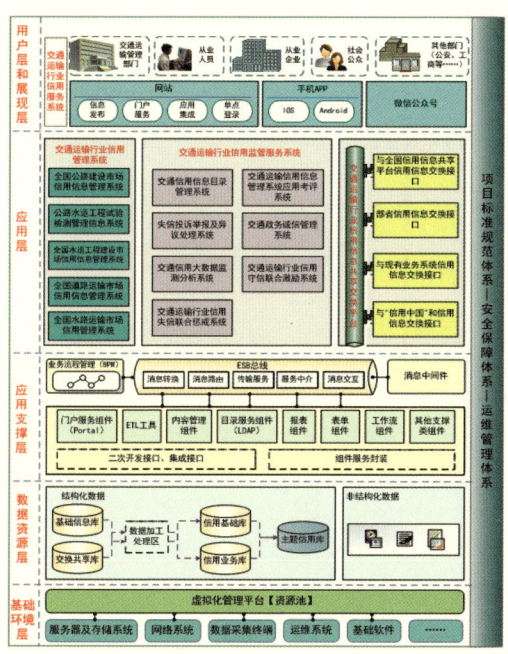

图9

图8/"信用交通网站"研发和设计方案
图9/交通运输信用信息共享平台总体架构技术

/主要完成人简介/

王先进，现任交通运输部科学研究院副院长兼总工程师，研究员，博士，享受国务院政府特殊津贴，交通运输部部长政策咨询委员会办公室主任，交通运输部专家委员会秘书处秘书长，交通运输行业重点科研平台主任联席会议秘书长，九三学社中央科技专门委员会委员，九三学社北京市委委员、东城区委委员、交通运输部支社主委，全国政协委员，北京政协常委。主要从事交通运输发展战略规划、科技政策、交通人才和交通文化研究。获省部级科技成果奖一等奖3项、二等奖3项、三等奖3项，省部级调研成果奖二等奖2项。作为主审或撰稿人，参与编撰了《公路水路交通运输主要技术政策分析研究》《政府和社会资本合作（PPP）在交通运输行业的应用研究》《交通文化建设研究与实践系列丛书》《交通行业文化导论》《国外交通行政管理体制》《领导干部交通知识读本》《中国大百科全书》等研究专著或科普读物。

王先进

高爱颖，工学博士，管理学博士后，副研究员，交通运输部科学研究院交通发展中心战略规划（交通信用）研究室主任，中国物流学会特约研究员。长期从事交通战略规划、交通信用、科技政策、运输物流等领域的研究与咨询工作。曾主持和参加国家部委、省厅、地市重点科研项目50余项，国家社科基金项目2项，支撑国家部委起草政策性文件15项，发表学术论文20余篇，EI、ISTP检索8篇，主编参编学术专著6本。近年来，在交通信用领域开展全链条研究，有力支撑了交通运输行业信用体系建设，促进了院"交通信用"新兴学科领域开拓建设。多次荣获中国公路学会科学技术奖、中国港口协会科技进步奖、国家机关干部职工家庭建设"好经验奖"等奖项。

高爱颖

褚春超，管理学博士，研究员，国家注册咨询工程师（投资），交通运输青年科技英才，交通运输部科学研究院交通发展研究中心（财政与金融中心）副主任，财政部和发展改革委PPP双库专家，国家公路建设项目评标专家，全国社会信用标准化技术委员会委员，北京市专业标准化技术委员会委员，主要从事交通运输改革政策、财务金融、交通科技、交通信用等方面研究。近年来，主持或参加省部级科研项目40余项，支撑制订政策性文件10余项，获得省部级科学技术进步奖一等奖4项，发表学术论文40余篇，主编有《高速公路特许经营理论与实践》《交通运输外部成本估算方法及应用》等专著。

褚春超

长大桥梁建设技术系统集成研究

项目简介

改革开放以来，为服务于国民经济发展全局，我国的公路交通开启了一段跨越式的发展历程。其中，以2010年获得国家科学技术进步奖一等奖的"千米级斜拉桥设计施工关键技术"为代表的科研成果，为我国实现桥梁强国的梦想奠定了坚实的基础。我国公路长大桥梁建设的技术水平，为公路长大桥梁建设技术的进一步突破做好技术储备，全面提升我国公路长大桥梁建设的国际竞争力。因此，全面总结我国公路长大桥梁建设技术跨越式发展的成功经验，系统梳理建设技术的成果体系，既是桥梁事业可持续发展的需要，也是桥梁建设团队技术成熟的表现。为此，中国公路学会从行业全局出发，通过整合行业资源，组织覆盖勘测设计、施工、建设管理、安全保障、新材料和新装备开发应用等公路长大桥梁完整产业链中的顶尖单位和桥梁界各方面力量，开展公路长大桥梁建设技术系统集成研究。

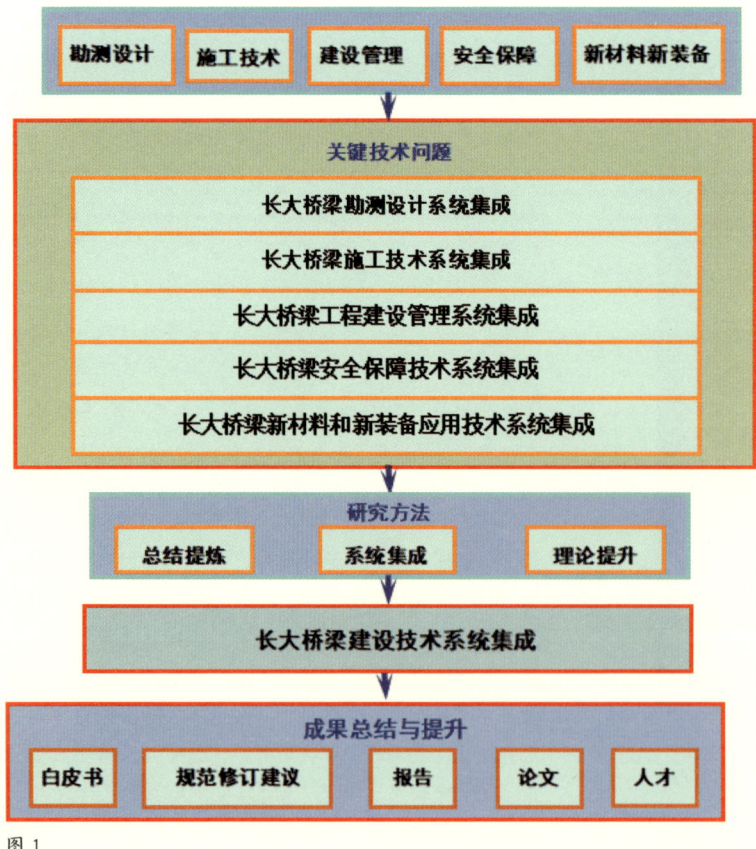

图1

图1/项目实施技术路线

一等奖

Award for CHTS Science & Technology

主要完成单位：中交公路规划设计院有限公司、中交第二航务工程局有限公司、江苏省交通运输厅、交通运输部公路科学研究所、中交第二公路工程局有限公司、江苏省交通工程建设局（省长江大桥建设指挥部）、中交公路长大桥建设国家工程研究中心有限公司、招商局重庆交通科研设计院有限公司、南京大学、上海振华重工（集团）股份有限公司

主要完成人：凤懋润、侯金龙、张喜刚、袁洪、张鸿、游庆仲、张劲泉、薛光雄、刘文杰、刘高、赵君黎、张永涛、何平、王玉倩、李松

创新成果

1. 勘测设计成套技术。在勘测技术方面，我国形成了适用于深山峡谷区、江河缓流区、海域岛礁区、外海软基区等复杂地形地质区域的成套勘测技术，有力地支撑了不同地貌类型地区的长大桥梁建设；设计技术方面，形成了以千米级斜拉桥、多塔斜拉桥、分体钢箱梁悬索桥、千米级多塔连跨悬索桥、特大跨径钢管混凝土拱桥、高墩大跨梁桥等各类长大桥梁设计技术，并针对实际工程，因地制宜地开展了大型基础、防灾减灾等共性设计技术的研究，形成了集桩基础、沉井基础、地连墙集成、复合基础在内的大型基础承台设计技术，攻克了一系列制约山区桥梁和跨海桥梁建设的抗风、抗震、防/抗船撞的技术瓶颈。

2. 施工成套技术。在下部结构施工方面，我国形成了超长大直径钻孔桩、双壁钢围堰大直径钻孔桩、大型深水沉井/沉箱基础、大型锚锭基础、超大异形地下连续墙的施工技术；在上部结构施工方面，针对五大类桥型，形成了千米级斜拉桥、多塔连跨悬索桥、整体顶推梁拱组合桥、无合龙段整孔架设的钢箱梁连续梁桥、预制墩台和大节段整体架设跨海长桥等代表国际领先水平的长大桥梁施工关键技术；在施工控制方面，形成了几何控制法的大跨桥梁自适应控制体系。

图 2 / 长大桥梁设计技术发展脉络

图 3 / 长大桥梁施工技术发展脉络

创新成果

3. 材料、专用产品与装备应用成套技术。在新材料方面，随着桥梁向跨度更大、耐久性要求更高的方向发展，工程界对于材料性能的要求也越来越高。我国近年来为了应对日趋提高的公路长大桥梁建设标准，依靠自主创新研发了大批高性能材料，有效地提升了结构的安全性和耐久性。在专用产品方面，种类繁多、特点各异的各类产品性能越来越完善，国内产品完全能够满足桥梁建设的需要。在勘察装备方面，通过国际上引进再发展和自主研发，勘察装备实现了系列化发展，种类基本完善，性能逐渐提高。但部分装备仍有待改进，在材质、结构、自动化、智能化、数字化、专业化、集成化、原位测试装备轻便化、海上钻探平台大型化等方面还有很大的发展空间。在施工装备方面，扎实有效地实现了跨越式发展，有的装备从无到有，有的装备性能大幅提升，全面步入了新的高度。目前，我国的桥梁施工装备已基本处于国际先进水平，架桥机、桥面吊机、挂篮、移动模架、大吨位缆索吊、大吨位跨缆吊机、大吨位塔吊、大吨位浮吊、大型打桩船、大功率钻机等关键装备已实现国产化并在工程中应用。

4. 安全保障成套技术。在安全管理技术方面，通过集成创新取得了《公路桥梁和隧道工程设计安全风险评估指南》和《公路桥梁和隧道工程施工安全风险评估指南》《公路交通突发事件应急预案》《公路长大桥隧安全运营管理办法（报批稿）》等规范，提高了桥梁运营安全管理水平；在监测预警技术方面，我国长大桥梁安全监测与预警技术目前已达到了世界领先水平，其中基于北斗卫星定位系统的桥梁变形监测技术具有自主知识产权，打破了国外在该领域的长期垄断；在监测预警与桥梁养护管理、应急管理的结合上取得了突破性成果，为国际监测预警技术的发展开创了新的方向；在区域、国家级长大桥梁安全监测预警与应急管理平台的构建上也走在了世界前列；在检测评定方面，通过自主研发和集成创新方式，实现了检测、评估的不断向前发展。尤其是评估技术方面，整体与国外水平相当，部分原始创新成果如基于时变可靠度的钢筋混凝土桥梁剩余寿命评估方法，混凝土桥梁耐久性指标体系、评定方法与评价标准等达到了国际领先水平。检测技术中，桥梁缆索腐蚀、断丝无损检测技术，大型钢结构焊缝快速检测技术，混凝土桥梁裂缝仿生监测系统，桥梁结构裂纹缺陷的图像采集与分析系统等达到国际水平的研究成果；在养护加固方面，构建了公路桥梁预防性养护体系，

	80—90年代	21世纪
标准规范	·养护技术、养护管理、荷载试验、承载力鉴定等规范	·新增风险评估、突发事件应急预案、运营管理办法、加固设计规范等标准规范
监测预警	·研究阶段 ·传感器与传输技术	·向桥梁应急管理方面拓展 ·GPS位移监测技术等一大批智能传感监测技术 ·100座大型桥梁安全监测与预警系统
养护	·纠正性养护	·预防性
检测评估	·采用国外无损检测技术及装备 ·定性评定	·桥梁无损检测关键设备国产化 ·定量评定
管理形式	·粗放式管理 ·被动管理	·精细化管理 ·主动监测管理 ·"全寿命周期"理念

图4

	80年代	90年代	21世纪
管理方式	·经验管理	·科学管理	·综合集成管理
管理重心	·技术引进	·自主创新	·关注"桥梁长寿命、高品质"
管理体系	·工程领导者个人管理经验	·标准管理程序 ·四项管理制度	·省部协调领导-专家技术支持-业主建设管理-各方参与的多层协调系统
融资方法	·政府预算拨付	·国际贷款、贷款修路等工程融资方法探索	·国际贷款、贷款修路、民营资本发展等多元化工程融资方式

图5

图4/长大桥安全保障技术发展脉络　　图5/长大桥梁建设管理技术发展脉络

创新成果

技术成果达到了国际先进水平,推动了桥梁预防性养护维修技术进步。桥梁加固所用的同步自锁顶升设备、桥梁构件模块化快速替换装备等方面取得突破;灾后公路桥隧应急保通抢修技术等成果实现了灾后应急保通的快速化和高效化,达到了国际水平。

5. 建设管理成套技术。在决策管理方面,重大工程决策在重大工程建设管理中具有"基础决定性"与"战略指导性"地位,从战略决策、立项论证决策和投融资决策几点典型重大决策开展分析,总结和提炼重大工程决策管理成功经验,包括决策科学化和民主化原则,主体能力提升、决策程序规范、决策过程的迭代和逼近等;在组织管理方面,深入研究我国长大桥梁组织管理模式、组织管理结构、机制和承发包模式的发展与变革,对目前我国长大桥梁组织管理的3种主要模式进行分析,总结我国长大桥梁组织管理模式在时空维度上的多样性和适应性规律;在现场管理方面,基于综合集成思想和信息技术应用,不断探索与完善"设计施工联动及工厂化生产、装配化施工、信息化平台与一桥多方之间职能、接口与界面综合协调"的工程现场综合管理集成体系,总结我国长大桥梁工程由传统型现场管理向现代化现场管理的历史性转变路径和关键动力机制,包括长大桥梁现场多主体协调、多目标综合控制及现场先进综合控制技术的应用;在科技创新管理方面,总结科技创新内涵和实现路径,深入总结了我国长大桥梁自主开放网络式工程科技创新规律与机制;研究了长大桥梁科技创新多层次的战略结构,总结了"工程项目—创新产品—产业化—国际化"链式结构的内涵和关联关系。

该项目通过整合行业优势资源,组织覆盖勘察设计、施工、建设管理、安全保障和新材料新装备开发应用等公路长大桥梁完整产业链中的顶尖单位,首次从行业的高度全面总结了我国公路长大桥梁建设技术跨越式发展的成功经验,系统梳理了公路长大桥梁建设技术的发展脉络,在此基础上,结合我国未来的发展需求,为公路长大桥梁建设技术的发展指明了方向。

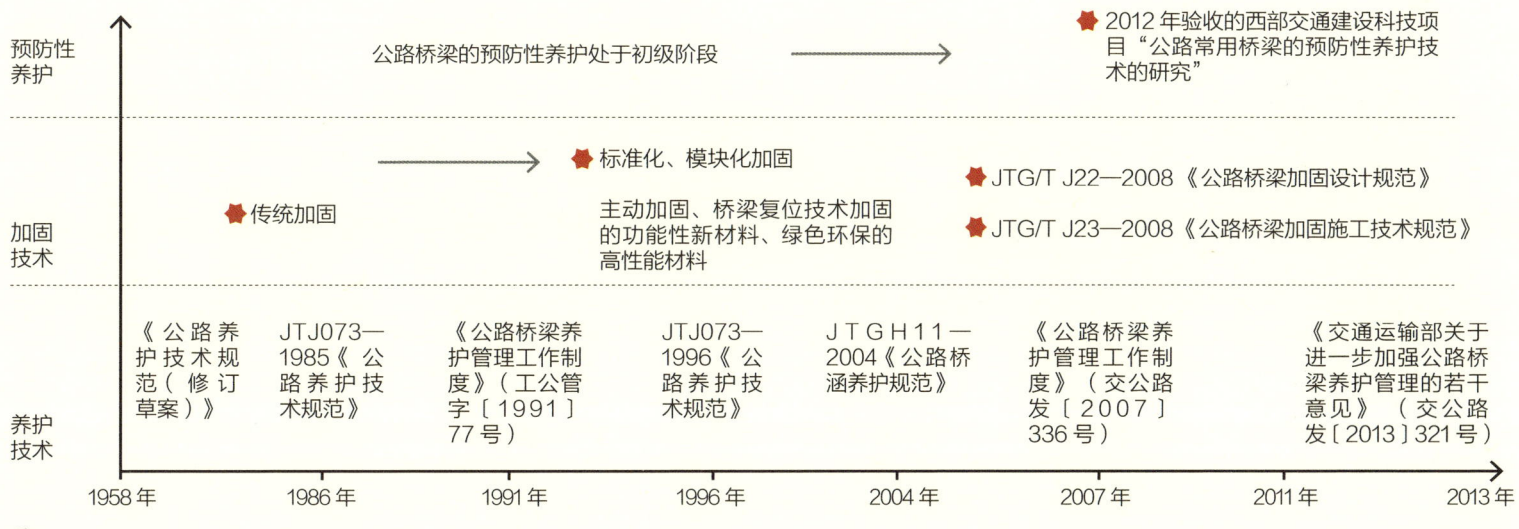

图6/养护与维修加固技术发展脉络

/主要完成单位简介/

中交公路规划设计院有限公司（简称公规院）成立于1954年，原为交通部公路规划设计院，现为中国交通建设股份有限公司的全资子公司。成立60多年来，经过几代人不懈探索和持续创新，实现了从单一产业链到全产业链（规划策划、可行性研究、投融资、勘察设计、工程建设、运营维护、资产处置）、从国内到国外、从公路到大土木行业的基础设施全寿命周期、全过程一体化咨询服务产业格局。公司现有员工1200余人。公司培养了十佳全国优秀科技工作者1名，全国工程勘察设计大师4名，中国青年科技奖1名，百千万人才工程国家级人选3名，国务院政府特殊津贴专家27名等一大批行业领军人才。改革开放以来，公规院荣获国家、省部级科学技术进步奖和优秀设计奖300余项，包括国家级技术类奖项近100项和省部级科技类奖项200多项。公司在长大桥梁建设技术系统集成研究项目中负责勘察设计技术子课题。

中交第二航务工程局有限公司（简称二航局）创建于1950年，经过60多年的发展，现已成为一家融设计、施工、科研、资本运作于一体，以路桥、港航、铁路、城市轨道交通、市政工程施工为主业，"大土木"、多元化经营的大型工程建设企业，市场遍布全国29个省（市、自治区），以及东南亚、南亚、中东、欧洲、非洲、南美洲的24个国家和地区。二航局先后承建了300多座有影响的跨江、跨海、跨高山峡谷大桥，改写了一项又一项桥梁建设的中国纪录和世界纪录，打造出了二航局品牌。截至2017年8月，二航局共承建长江大桥38座，跨海大桥41座，其中，跨径超过1000米的特大桥13座。承建了苏通长江大桥、杭州湾大桥、重庆朝天门大桥、上海长江隧桥、北盘江大桥、沪通长江大桥、五峰山长江大桥等一批世界级的桥梁。二航局在长大桥梁建设技术系统集成研究项目中负责施工技术子课题。

江苏省交通运输厅（简称交通厅）是根据《中共中央办公厅　国务院办公厅关于印发〈江苏省人民政府机构改革方案〉的通知》（厅字〔2009〕21号）和《中共江苏省委　江苏省人民政府关于印发〈江苏省人民政府机构改革实施意见〉的通知》（苏委〔2009〕252号）设置成立的，为省政府组成部门。交通厅在长大桥梁建设技术系统集成研究项目中负责管理子课题。

交通运输部公路科学研究所（简称公路所）成立于1956年，是交通运输部直属的大型综合性公路交通科研机构，主要从事道路工程、桥梁工程、交通工程、智能交通、汽车运用工程、道路运输与物流、公路生态与环境保护工程等领域的科学研究及技术材料与装备开发。设有土木工程和交通运输工程两个国家一级学科硕士学位点，一个博士后科研工作站，拥有一批包括中国工程院院士在内的国内外知名专家。改革开放以来，公路所完成各类科研成果1200余项，获国家级奖64项，其中，全国科学大会奖20项，国家科学技术进步奖41项，国家发明奖3项；省部级二等奖以上成果153项。主持完成各类标准规范的修订近600余项；获得各种工程奖项近百项。研究院在长大桥梁建设技术系统集成研究项目中负责安全保障技术子课题。

中交第二公路工程局有限公司是中国交通建设股份有限公司的全资子公司，经营范围涵盖工程施工、工程设计、工程咨询、工程监理、工程投资等交通基础设施建设领域，工程遍布全国及28个海外国家。拥有国家级技术中心、综合甲级实验室、专业工程研究中心，拥有公路工程施工总承包特级资质3项，公路工程、市政公用工程、建筑工程、机电工程等施工总承包一级资质共计12项，以及专业、专项承包资质120余项。公司在长大桥梁建设技术系统集成研究项目中负责新材料与新装备应用技术子课题。

一等奖

Award for CHTS Science & Technology

/主要完成人简介/

凤懋润，原交通部总工程师、交通部专家委员会主任，国家级有突出贡献中青年科技专家。20世纪60年代毕业于唐山铁道学院（今西南交通大学）研究生院桥梁工程专业，从事铁路和桥梁工程的勘察设计和研究工作30余年。80年代曾在瑞士和美国的工程咨询公司工作。80年代后期主持了国家级重点科研公关项目，高等级公路路线和综合优化大型CAD软件系统的开发。90年代作为项目和技术总负责人主持设计了"中国第一大桥"——江阴长江公路大桥，该桥已于1999年建成通车。为多所工科大学的客座教授，兼任中国科学技术协会全国委员会委员、中国土木工程学会副秘书长、常务理事。被政府授予"国家级有突出贡献的中青年科技专家"的荣誉称号，并多次荣获国家级和省部级奖励。曾主持国家"七五"重点科技攻关项目——高等级公路路线、桥梁CAD系统成套技术开发，并获交通部"七五"科技攻关成果奖一等奖。

凤懋润

侯金龙，中国公路学会专家委员会副理事长兼秘书长，中国交通建设集团原副总裁。参与完成的《三跨连续钢箱梁悬索桥成套创新技术的研究》获2004年福建省科学技术进步奖一等奖，《厦门海沧大桥悬索桥"先缠丝后铺装"施工新技术的研究》获2001年厦门市科学技术进步奖一等奖，《启动人才再造工程，不断提高人才素质》获第六届全国工程建设企业管理现代化成果奖一等奖，《施工方案与资源配置的优化管理》获第七届国家级三等企业管理现代化创新成果，《推行项目零目标管理，提高经济效益》获2003年全国工程建设企业管理现代化成果奖二等奖。1996年起享受国务院政府特殊津贴，1999年被评为全国交通系统优秀科技工作者，2000年起担任交通部专家委员会委员，被杭州湾跨海大桥、舟山连岛工程、南京长江三桥、苏通大桥等项目聘请为技术专家组成员。

侯金龙

张喜刚，中国公路学会副理事长，中国交通建设集团总工程师。从事公路勘察设计领域的特大型桥梁的设计、管理与科研工作，先后担任主任工程师、副总工程师、总工程师、副院长兼总工程师等职务，主持完成了苏通长江公路大桥预可行性研究、工程可行性研究、初步设计和施工图设计，武汉军山长江公路大桥设计，江苏润扬长江大桥设计咨询，杭州湾跨海大桥工程可行性研究等项目。曾获国家科学技术进步奖一等奖1项、十佳感动中国工程设计大奖、国际桥梁大会乔治·理查德森大奖、美国土木工程师协会杰出工程成就奖、国际结构混凝土协会混凝土结构杰出贡献奖等，是"中国交通建设"十大桥梁人物、全国交通运输行业"杰出科技成就奖""茅以升科学技术奖-桥梁青年奖""交通青年科技英才"的获得者。

张喜刚

图7

图8

图7/杭州九堡大桥顶推法施工　　图8/济南黄河三桥

轨道工程制品（轨道板）流水机组法生产工艺与成套设备研制

项目简介

1. 项目所属科技主要领域为自动化技术、信息技术、运输技术及机械装置等领域。

2. 主要科技内容。项目研发CRTSⅢ型轨道板流水机组法生产工艺，改变高速铁路轨道板传统的矩阵法生产模式，提升我国高速铁路制品工业化制造水平。主要的科技研究内容如下。

CRTSⅢ型轨道板流水线台架模型研制，研制出双向预应力筋张拉锚固与双向同步放张的微变形台架模型，保证轨道板双向预应力的有效实现。

双向预应力同步张拉与放松工艺，确定张拉（放松）设备空间布局，使张拉（放松）工位与流水线生产相匹配，实现在台架模型上对预制构件双向均匀施加预应力。

流水线信息化智能控制系统，将台架模型精确定位系统、张拉（放松）系统、混凝土养护系统、自动脱模系统集成为中央控制在线监测系统，实现智能化控制。

混凝土性能与工艺匹配性研究，完成轨道板混凝土技术性能与其成型、蒸养、放张等生产工艺的相应性原理研究，优化混凝土配合比设计，确定最佳的养护工艺及养护制度，提高生产效率。

3. 主要技术经济指标。流水线生产工艺及产品质量通过了国家铁路产品质量监督检验中心生产许可检验，产品质量符合TJ/GW 156—2017《高速铁路CRTSⅢ型板式无砟轨道先张法预应力混凝土轨道板暂行技术要求（流水机组法）》要求。

预应力筋张拉：预应力筋张拉应采用自动张拉设备，张拉记录由系统自动生成；纵横向预应力筋应采用单端单根同时张拉方式，并以单根张拉力值进行控制，加载速率不应大于4000牛顿/秒，实测单根张拉

图1

图2

图1/ 高速铁路CRTSⅢ型无砟轨道板自动化流水生产线：机组流水生产线是将作业工序在轨道上一字排开，不同工位同时开展工作的生产方式。主要包括预埋件安装、钢筋笼安装、双向同步张拉、混凝土浇筑、养护、双向同步放张、脱模等工序。所有工序都进行中央控制、统一指挥、协调工作

图2/ 模具：模具是流水生产线的关键技术。模具承受横向192t、纵向128t张拉力，模具变形量小于±0.5毫米

一等奖

Award for CHTS Science & Technology

主要完成单位：山东高速轨道交通集团有限公司、山东交通学院、中铁二十三局集团有限公司、山东高速轨道设备材料有限公司

主要完成人：李晓荣、王保群、张长春、李亚东、张爱勤、张福松、黄兴启、樊文波、裴磊、张鹏、刘文江、林晓波、艾其开、张伟林、张铭真

项目简介

力与设计张拉力偏差不应大于±5.0%，总张拉力与设计张拉力偏差不应大于±3.0%。

混凝土配制、浇筑和养护：混凝土胶凝材料用量不应大于450千克/立方米，水胶比不应大于0.35，混凝土含气量应为2.0%~4.0%，碱含量不应大于3.0千克/立方米，氯离子含量不应大于胶凝材料的0.06%。

混凝土浇筑时，模板温度宜为5~35℃，混凝土拌合物入模温度应控制在5~30℃。

轨道板蒸汽养护时，应采用自动温控设备进行温度调节。蒸汽养护分为静置、升温、恒温和降温4个阶段。混凝土浇筑后在5~30℃的环境中静置3小时以上方可升温，升温速度不应大于每小时15℃；恒温时蒸汽温度不宜超过45℃，降温速度不应大于每小时10℃。混凝土养护期间，板内芯部混凝土温度不应超过55℃，轨道板芯部混凝土与表面混凝土之间、表面混凝土与环境之间的温差均不应大于15℃。

预应力筋放张及轨道板脱模。混凝土强度不低于45兆帕，弹性模量不低于$3.35×10^4$兆帕方可放松；轨道板纵横向预应力筋应采用机械旋出张拉杆的方式同步放张，严禁超张拉；预应力放张应均匀缓慢，单根预应力筋放张速率不应大于2000牛顿/秒。

脱模后养护。轨道板脱模后，应先封锚再水中养护，脱模至水养的时间间隔不宜大于8小时，并保持轨道板湿润。轨道板水中养护不应少于3天，且保温、保湿总时间不应少于10天；养护水温不应低于10℃，轨道板表面温度与养护水温之差不应大于10℃；水养完成后，轨道板表面温度与室外环境温差不大于15℃时，方可室外存放，且宜覆盖养护至28天。

4.促进行业科技进步作用及推广应用情况。高速铁路CRTSⅢ轨道板流水线生产工艺为轨道板制造国际领先技术，该工艺装备促进了行业的科技进步。建厂占地面积少，降低临时设施建设投资；机械化作业程度高，劳动强度低，作业环境好，体现了以人为本的发展理念；生产工艺体系信息化程度高，做到整个过程的信息可追溯、查询、归档、统计；作业工序衔接有序，模型周转时间短，提高设备利用率。

该项目研发的工艺及设备等已在山东高速铁建装备有限公司（原山东高速轨道设备材料有限公司）投入使用，利用该生产工艺及设备生产的产品，已在济青高速铁路、鲁南高速铁路等重点工程获得应用，产品质量、生产效率和管理水品较高。

图3

图3/张拉及锁定设备：轨道板单根预应力钢筋的张拉控制值为80 000牛顿。纵向为双层预应力钢筋。设计采用单根预应力张拉控制系统，锁定后单根应力控制误差不大于±5%，实测小于±3%

创新成果

项目结合CRTSⅢ型轨道板自身特点、设计要求，综合运用最新检测技术、信息采集与处理技术、机械制造技术和自动化技术相关成果，借助生产工艺及设备研发，解决传统生产工艺的同步张拉（放张）、台架模型、信息采集分析、混凝土性能与工艺匹配等关键技术难题，实现高速铁路用轨道板的工业化流水线制造，彻底改变传统的生产方式，提高生产效率和轨道板的产品性能。主要取得的创新成果如下。

1. 完成了高速铁路CRTSⅢ型轨道板流水线工艺设计和成套设备研制，将双向预应力混凝土轨道板由传统台座法生产工艺提升为流水线生产工艺，实现了轨道板工业化自动流水线生产。

2. 研制出可承受大设计吨位的流水线型模台架，为双向预应力轨道板流水作业提供了可靠的载体；开发了智能张拉与放张控制系统，基于自抗扰控制技术实现了预应力筋张拉的同步性和高精度张拉控制；基

图4

图4/ 模具在线监测设备：模具在线检测是产品质量的前期保证。模具在线检测内容包括承轨台尺寸、高度偏差、左右位置偏差、轨道板模具变形情况。用等高线的方式集中反映变形区域及变形量大小

一等奖

Award for CHTS Science & Technology

创新成果

于精密伺服控制放张技术,实现了预应力筋单根同步直接放松,保证了轨道板受力均匀。

3. 研制出基于三维激光扫描与双目视觉技术的模型台架及轨道板产品在线非接触式检测系统,可对型模及产品形态与标准形态进行全视角对比,实现了产品质量过程控制,提高了产品合格率。

4. 研发了蒸汽风幕隔离分区养护技术,明确了适合于流水线生产的蒸汽养护分区温度梯度控制范围,通过分散控制技术实现了蒸养线不同蒸养区温度的精确调控。

5. 针对轨道板高强、高耐久性设计要求和面大、壁薄的特点,提出了近似骨架——密实连续级配的配合比设计新方法,建立了适应"四季节五时段"轨道板生产合理蒸汽养护制度。

6. 开发了中央控制系统和信息化管理系统,实现了生产过程的实时数据采集、检测及分析、可视化精准定位、全周期实时监控与可追溯协调管理等功能,提高了流水线生产信息化管理水平。

/主要完成单位简介/

山东高速轨道交通集团有限公司前身是山东省地方铁路局,成立于1989年1月,2008年4月重组加入山东高速集团,并改制为山东高速轨道交通集团有限公司,同时保留山东省地方铁路局的名称。公司机关设9个职能部门,下辖11家权属单位,主要开展铁路运输、产品制造、经贸物流、工程施工、轨道交通代维代营及铁路工程质量监督等业务,是一家完全市场化运营的企业。

山东高速轨道交通集团抓住新旧动能转换的契机,以技术创新为手段,自主研发了一系列新系统、新装备,涵盖混凝土产品智能制造和列车运行、调车作业、货车装载加固等各运输组织环节,混凝土产品智能制造和铁路运输智能化水平不断提升,为企业发展注入了新动力。

山东高速轨道交通集团成立20多年来,年货运量、货物周转量分别由最初的31万吨、0.16亿吨公里达到了2011年的4282.5万吨、35.8亿吨公里。特别是"十一五"期间,企业实现了快速发展,货运量达到年均25%的增长速度,资产规模翻番,所属3个运输单位均跨入全国地方铁路货运量前10位,成为全国唯一拥有3条地方铁路货物运量均超千万吨的地方铁路企业。

山东高速轨道设备材料有限公司于2019年1月24日正式更名为山东高速铁建装备有限公司,是山东高速集团旗下山东高速轨道交通集团有限公司的子公司。现有两个场区:高铁轨道板场区和轨枕场区,总面积500余亩。高铁轨道板场拥有CRTSⅢ型高铁轨道板流水机组法生产线一条、台位法生产线两条,年生产能力10多万块;轨枕场区有预应力混凝土枕生产线两条,接触网支柱为主导产品的综合生产线一条,年生产能力100多万根。

经营产品有CRTSⅢ型高铁轨道板、CRTSⅢ型高铁轨道岔板、Ⅱ型枕、Ⅲ型枕、岔枕、电容枕、宽枕、道口枕、美标米枕、美标宽枕、地铁无砟岔枕、地铁城轨枕十二大系列100余个产品型号。拥有有砟和无砟铁路工程制品所有生产资质,并获得欧盟认证及阿尔斯通IRIS认证。

公司加强与铁科院、山东交通大学战略合作,成功研发了全国第一条高铁轨道板流水机组法生产线,先后获得山东省机械工业科学技术进步奖一等奖、山东公路学会科学技术优秀成果奖特等奖、中国公路学会科学技术奖一等奖,研发的Ⅲ型弹性枕,获得了中国铁道学会科学技术奖二等奖。先后获得道口枕、电容枕、电气绝缘节枕、岔枕模具工装、轨道板流水机组自动化制造系统及技术、双向先张预应力混凝土模具等56项发明和实用新型专利证书。

图 5

图 6

图 5/ 山东高速铁建装备有限公司轨道板场

图 6/ 气动分体式振动台：结合模具结构和生产工艺原理，提出了应力、振幅、频率均匀传递，激振力、隔振力共同设计方法，使混凝土密实度、均质性、外观质量有较大幅度的提高

一等奖

Award for CHTS Science & Technology

图 7

图 8

图7/ 放张设备：通过齿轮传动原理，一个电动机同时带动多个放张头，实现了40根预应力钢筋同步放张，保证轨道板受力均匀

图8/ 脱模设备：利用千斤顶顶升模具中间3个灌注孔锥体，板面用4个侧立平衡千斤顶，克服摩擦力，提高了功效、模具稳定性和产品外观质量

/主要完成人简介/

李晓荣，现任山东高速轨道交通集团董事长，工程技术应用研究员。参加济青、潍莱2条高速公路的建设管理工作，主管了威乳、菏关、齐夏、青银北环、济莱、乐宜、许禹、许亳、枣临（前期）、荣文（前期）、莱文（前期）等13条约1300公里高速公路的建设管理工作；负责济南顺河高架路北延工程，主管青岛海湾大桥，参加东营黄河大桥等3处高架路桥建设；主持负责寿广铁路、博平铁路、河南新开铁路、坪岚铁路扩能改造、中南部运煤通道至岚山港铁路、大莱龙铁路扩能改造等约450公里铁路的前期投资、建设工作；主管济南机场陆侧交通工程投资建设。曾获团省委、人事厅、交通厅等表彰奖励，获得先进个人称号5次，记二等功1次，三等功2次，获省科学技术进步奖二等奖1次。在轨道交通集团任副总经理和党委书记期间，主持临朐轨枕公司新老厂置换建设工作，利用政策将老厂置换建设为现代化混凝土产品制造基地，由当时年亏损237万元增至目前年利润22 959万元，固定资产由0.43亿元增至8.03亿元；谋划筹资方案，主持组建了国有、政府、民营5家股东合资的山东寿平铁路公司，公司出资9.36亿元控股撬动近40亿元工程项目的投资建设管理。

李晓荣

樊文波，现任山东高速铁建装备有限公司（原山东高速轨道设备材料有限公司）总经理、一级建造师、一级注册消防工程师。高效组织并开展了年产80万吨高延性冷轧带肋钢筋建设项目管理工作；负责大莱龙铁路扩能改造建设工程；主持负责推进中岚铁路项目建设研究与规划建设工作；组织并规范落实铁路工程质量监督站的成立。协调、指导项目单位轨道设备材料公司开展高铁轨道板设计、施工等工作，2017年高铁轨道板产品实现收入4.8亿元，实现利润1.4亿元，并以产学研同步发展的理念，及时组织、调度课题研究和成果申报，组织院士、长江学者进行课题评价会，认定高铁轨道板流水机组法生产工艺及成套设备等3项科技成果达到国际领先水平，1项达到国际先进水平，顺利通过省交通厅科技项目验收。先后荣获山东省机械工业科学技术进步奖一等奖、山东公路学会科学技术优秀成果奖特等奖、中国公路学会科学技术奖一等奖。

樊文波

2018
Award for CHTS Science & Technology

二等奖

在役混凝土梁桥可靠性检测评估技术体系与装备研发

项目简介

随着交通运输行业对桥梁服役性能认知水平的不断深入、理论分析方法和测试技术手段的不断发展,以及对桥梁设计使用年限提出明确的要求,现阶段在役桥梁可靠性评定技术面临着承载能力评定技术从构件层次向结构层次提升、耐久性评定技术需补充完善、大量到达设计使用年限的桥梁能否继续使用等问题。

项目组以结构形式简单、量大面广的混凝土梁桥为对象,通过理论创新、试验研究、设备研发和工程示范等,完善提升了基于可靠性的混凝土梁桥承载能力评定方法,建立了混凝土梁桥耐久性评定方法,以及到达设计使用年限桥梁是否可继续使用的评定方法,研发了2套检测设备,提升了在役混凝土梁桥检测评价技术水平,具有显著的经济效益和社会效益,推广应用前景广阔。

图1

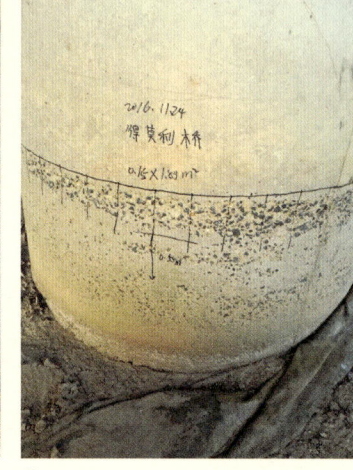

图2

图1/ 表观智能检测装备现场测试
图2/ 混凝土冻融部分图形标杆与现场实测照片
图3/ 空心板铰缝可靠性检测评估试验
图4/ 永存应力非线性超声测试系统

图3

图4

/主要完成单位简介/

交通运输部公路科学研究所(简称公路所),是交通运输部在公路交通领域唯一一所直属的科研机构,主要从事道路、桥梁、交通工程、智能交通、公路运输、汽车运用、交通环保、交通经济、交通物流等的科学研究、政策研究与技术开发工作。公路所承担了大量国家相关部门、交通运输部和省市的重大科研项目及国家与行业标准规范的制修订工作,有关既有桥梁检测、评估与加固维修的研究成果在国内处于领先地位。

拥有以"桥梁结构安全技术国家工程实验室"和"旧桥检测与加固技术交通行业重点实验室"为核心的实验室群。实验室拥有完善的科研试验设施和先进的实验仪器装备:5000余平方米的公路桥梁安全检测与加固实验室、国内加载能力最大的电液伺服试验加载系统、桁架式桥梁检测平台、200吨液压脉动疲劳试验系统等一大批优势的科研装备,可开展桥梁结构缩尺和足尺静动力模型试验、结构与材料耐久性试验。在桥隧试验、检测、养护及维修加固等方面具有坚实的科研实力和雄厚的技术咨询基础。

二等奖

Award for CHTS Science & Technology

主要完成单位： 交通运输部公路科学研究所、长安大学、大连理工大学、中交公路规划设计院有限公司、北京公科桥梁技术有限公司
主要完成人： 赵尚传、和海芳、毛燕、王玉倩、张劲泉、李鹏飞、刘刚、马瑞、姜震宇、王春生

创新成果

1. 提出了基于尾波干涉理论的永存应力现场无损检测方法，研发了永存应力试验测试系统；提出了相应的永久作用效应标准值和分项系数的计算方法，建立了考虑实测永久作用效应的在役混凝土梁桥承载力评估方法。

2. 采用结构冗余性理论，针对空心板梁桥接缝和T梁横隔板损伤程度及支座脱空对结构体系和构件受力性能的影响，分别建立了装配式板（梁）间相对位移、横隔板刚度折减和支座脱空率的分级标准，为混凝土板（梁）桥可靠性评价提供了量化指标。

3. 针对一般大气环境和海洋环境，建立了基于概率可靠性理论的在役混凝土梁桥耐久性检测评估方法；针对冻融环境和硫酸盐环境，分别建立了混凝土构件耐久性"图形标杆"评估法和里氏硬度评估法。

4. 提出了混凝土梁桥达到设计使用年限后的技术状况预测方法；构建了"控荷载、控抗力"承载力评价模型；初步建立了超期服役桥梁的可靠性评价方法。

图5

图6

图5/ 混凝土冻融部分图形标杆与现场实测照片
图6/ 里氏硬度法测混凝土硫酸盐侵蚀室内试验与现场测试

/主要完成人简介/

赵尚传，博士，研究员，主要从事桥梁耐久性检测评定、特种混凝土材料等方面的研究工作，研究领域涉及桥梁结构耐久性设计施工、检测评估、维护提升及新材料研发和新结构新构造应用等多个方面；获省部级科学技术进步奖特等奖1项、一等奖4项、二等奖6项；获发明专利4项；主编《公路工程 水泥混凝土用机制砂》等交通行业标准3部，参编行业和地方标准10余部；一作著作1部，参编著作4部，发表论文60余篇；曾获2011年度茅以升科学技术奖-北京青年科技奖，入选2015—2016年度交通运输青年科技英才。

赵尚传

大跨波形钢腹板预应力混凝土箱梁施工关键技术

项目简介

前山河特大桥是港珠澳大桥珠海连接线的一个重难点工程，主桥采用波形钢腹板预应力混凝土连续梁桥方案，主桥跨径组合为（90+160+90）米，属于跨河桥梁工程，并且具有同类桥型国内跨度最大、悬臂最长、应用波形钢腹板数量最多、施工节段重等主要特点，故对超长悬臂施工波形钢腹板吊装施工、大跨宽幅钢—混组合箱室防裂控制、体内预应力钢绞线张拉力质量智能识别、超长体外预应力转向块及锚固块局部应力及张拉控制、施工过程结构安全及线形控制等技术提出了严峻的考验。因此，中铁十四局集团有限公司联合建设单位广东省南粤交通投资建设有限公司、交通运输部科学研究院、山东大学、山东科技大学等单位开展课题研究。

该项目成果成功应用于港珠澳大桥珠海连接线工程前山河特大桥（目前已建国内最大跨波形钢腹板箱梁桥）、宁夏叶盛黄河公路大桥、南通西高架站特大桥、蒙华铁路跨汉宜高铁特大桥等施工中，技术成果推广应用范围广，对大跨波形钢腹板预应力混凝土箱梁桥施工具有重要的技术指导意义。该项目3年的整体技术应用共为实际工程节约施工成本1.4亿元，节约工期5个月。

该项目成果授权发明专利4项、实用新型专利3项，发表学术论文20篇，其中，SCI/EI检索5篇，核心期刊收录6篇。依托该课题，培养博士研究生1名、硕士研究生5名，为本科生提供实习岗位35个；培养本领域专业技术人才20余名，对于本领域人才培养做出了重要贡献。2018年1月28日，经中国铁建股份有限公司组织评审，以中国工程设计大师王用中为主任的评审委员会一致认为：该项目总体达到国际领先水平。

图 1

图 2

图 1/ 前山河特大桥波形钢腹板悬灌梁整体浇筑
图 2/ 前山河特大桥顺利合龙

二等奖

Award for CHTS Science & Technology

主要完成单位： 中铁十四局集团有限公司、广东省南粤交通投资建设有限公司、中铁十四局集团第二工程有限公司、山东大学、交通运输部科学研究院、山东科技大学

主要完成人： 谷守法、张峰、董旭、刘小果、路刚、马新、李秀东、刘明才、姚洪瑞、秦绪彬

创新成果

1. 研发了大跨波形钢腹板箱梁施工技术，解决了施工期裂缝控制问题

提出了"内撑外拉"式内衬混凝土模板结构；优化了挂篮底板吊点布置；建立了波形钢腹板箱室底板水化热防裂应对措施；揭示了超长体外预应力对转向块和锚固块局部受力影响，修正了锚固块设计方案；发明了一种新型波形钢腹板拖吊结合式挂篮结构及施工工艺；建立了波形钢腹板空间定位方法。

2. 深化了大跨波形钢腹板箱室受力机制及设计方法

国内外首次建立了波形钢腹板箱室竖向及横向温度梯度计算模型；修正了波形钢腹板及内衬混凝土腹板抗剪机制及计算公式；提出了带加劲肋的新型波形钢腹板构造方案；首次提出了2400型波形钢腹板设计参数；优化了波形钢腹板箱梁桥横隔板间距；揭示了体外预应力张拉顺序对成桥受力影响；研发了3种新型波形钢腹板箱室底板钢—混组合部剪力连接键方式。

3. 突破了体内预应力张拉力质量智能识别技术难题

研发了锚下有效预应力测试智能检测设备；揭示了"拉脱法"的锚下有效预应力测试原理；提出了体内预应力钢绞线锚下预应力现场测试流程及控制标准；开展了"拉脱法"锚下有效预应力无损检测技术工程应用。

图3

图4

图5

图6

图7

图3/ 青藏铁路工程
图4/ 建筑结构减振防灾关键技术与应用
图5/ 大型及复杂水下隧道结构分析理论与设计关键技术
图6/ 高水压浅覆土复杂地形地质超大直径长江盾构隧道成套工程技术
图7/ 砂卵石地层盾构隧道施工安全控制与高效掘进技术

/主要完成单位简介/

中铁十四局集团有限公司,前身系中国人民解放军铁道兵第四师,组建于1947年。1984年1月奉命集体转业并入铁道部,2001年9月改制为母子公司管理体制的现代企业集团,隶属于中国铁建股份有限公司,是国务院国有资产监督管理委员会管理的大型建筑企业,也是国内大直径盾构和水下盾构及城市轨道交通领域的骨干企业和龙头企业。

集团下辖12个子公司、2个分公司,现有员工14 690人,其中,专业技术人员总数9110人,占职工总数的60%以上,研发人员1536人,占职工总人数的10%以上,高级职称1794人,中级职称3123人;具有一级注册建造师资质769人,共1147资格项。中铁十四局集团有限公司具有"4+1"项特级资质,其中,集团公司具有铁路工程、建筑工程、市政工程、公路工程施工总承包4项特级资质,所属3家公司具有公路工程特级资质。

中铁十四局集团有限公司技术中心2014年被认定为国家级企业技术中心。目前,集团公司拥有1个国家级企业技术中心,1个博士后科研工作站,5个省级企业技术中心,1个省级工程技术研究中心,1个省级工程实验室,3家子公司被认定为高新技术企业,为自主创新提供了更好的人才保障和发展平台。

中铁十四局集团有限公司近十年在科技创新方面成绩卓著,获得国家级科学技术进步奖及发明奖5项,中国土木工程学会詹天佑大奖12项,山东省科学技术奖等省部级科技奖30余项,中国铁建股份有限公司科学技术进步奖47项,中国岩石力学与工程学会、中国施工管理企业协会等国家级协会科学技术进步奖50余项。集团公司共拥有国家专利530项,其中,发明专利52项,软件著作权29项。

科技创新平台建设成效显著,取得了一大批科技成果和知识产权,集团公司在大盾构工程、装配式建筑工程、测量实验、城市轨道交通工程等领域掌握了多项核心技术,科技创新为集团公司高质量发展奠定了坚实基础。

中铁十四局集团第二工程有限公司,系国有独资大型企业,是隶属于国务院国有资产监督管理委员会的驻鲁中央企业,是世界最大建筑业承包商、世界500强企业——中国铁建股份有限公司的全资三级子公司。公司前身系中国人民解放军铁道兵第四师第十七团,组建于1951年;1984年奉命集体转业并入铁道部,成立铁道部第十四工程局第二工程处;1999年11月更名为中铁第十四工程局第二工程处;2001年11月改制为中铁十四局集团第二工程有限公司;2008年随中国铁建整体股改上市。

中铁十四局集团第二工程有限公司是住建部核准的公路工程施工总承包一级企业,同时在兼营项目上取得铁路工程施工总承包二级、市政公用工程施工总承包一级、房屋建筑工程施工总承包一级、公路路基工程专业承包一级、公路路面工程专业承包一级、桥梁工程专业承包一级、机场场道工程专业承包一级、隧道工程专业承包一级等资质,是第一批获交通部公路工程施工一级企业资信单位、第一批获国家民航总局民用机场工程施工许可证单位,并且是中国民航协会机场工程委员会团体会员。可承担各级公路工程和桥梁、隧道工程的施工;可承担各类型城市道路、城市桥梁建筑工程和机场跑道施工;可承担新建、扩建铁路的大中型建设项目综合工程施工,包括10公里以上的大型路基土石方、大爆破、特大桥及生产生活配套设施等单项工程施工。公司先后被评为"全国安康杯竞赛优胜企业""全国公路优秀企业""全国守合同重信用企业""全国模范职工之家""山东省省级先进企业""省级文明单位""山东省思想政治工作优秀企业""省级银行信用AAA级企业"。公司注册资本金10.01亿元,年施工能力逾60亿元。

二等奖

Award for CHTS Science & Technology

图8

图9

/主要完成人简介/

谷守法，重庆交通学院毕业，桥梁工程专业，工学学士，高级工程师，一级注册建造师，课题的第一负责人。长期从事桥梁施工，主要研究复杂结构桥梁工程施工技术。获得省部级科学技术进步奖2项，发表论文5篇，授权发明专利4项、实用新型专利5项。

谷守法

刘小果，北京交通大学毕业，土木工程专业，博士，高级工程师。获得省部级科学技术进步奖2项，发表论文5篇，授权实用新型专利10项。

刘小果

李秀东，中南大学土木工程学院毕业，交通土建工程专业，工学学士，教授级高级工程师。现任中铁十四局集团有限公司桥梁结构研究室主任、集团公司工程技术一级专家，山东科技咨询协会高级咨询师、副理事长。从事桥梁施工技术研究19年，主要研究领域包括桥梁深水基础施工技术、复杂结构桥梁工程施工技术、桥梁拆除施工技术、大型企业创新平台管理及运行技术。获得省部级科学技术进步奖4项，发表论文10多篇，授权发明专利4项、实用新型专利9项。

李秀东

图10

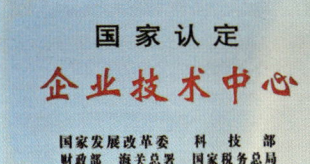

图11　　　　　　　图12

图8/ 前山河特大桥波形钢腹板桥远景1
图9/ 前山河特大桥波形钢腹板桥远景2
图10/ 前山河特大桥顺利合龙
图11/ 国家认定企业技术中心
图12/ 博士后科研工作站

江顺大桥建设关键技术研究

项目简介

广佛江快速通道江顺大桥主跨为700米钢斜拉桥,为广东省最大跨径斜拉桥,在国内已建和在建桥梁中跨度排名第7位,全世界排名第12位。江顺大桥采用H形双塔双索面钢混组合梁斜拉桥,中部1016米为钢箱梁、两端均采用混凝土梁,在国内"H形双塔双索面钢混组合梁斜拉桥"同类型中主跨排名第1位。

中铁广州工程局集团有限公司在江顺大桥的建设过程中针对大桥深水桩基、大体积承台、高主塔、宽大钢箱梁、长重斜拉索施工难等方面展开研究,确定了合理的施工方法和数据,并根据施工实际应用效果提出改进措施,确保了江顺大桥的施工安全、质量、工期和效益,并取得如下技术成果:解决了21项目施工关键技术;发表科技论文23篇;授权发明专利15项、实用新型专利21项;获得国家级工法1项、省部级工法6项。

图1/ 广佛江快速通道江顺大桥
图2/ 中铁广州工程局集团有限公司

/主要完成单位简介/

中铁广州工程局集团有限公司是中国中铁股份有限公司的一家全资二级子公司,注册资本金23亿元,是一家集铁路、公路、港航、市政、城轨、房建等工程施工、设计、科研、投资和海外工程开发于一体的综合性大型建筑集团。公司现有建筑工程施工总承包特级、铁路工程施工总承包特级、港口与航道工程施工总承包特级等资质。

公司现有员工6000余人,其中,教授级高级工程师19名,高级技术职称人员297名,中级技术职称人员1862名,各类专业技术人员2613名。公司拥有各类施工设备2830台(套),年施工能力达350亿元以上。

二等奖

Award for CHTS Science & Technology

主要完成单位：中铁广州工程局集团有限公司、中铁建设投资集团有限公司、中铁珠三角投资发展有限公司、中铁大桥局集团有限公司、广东省交通规划设计研究院股份有限公司、江门市滨江建设投资管理有限公司、广东华路交通科技有限公司

主要完成人：陈想清、周文、杨新林、冯朝军、梁立农、刘继强、丁以伟、庞文喻、张志勇、刘中东

创新成果

项目组针对复杂地质、水文、气象条件下长大混合梁斜拉桥的施工关键技术问题，采用理论分析、对比分析、经验总结、现场监测、试验与反馈分析、计算机三维模拟控制和结构有限元仿真计算等相结合的研究方法，解决了江顺大桥建设中的21项关键技术难题。研发了岩层破碎及60度陡斜岩层下3米大直径百米桩基础施工技术，超大型钢吊箱围堰计算机控制液压系统四点同步下放施工技术，强台风区域大倒角截面186米高桥塔快速施工技术及浅滩区大节段钢箱梁滑移上岸安装、长大斜拉索安装、健康监测与精细化控制等技术，实现了大桥施工的安全、绿色与环保。

图3

图4

图5

图6

图7

图8

图9

图10

图3/ 大型钢围堰现场拼装　图5/ 塔柱第二节段施工　图7/ 墩顶节段钢箱梁浮吊架设　图9/ 钢箱梁对称悬臂架设
图4/ 大型钢围堰下放　　　图6/ 上横梁支架法施工　图8/ 浅滩区钢箱梁滑移上岸　图10/ 中跨合龙

/主要完成单位简介/

周文，中铁广州工程局集团桥梁工程有限公司总工程师，工程硕士，教授级高级工程师，中华全国铁路总工会火车头奖章、茅以升铁道工程师、中施企协科技创新先进个人、广东省五一劳动奖章、广东省土木建筑先进科技工作者、中国中铁青年岗位能手标兵等获得者，主要从事公路、铁路、市政等大型桥梁工程施工技术及管理工作，主持施工技术的广佛江快速通道江顺大桥获得2017年鲁班奖。主持和参与广东省交通厅、中国中铁等科研课题研究10余项。获省部级科学技术奖（其中，一等奖5项）7项；获得国家级工法1项、省部级工法17项；授权发明专利15项、实用新型专利26项；在国内核心期刊发表论文14篇。

周文

波形钢腹板PC组合箱梁桥设计与施工控制关键技术研究与应用

项目简介

该项目依托国家自然科学基金等课题，针对波形钢腹板PC组合箱梁桥的新型梁理论模型、弹塑性及承载力计算方法、疲劳性能及耐久性设计方法、施工性能及控制方法、数值分析方法及软件等关键问题开展了系统研究，填补了国内外相关理论与技术空白，促进了此类新型桥梁结构在国内的高质量快速推广。

该项目成果授权国家发明专利8项、实用新型专利10项、美国专利2项、软件著作权2项，发表学术论文36篇，其中，SCI收录17篇，促进了我国第一部行业标准《波形钢腹板组合梁桥技术标准》的编制，实现了在山东鄄城黄河公路大桥（主跨120米，我国第一座悬臂施工的大跨波形钢腹板PC组合连续箱梁桥）、郑州朝阳沟水库特大桥（主跨188米，我国第一座波形钢腹板组合箱梁矮塔斜拉桥）、深圳东宝河新安大桥（主跨156米，世界第一座部分梁段采用平钢底板的新型波形钢腹板PC组合箱梁桥）等多座代表性桥梁工程中的应用，使我国的波形钢腹板组合梁桥技术达到了世界先进水平，产生了显著的经济效益及社会效益。

图1/内蒙古准兴高速公路景家湾大桥[(44+3×80+44)米连续刚构桥]

图2/深圳东宝河新安大桥[(88+156+88)米连续梁桥)]

图1

图2

/主要完成单位简介/

深圳市市政设计研究院有限公司（以下简称深圳市政院），成立于1984年，隶属于深圳市地铁集团有限公司，是一家具有市政全行业、轨道交通、公路工程、建筑工程、城市规划、工程勘察综合、工程咨询、风景园林等甲级设计资质及施工图审查一类资质的国家高新技术企业。拥有国家院士（专家）工作站、国家博士后科研工作站、国家级工程实践教育中心、交通部交通基础设施智能制造技术行业研发中心、广东省新型桥梁结构工程技术研究中心、陈宜言设计大师工作室、国际低碳市政基础设施研究中心等创新载体，拥有全国工程勘察设计大师2人，各级领军人才及海外高层次人才23人，教授级高级工程师、博士和博士后58人。业务涵盖领域众多，在智慧城市、海绵城市、综合管廊、有轨电车、智慧桥梁及BIM技术等方面的研究及应用走在行业前列。

公司始终坚持"优质高效、规范创新、顾客满意、持续改进"的质量方针，立足深圳、放眼全国，项目已延伸至全国20多个省市。项目成果先后荣获城市土地学会亚太区卓越奖、全国优秀工程勘察设计奖银奖等各类优秀设计奖300余项及国家科学技术进步奖、住建部华夏建设科学技术奖、广东省科学技术进步奖等各类科学技术进步奖60余项。授权国内外发明专利等自主知识产权100余项。

二等奖

Award for CHTS Science & Technology

主要完成单位： 深圳市市政设计研究院有限公司、四川大学、交通运输部公路科学研究所、深圳市尚智工程技术咨询有限公司
主要完成人： 陈宜言、姜瑞娟、王清远、李明、盖卫明、王志宇、陈夏春、吴启明、肖玉凤、徐添华

创新成果

1. 首次针对波形钢腹板PC组合箱梁桥性能特点，通过理论推导建立了可以考虑钢腹板剪切变形和混凝土顶底板局部弯曲耦合作用的夹层梁理论模型，提高了分析精度。

2. 首次通过试验方法研究了波形钢腹板PC组合箱梁桥的弹塑性特性，提出了计算塑性铰长度的经验公式和计算结构延性与承载力的简化方法。

3. 首次基于超声疲劳振动技术研发了钢结构疲劳性能试验新装置，开展了桥梁用结构钢Q345q基材、焊接接头、波形钢腹板工字梁的疲劳性能试验，获得了从材料到构件的基于参数变化的疲劳损伤机制。

4. 首次开展了疲劳荷载下PBL剪力连接件与混凝土黏接滑移力学特征及波形钢腹板PC组合箱梁疲劳承载力的试验研究，明确了构造参数的影响规律，建立了波形钢腹板PC组合箱梁疲劳承载力评价方法和基于关键参数和构造措施的抗疲劳设计成套技术。

5. 首次通过实桥试验掌握了温度、混凝土收缩徐变对此种新型桥梁结构的悬臂施工变形与应力的影响规律，提出了有效的施工控制措施。

6. 首次基于灰色理论的误差分析与预测技术，建立了此类桥梁的施工过程自适应监控系统，有效提高了立模标高计算与线形预测精度，对提高施工质量、加快施工进度作用显著。

7. 基于通用有限元程序ANSYS二次开发了波形钢腹板PC组合箱梁桥参数化建模与分析程序，提高了此类桥梁的数值仿真分析精度和效率。

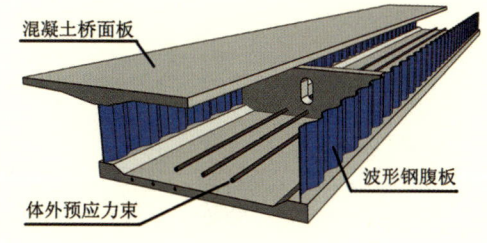

图3

图3/ 波形钢腹板组合梁桥示意

/主要完成人简介/

陈宜言，教授级高级工程师，全国工程勘察设计大师，享受国务院政府特殊津贴，深圳市国家级领军人才。现任深圳市政院董事长、国家市政公用设施抗震设防专项论证专家库城镇桥梁工程组专家、中国钢结构协会钢—混凝土组合结构分会副理事长、中国博士后基金评审专家、科技部国际合作项目评审专家、华夏建设科学技术奖评委、多所重点大学兼职教授。

主持设计重大工程20余项、国家自然科学基金等课题研究16项；主编、参编国标及行标8部；授权国内外发明专利40余项，在SCI、EI及国内外核心期刊发表论文56篇；获国家级、省部级优秀设计奖21项，国家科学技术进步奖二等奖及省部级科学技术奖15项。

陈宜言

姜瑞娟，香港大学博士，教授级高级工程师，深圳市地方级领军人才。现任深圳市政院创新设计研究院院长、交通运输部交通基础设施智能制造技术行业研发中心主任、广东省新型桥梁结构工程技术研究中心主任，兼任四川大学教授、山东大学硕士研究生合作导师、广东省土木建筑学会理事会理事等。

致力于桥梁工程的智能化、轻型化、装配化方面的研究与应用推广，承担国家自然科学基金等各类科研课题10余项，参编行业标准和地方标准4部，授权国内外发明专利、实用新型专利60余项，发表学术论文50余篇，其中，被SCI和EI检索30余篇，先后荣获省部级各类科学技术进步奖10余项。

姜瑞娟

基于物联网的城市道路桥梁状态感知与评价分析关键技术研究

项目简介

该项目通过试验和理论分析，监测在自然环境、交通载荷下桥梁的安全、劣化信息，开展在用城市道路桥梁感知体系设计及关键指标研究，并在此基础上进行桥梁状态感知传感单元选型研究，探索传感单元模块化技术研究及数据传输技术优化研究，总结形成适应于中、小桥梁状态感知的设备选型与部署推荐方案。以此为基础，构建起基于物联网的城市桥梁状态评价分析模型，提出基于物联网的城市桥梁状态感知设备选型与部署推荐方案和桥梁技术状况评价分析方法，搭建基于物联网的城市桥梁状态评价分析系统。

通过状态感知和评价分析得出结果，及时发现桥梁使用过程中存在的问题，解决桥梁状态感知与监管服务中存在的技术难题，提高桥梁设施防灾减灾能力，为进行桥梁物联网搭建提供技术支持。

图1
图2
图3

图1/ 桥梁现场考察　　图3/ 子课题内部讨论会
图2/ 研究大纲评审会

/主要完成单位简介/

北京中交华联科技发展有限公司，成立于2011年5月，由招商局华联公路工程材料有限公司、盛科建业投资集团共同组建，主要面向交通运输行业开展基础性、前瞻性研究及公路桥梁、隧道检(监)测服务，桥梁、隧道数据评价分析、养护决策咨询，交通智能识别与架空，公路交通安全预报，大数据分析服务等技术服务与咨询工作。公司自成立以来，瞄准世界先进水平，在信息化、低碳交通、公路工程等技术领域的大批成果得到推广应用，经济效益及社会效益显著；在行业科技交流、成果推广、检测认证等科技服务领域做出了重要贡献。

二等奖

Award for CHTS Science & Technology

主要完成单位： 北京中交华联科技发展有限公司、广州交通信息化建设投资营运有限公司
主要完成人： 王建民、夏晓霞、李捷、蔡晓斌、黄钦炎、付彦、李卫妮、张建升、刘同根、彭波

创新成果

1. 提出了影响城市道路桥梁结构状态的12项力学性能指标，建立了适合6类典型结构型式的状态感知指标体系。

2. 基于差动变压原理，提出了以张力弦为基准的城市道路中小跨径桥梁挠度变形的测试方法，实现了挠度变形的动静态同步采集。

3. 基于LHZ压缩算法，研发了外场感知设备数据采集管理单片机终端，解决了通过无线网络传输感知大数据拥塞的技术难题。

4. 基于S-N曲线和疲劳累积损伤理论，提出了桥梁在拥堵车辆荷载下的疲劳应力水平和寿命分析方法，明确了拥堵车辆荷载对桥梁疲劳寿命的量化影响。

5. 提出了不同运行状态下城市道路桥梁可通行能力的评价模型和评价方法，明确了桥梁限制交通通行的技术条件。

6. 基于模糊层次分析理论，提出了以城市道路桥梁状态感知数据为依据的整体状态评价方法，评价结果更趋近桥梁的实际状态。

图4

图5 　　　　　　　图6

图4/ 课题成果验收　　　图6/ 桥梁现场设备安装与调试
图5/ 依托工程安装与调试

/主要完成人简介/

王建民，博士，北京中交华联科技发展有限公司副研究员，毕业于北京交通大学桥梁与隧道工程专业。主要研究方向为桥梁检测(监测)、公路交通信息技术、桥梁结构评定等。发表论文22篇，主持和参与课题研究5项。

王建民

夏晓霞，研究生，北京中交华联科技发展有限公司副研究员，毕业于重庆交通学院道路系公路工程专业。主要研究方向为公路管理、桥梁养护管理、公路交通信息技术、路用新材料等。参与多项标准、规范的制定，发表论文8篇。主持和参与省部级重点科研项目10余项，其中，主持4项。获省部级科学技术进步奖一等奖1项、二等奖2项、三等奖2项。

夏晓霞

宜昌庙嘴长江大桥施工关键技术

项目简介

宜昌庙嘴长江大桥（建成后改名为宜昌至喜长江大桥）位于湖北省宜昌市葛洲坝水利枢纽下游约2.7公里处，连接宜昌主城区、西坝和点军新区，全长3.23公里，项目投资27.5亿元。该桥由大江桥和三江桥两部分组成，大江桥为主跨838米单跨悬索桥，三江桥为主跨210米斜拉桥，由中铁大桥局集团有限公司和中国葛洲坝集团第五工程有限公司联合承建。该项目技术含量高、施工难度大。项目组针对工程技术难题积极开展科学研究和技术创新，取得了诸多成果，共获得3项国家发明专利、12项实用新型专利、5项省部级工法，"大跨度悬索桥施工关键技术"和"中央索面不对称弧形变截面箱梁斜拉桥施工关键技术"经专家鉴定均达到国际先进水平。大桥于2013年1月开工建设，2016年7月通过单位工程预验收，7月18日顺利通车。项目成果在本桥施工中成功应用，综合经济效益合计2120万元，项目相关技术在重庆寸滩长江大桥、重庆三环线观音店大桥等项目中得到推广应用，取得了良好效果。

图1

图2　　图3

图1/ 大江桥架梁施工
图2/ 大江桥猫道施工
图3/ 大江桥建成

/主要完成单位简介/

中铁大桥局集团有限公司是中国中铁股份有限公司旗下的全资子公司，前身为1953年4月为修建武汉长江大桥经中央人民政府政务院批准成立的铁道部大桥工程局，是中国唯一一家集桥梁科学研究、工程设计、土建施工、装备研发四位于一体的承包商兼投资商，具备在各种江、河、湖、海及恶劣地质、水文等环境下修建各类型桥梁的能力。

60多年来，公司始终将"推动中国桥梁事业发展，赶超世界桥梁科技先进水平"作为企业最高理念和神圣使命，一直引领中国桥梁事业发展；拥有桥梁结构健康与安全全国家重点实验室和博士后工作站，是国家认定企业技术中心。中铁大桥局是世界上设计建造桥梁最多的企业。60多年来，在国内外设计建造了2600余座大桥，总里程2600余公里，在大跨度公路桥、铁路桥、公铁两用特大桥、超长跨海大桥、大跨峡谷桥等建设方面形成了独特的技术优势，达到世界领先水平。公司先后培养了中国科学院院士1名、中国工程院院士3名、全国工程勘察设计大师6名。公司秉承"跨越天堑，超越自我"的企业精神，以发展桥梁科技为己任，建设世界一流桥梁，引领中国桥梁建设事业走向新的辉煌。

二等奖

Award for CHTS Science & Technology

主要完成单位： 中铁大桥局集团有限公司、中国葛洲坝集团第五工程有限公司、中铁大桥局集团第七工程有限公司、中铁大桥局集团第一工程有限公司

主要完成人： 谢红跃、刘雄、刘玉峰、祝良红、张春新、黄胜春、冯毅、石小磊、周功建、蒋本俊

图4

图5

图4/三江桥挂篮施工
图5/三江桥建成

创新成果

1. 研发了特殊地质条件下地连墙施工技术，顺利解决了强透水卵石地层地连墙的成槽难题。

2. 首创了猫道与锚碇同步施工技术及猫道整体线形调整技术，实现了猫道与锚碇同步施工，保证了猫道安装精度。

3. 研发了混凝土板与钢板梁结合施工技术，改善了加劲梁结构受力。

4. 研发了钢混组合围堰施工技术，保证了基础施工的连续性，有效缩短了工期。

5. 研发了不对称弧形变截面薄翼板箱梁挂篮施工技术，解决了不对称弧形6箱室宽箱梁悬浇施工技术难题。

6. 研发了快速拼装式0号块支架施工技术，减少空中焊接作业及对塔柱的破坏，确保了施工安全。

7. 研发了镂空液压爬架翻模施工技术，突破了常规液压爬架翻模高度限制，解决了镂空液压爬架翻模加高后的爬架整体稳定问题，加快了施工进度，确保了施工质量与安全。

/主要完成单位简介/

中国葛洲坝集团第五工程有限公司，是中国葛洲坝集团股份有限公司控股的子公司。公司秉承"敢为人先，永不止步"的精神，走过了40余载厚重精彩、底蕴绵长的发展历程，致力于打造国际化的专业交通工程公司。

公司具有水利水电工程施工总承包特级、水利行业设计甲级、港口与航道工程施工总承包一级、公路工程施工总承包一级、市政公用工程施工总承包一级、建筑工程施工总承包一级、桥梁工程专业承包一级、隧道工程专业承包一级、公路路面工程专业承包一级、公路路基工程专业承包一级等资质。公司与葛洲坝、三峡工程共成长，参与了向家坝、水布垭、溪洛渡、锦屏等大型水电站建设，总承包完成了湖北洞坪、云南居甫渡、四川卡基娃等水电站的施工任务；参建了汉宜高铁、汉孝铁路、金普城铁等铁路及轨道交通工程；承担了贵州贵新、河北京沪、云南思小、山西祁临、湖北大广北等30多条高等级公路和桥梁工程，总里程2600多公里；依托湖北宜昌庙嘴长江大桥、安徽长淮卫淮河大桥、福建漳浦特大桥等10余座大跨度桥梁工程，积累了跨江跨海桥梁工程中的施工技术及人才优势。

松散破碎地层超大跨度隧道施工关键技术研究

项目简介

随着我国社会经济的快速发展，公路交通出行频率与规模越来越大，人们对交通出行的要求越来越高，在此背景下，交通基础设施的建设标准逐步提高，高速公路单洞三车道、四车道等超大跨度隧道开始大量涌现。大跨度、低扁平率造就了超大跨度隧道施工荷载模式、隧道施工工法及工法转换较传统的两车道隧道迥然不同，面临着隧道施工工法选取、不同工法间转换控制和隧道施工过程荷载计算等技术难题。

项目组以路基同宽的单洞三车道隧道（开挖跨度达20.1米）为研究对象，通过理论创新、数值仿真、工程测试等技术手段，解决超大跨度隧道施工工法选取理论依据、隧道施工工法转换控制标准、隧道分步施工松散荷载计算等工程问题，提升了特大跨度隧道施工的科学技术水平，具有显著的经济效益及社会效益，推广应用前景广阔。

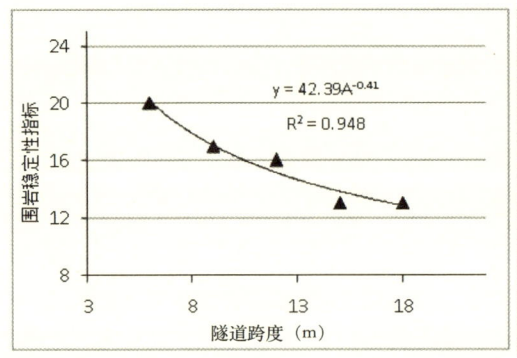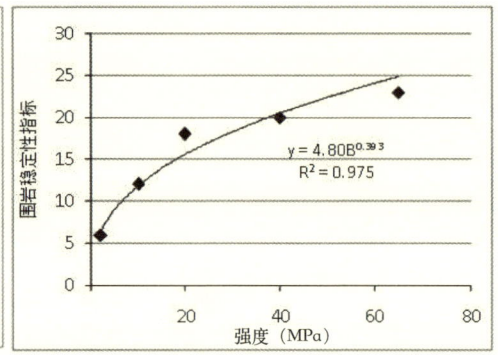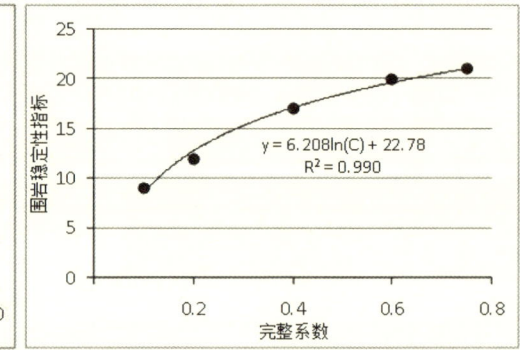

图1

图1/不同控制因素与围岩稳定性指标的关系

/主要完成单位简介/

交通运输部公路科学研究所（以下简称公路所），是交通运输部在公路交通领域唯一一所直属的科研机构，主要从事道路、桥梁、交通工程、智能交通、公路运输、汽车运用、交通环保、交通经济、交通物流等的科学研究、政策研究与技术开发工作。公路所承担了大量国家相关部门、交通运输部和省市的重大科研项目及国家与行业标准规范的制修订工作，有关既有桥梁检测、评估与加固维修的研究成果在国内处于领先地位。

拥有以桥梁结构安全技术国家工程实验室和旧桥检测与加固技术交通行业重点实验室为核心的实验室群。实验室拥有完善的科研试验设施和先进的实验仪器装备：5000余平方米的公路桥梁安全检测与加固实验室、国内加载能力最大的电液伺服试验加载系统、桁架式桥梁检测平台、200吨液压脉动疲劳试验系统等一大批优势的科研装备，可开展桥梁结构缩尺和足尺静动力模型试验、结构与材料耐久性试验。在桥隧试验、检测、养护及维修加固等方面具有坚实的科研实力和雄厚的技术咨询基础。

二等奖
Award for CHTS Science & Technology

主要完成单位： 交通运输部公路科学研究所、贵州省高速公路集团有限公司
主要完成人： 许崇帮、万飞、朱大权、李雪峰、李世贵、张翾、李磊、张平、周少统、刘刚

创新成果

经公路交通行业学会鉴定，该项目研究成果总体上达到了国际先进水平，其中，在超大跨度隧道施工工法的选择方法及判别标准方面达到了国际领先水平。

1. 提出了超大跨度隧道施工工法的选择方法及判别标准，解决了超大跨度隧道工法选择难题。

2. 研发了超大跨度隧道双侧壁导坑法与CRD法转换技术，提出了变换始态位置的判断方法和过渡长度的计算方法。

3. 揭示了超大跨度隧道分步施工中围岩塌落拱的发展规律，提出了超大跨度隧道分步施工围岩的松散荷载分布状态和计算方法。

4. 揭示了超大跨度隧道穿越破碎不整合接触带的失稳机制，提出了破碎不整合接触带的划分标准和施工方法。

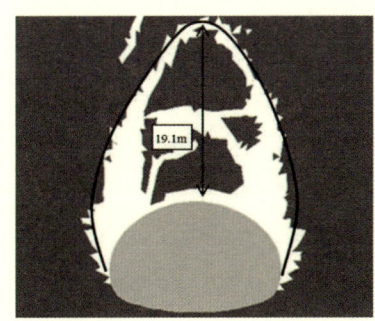 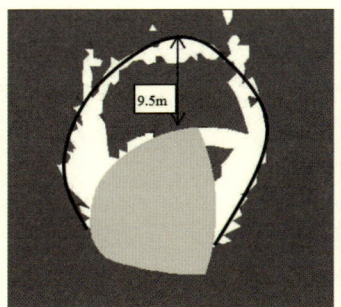 

图 2

图 2/ 隧道全断面开挖与分步开挖塌落拱对比

图 3/ 隧道施工工法转换施工

图 3

/主要完成人简介/

许崇帮，博士，教授级高级工程师，主要从事公路隧道设计理论、隧道结构稳定性、隧道病害机制及安全性评价等方面的研究工作，研究领域涉及隧道工程设计与咨询、隧道施工技术、隧道安全风险评估和隧道病害处治等多个方面。获中国公路学会科学技术奖二等奖2项、贵州省公路学会科学技术奖一等奖1项、中国岩石力学与工程学会科学技术奖2项；参编行业和团体标准3部，发表隧道科研论文30余篇（其中，EI/ISTP检索20余篇，SCI检索1篇），授权专利9项。

许崇帮

基于隧道监控量测的底部动态围岩分级及仰拱优化设计技术研究

项目简介

该项目是河北省交通运输厅科技研究计划项目，属于土木建筑、岩土与隧道领域，属于国家基础建设行业。

项目研究了隧道的受力和变形与围岩的相互关系，提出了在一定围岩条件下隧道底部设置条形基础、基础梁加支撑横梁和底部锚杆注浆加固等隧道底部新型支护体系替代隧道仰拱，并对隧道埋深小于200米的非浅埋段，拱脚部位岩石达到30兆帕(较坚硬)，完整性系数达到0.6(较完整岩体)：在两车道IV1级、三车道III1级围岩隧道进行设置仰拱和不设置仰拱试验段对比试验；在IV2级、III2级围岩隧道底部进行锚杆注浆加固后不设仰拱与不采取底部加固措施而设仰拱的试验段对比试验，监测锚杆轴力、钢拱架受力变形特征、初衬和围岩的接触压力，二衬和初衬的接触压力及二衬的受力变形特征，特别是隧道拱脚部位支护结构的受力和变形特征。

项目还在完整的较软IV1级、III1级围岩隧道，对比分析了二衬拱脚设置条形基础梁和设置有仰拱的二衬两种条件下的试验段；在完整的较软IV2级、III2级围岩隧道，对比分析了二衬拱脚设置条形基础梁加横梁和设置有仰拱的二衬两种条件下的试验段。

此外，项目以隧道围岩动态分级、底部支护体系的相关设计规范，以及国内外文献研究为研究基础，对承赤高速公路隧道、邢汾高速公路隧道进行了施工勘探围岩动态分级，提出了结合隧道仰拱设置的隧道底部动态围岩分级的亚级划分。

/主要完成单位及完成人简介/

河北工业大学是由中华人民共和国教育部与河北省人民政府、天津市人民政府共建的国家"双一流"学科建设高校、国家"211工程"重点建设高校，隶属河北省，位于天津市。土木与交通学院拥有土木工程一级博士学位授权学科和博士后科研流动站，土木工程学科为学校"211工程"重点建设学科，已纳入河北省"国家一流学科"和天津市重点学科建设序列。土木与交通学院建有河北省土木工程技术研究中心、天津市绿色交通工程材料技术中心、国家超级计算天津中心河北工业大学分中心、智慧基础设施研究院等省级科研平台。

徐东强，河北工业大学岩土工程研究所所长，教授，博士生导师，国际岩石力学与工程学会会员，河北省岩石力学与工程学会理事，河北省土木建筑学会地基基础学术委员会会员，河北省科学技术进步奖评审专家，国家自然科学基金项目评审专家，河北省自然科学基金项目评审专家。主要从事隧道工程、边坡稳定、软土地基处理及矿质聚合物材料研究，在国家核心期刊及以上刊物发表论文50余篇，教学研究论文6篇，授权国家专利6项。获河北省科学技术进步奖和中国公路学会科学技术进步奖6项，第四届河北工业大学教学名师，主讲的"土力学"为河北省精品课。

二等奖

Award for CHTS Science & Technology

主要完成单位：河北省高速公路承赤管理处、河北省高速公路邢汾管理处、河北工业大学
主要完成人：郝新利、马泽铭、郭海燕、马立纲、郭跃东、徐东强、王秉泽、刘熙媛、张莉璞、田健

创新成果

1. 确定了隧道施工勘探动态围岩分级的技术，特别是III级、IV级围岩隧道亚级划分技术。

2. 提出了两车道IV2级、三车道III2级围岩隧道，底部加基础梁或底部加支撑横梁支护参数。

3. 依据IV级、III级围岩隧道设仰拱与不设仰拱，对比分析现场监测数据，为国家标准JTG D70《公路隧道设计规范》修订提供了理论依据和工程案例。

4. 确定了邢汾高速公路隧道IV2级、IV1级支护段隧道仰拱及二衬设计优化参数。

图1

图4

图2

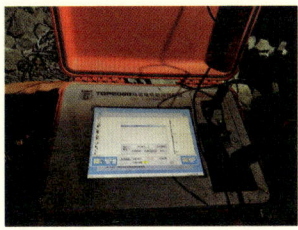

图3

图1/ 承赤高速公路西平台隧道
图2/ 河北工业大学岩土工程研究所所长徐东强教授在指导钢拱架应变计安装
图3/ 地震波超前地质预报探测
图4/ 拱顶沉降及净空收敛监测

/主要完成单位简介/

河北省高速公路承赤管理处管辖的茅荆坝(蒙冀界)至承德公路(即承赤高速公路)位于河北省承德市北部，是"国家高速公路网规划"中大庆至广州公路(G45)的重要组成部分，也是河北省高速公路"五纵六横七条线"规划中的"第一纵"，由主线和围场支线组成，全长178.48公里，共有隧道27座、桥梁181座，施工阶段充分利用科技创新，共完成课题研究24项。管理处科技创新项目共获得中国公路学会科学技术奖二等奖2项、三等奖2项，河北省科学技术进步奖三等奖3项，中国智能交通协会科学技术奖三等奖1项等。

河北省高速公路邢汾管理处管辖的邢汾高速公路是河北省高速公路"五纵六横七条线"规划中的"横五"的重要组成路段，是邢台市构建高速公路"井"字型框架的重要组成部分。所辖路段全长87.193公里，采用双向四车道高速公路标准建设，路基宽度28.5米，起点至路罗段（K0+000～K61+616,路线长61.616公里）设计为100公里/小时，路罗至冀晋界段（K61+616～K87+193.423,路线长25.577公里）设计为80公里/小时。全线设特大桥4座、大桥72座、中桥13座、小桥涵197座、天桥11处、隧道15条，其中，特长隧道1条、长隧道4条、中隧道3条、短隧道7条。

高温多雨地区公路水文地质特征与水害治理关键技术研究

项目简介

我国高温多雨地区因强降雨引发的山洪、滑坡、泥石流、路面水损坏、路基沉陷和隧道涌水涌泥等病害频发，在雨季，上百条公路发生过水毁交通中断现象，损失超过百亿。当前，公路水害防治技术主要从力学角度进行，没有考虑水害的产生、发展与公路建设造成的周边水文地质变化之间的内在联系，往往治标不治本。解决高温多雨地区公路水害难题是公路交通发展的重大需求。

该项目围绕高温多雨地区公路水害防治难题，经过近15年的理论和技术创新，突破了水害处治技术瓶颈，取得了集理论、方法、设计施工和养护于一体的高温多雨地区水文地质特征和公路水害防治关键技术，项目成果推动了高温多雨地区公路工程水害防治及防排水系统设计养护的技术进步。

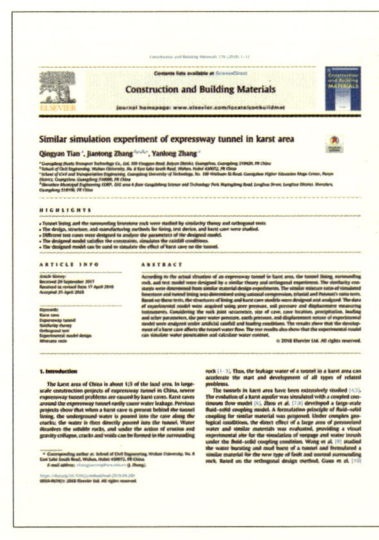

图1

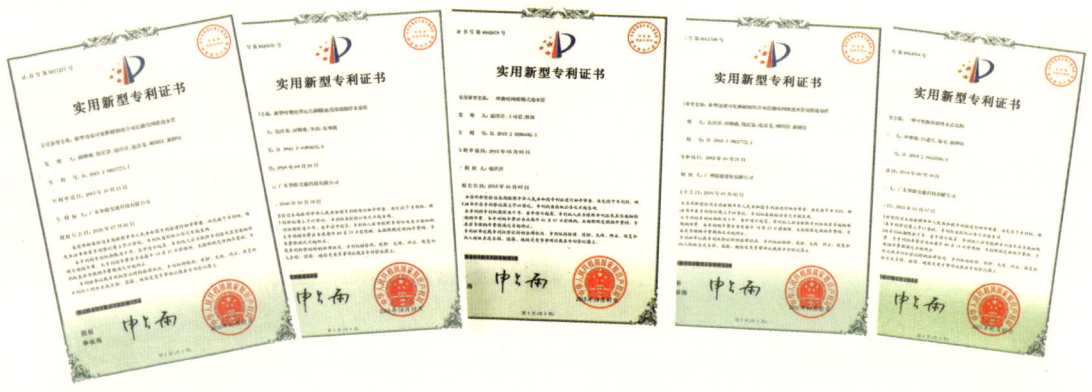

图2

图1/Construction and Building Materials（SCI 收录期刊论文）
图2/实用新型专利

/主要完成单位简介/

广东华路交通科技有限公司是由成立于1960年的广东省交通科学研究所，整合广东省公路工程监理站、广东省航运科学研究所和广东省高速公路中心试验室于2002年重组而成，是广东省交通集团有限公司唯一一家全资科技型子公司，是集公路交通科技研发、工程监理、试验检测、咨询设计、计量检定、科技创新服务等综合性工程技术服务为一体的高新技术企业。依托华路公司建设的还有交通运输行业研发中心、广东省交通工程技术研究中心、广东省交通科技协同创新中心、广东省交通集团科技研究开发中心等创新平台，以及广东省公路水运检测设备计量站、养护信息管理平台和广东省博士工作站。公司连续多年荣获公路行业最高"AA"级信用评价，先后获得国家级和省部级优质工程奖、科学技术进步奖、专利等150余项荣誉。

二等奖

Award for CHTS Science & Technology

主要完成单位： 广东华路交通科技有限公司、广东省高速公路有限公司、广东省航运规划设计院有限公司、中国人民解放军陆军勤务学院、交通运输部公路科学研究所、广东交科检测有限公司、公路交通安全与应急保障技术及装备行业研发中心

主要完成人： 陈少文、田卿燕、张彦龙、罗幸平、吴益林、李清、陈正汉、李建武、李志勇、林海山

创新成果

1. 创建了基于水文地质特征的公路水害分类方法。揭示了大气降水—水文地质与公路水害的直接关系，将公路水害分为孔隙水类病害、裂隙水类病害和岩溶水类病害，为根据水害成因选取防治方法奠定了基础。

2. 创建了公路水害形成机制理论体系。首次建立了广义水—土特征曲线，从水文地质学角度研究了路基路面水分迁移、隧道地下水运动和排水孔淤堵的发生与发展规律；建立了填土路基应力应变与路基内部非饱和土含水量的半对数关系；推导了路面水渗入率的理论计算公式；提出了不同类型路面的渗水系数检验新标准。从而形成了公路水分迁移及水害形成机制理论体系。

3. 提出了基于水文地质特征的公路水害防治技术。提出了"野外水文地质勘查+物理探测+水联通试验+结构检测"的水害综合探测分析方法；提出了按不同水文地质特征分类的水害处治技术，并经10多项工程应用验证有效。

4. 构建了可更换的公路内部排水结构系统。基于颗粒流运动理论，研发了新型可更换硬韧组合双层曲纹网状透水管产品及其配套设计方法、施工工艺和质量控制技术标准，构建了公路沿线构筑物"查、截、堵、排、养"一体化的防排水系统设计施工养护技术。该系统具有可更换、易清洗、防淤堵、施工和养护方便等技术特点，较传统方法可节约建设费用2%，节约养护费用超过64%。

依托项目获得实用新型专利5项，公开发表论文35篇（含SCI、EI检索论文8篇），编制了技术指南2项，申请获批编制标准3项。经专家组评价项目成果"总体上达到国际先进水平，其中，广义水—土特征曲线成果处于国际领先水平"。实现了从核心技术—成果转化—产品开发—工程应用—理论突破的全过程创新。

研究成果不仅解决了京珠高速粤境段、深汕高速等12个高速公路项目的水害难题，而且研发的产品在罗阳、潮惠和阳茂等29个项目中进行了应用。项目研究成果经济效益超过6亿元，社会效益、经济效益及环保效益显著。

图3/ 双层曲纹网状硬韧透水管

图4/ 广韶高速五龙岭隧道通过设置单孔长度超100米的排水工程解决了隧道水害问题

/主要完成人简介/

陈少文，现任广东华路交通科技有限公司董事长兼党委书记，教授级高级工程师，华南理工大学建筑与土木工程硕士，暨南大学高级管理人员工商管理硕士（EMBA）。主要从事科技研究、技术咨询服务、创新平台建设和企业管理工作，研究领域涉及桥梁、路面和岩隧工程的检测评价及治理、计量鉴定和应急管理等。获省部级二、三等奖6项、市厅级奖3项，授权专利7项，发表论文近30篇，出版专著1部。

陈少文

沥青路面表面病害三维检测技术及工程应用研究

项目简介

目前，传统的路面检测主要采用二维检测技术，这种方法可以准确采集二维破损几何信息，但对于车辙、沉陷、拥包、坑槽等具有典型三维破损特征的病害却无法准确采集，更加无法揭示路面病害的时空演变规律。对比而言，采用三维检测技术可以获取准确、完整的道路路况指标数据，真实反映道路路况的变化，还可以准确表征三维病害演变规律，反映路面使用性能指标的真实衰变情况，为路面状况评估及病害精细化研究奠定基础。该项目研发了可调节三维激光路面病害检测系统，填补了国内外的空白，构建了路面坑槽、车辙、拥包等病害三维重构和识别模型，通过多维度检测和评价指标有效识别多种路面病害，准确进行严重程度的计算和病害分类。以时间序列为基础，通过各单元多维度指标变化量、变化速率、变化方向和变化范围分析，揭示了路面病害的三维演化规律。依托实体工程的三维检测数据，揭示了内蒙古典型地区沥青路面性能衰变规律，构建了基于三维检测数据——效益费用比模型的路面养护决策体系。为推进公路养护科学决策、提高公路养护决策的科学化水平和养护资金使用效率提供了技术支撑。

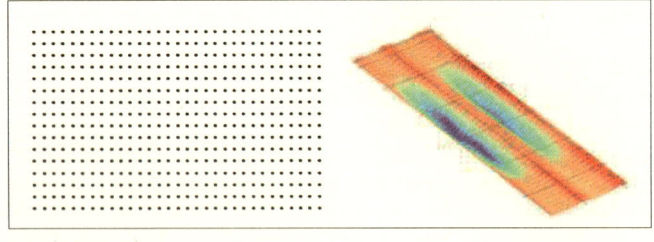

图1

图2

图1/ 车辙重构模型三维图像展示
图2/ 现场三维检测

二等奖
Award for CHTS Science & Technology

主要完成单位: 内蒙古自治区交通建设工程质量监督局、交通运输部科学研究院、长安大学、同济大学

主要完成人: 王殿臣、张洪伟、李亚非、惠冰、杨群、郭朝阳、徐湘田、马荣贵、王学营、付立平

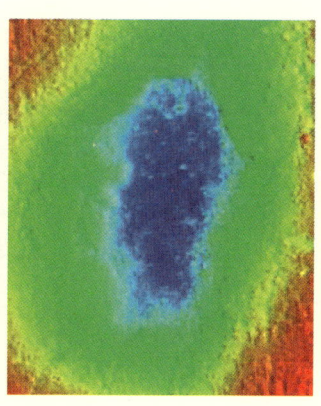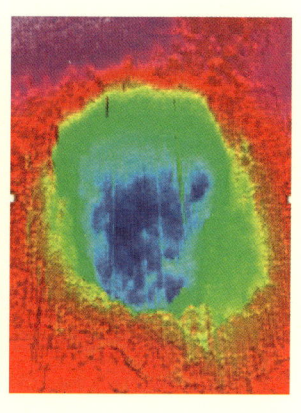

图3

图3/坑槽三维重构

创新成果

1. 研发了可调节三维激光路面病害检测系统,填补了国内外的空白,选取了多种材料组成及结构差异的实验对象,通过一系列室内实验获取大量激光数据,揭示三维激光数据基本特性。基于不同实验中激光数据特性所表现出的差异,分析了不同对象采集数据的准确性和重复稳定性,分析激光数据特性的影响因素,准确分类与描述了激光数据中的异常值,建立了三维激光传感器布设参数确定方法。

2. 针对车辙、坑槽、裂缝、拥包4类病害,以三维激光检测技术为基础,建立了相应的检测方案与指标计算方法并应用于车辙、坑槽、拥包的严重等级判别和裂缝种类的识别,进行了检测结果可靠性的验证。研究结果证明,三维激光检测技术的检测精度能够保证有效识别多种路面病害,提出了准确的多维度检测和评价指标;构建了路面坑槽、车辙、拥包等病害三维重构和识别模型,评价指标与三维重构模型能够快速、准确地进行严重程度的计算和病害分类。

3. 依托实体工程的车辙现场病害三维检测数据,得到了连续3年的车辙病害重构模型及其多维度指标,以时间序列为基础,通过各单元多维度指标变化量、变化速率、变化方向和变化范围分析,揭示了路面车辙病害的三维演化规律。

4. 依托实体工程二维、三维检测数据,研究了路面三维重建模型和倾斜校正算法,使用三角网格技术、矩阵变换技术和彩色渲染技术,重构了沉陷、拥包、车辙等病害三维变形类破损信息,利用检测数据对路面特征的精准计算,进一步提高了三维变形类破损检测的准确性,弥补了现有检测技术无法检测三维变形类破损的空白。研究结果证明,三维检测数据可以对二维衰变模型进行验证与优化,提升路面衰变模型的精度,为精细化养护提供可靠参数。

5. 依托实体工程三维检测数据,在路面结构与材料指标研究的基础上,揭示了基于三维检测路面状况指数和路面结构温度预估模型的沥青路面使用性能衰减规律,构建了效益费用比模型的内蒙古地区沥青路面养护体系,推动沥青路面养护向精细化、科学化、高效化发展,进而延长沥青路面使用寿命、提升使用性能、节约养护管理成本,为搭建便捷、高效的养护管理平台提供指导。

6. 在三维病害演化的基础上,研究路面结构关键设计参数。模拟内蒙古地区典型道路的路面结构及服役状况(温度、荷载等),结合室内动态模量实验结果,建立基于永久变形等效及疲劳寿命等效的动态模量代表值计算模型,为内蒙古典型地区的路面结构设计提供可靠参数。

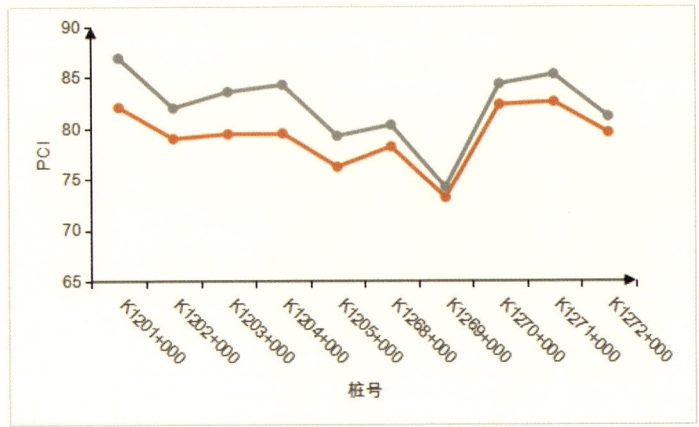
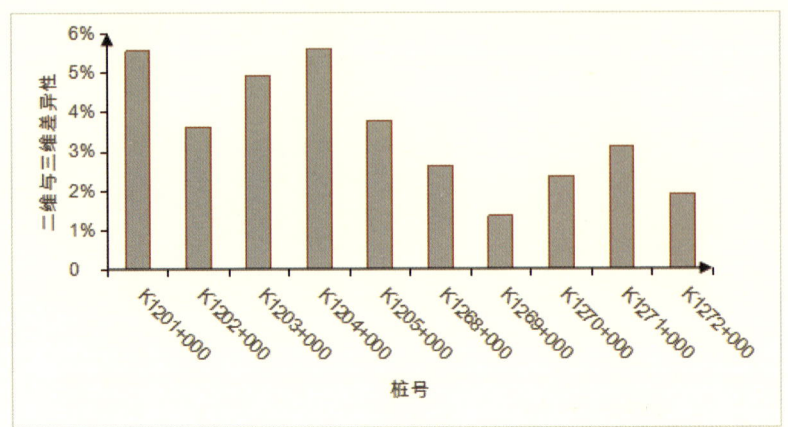

图 4

图 5

图 4 二维 & 三维检测 PCI 对比
图 5 现场检测照片

内蒙古自治区交通建设工程质量监督局
Inner Mongolia Communications Construction Engineering Quality Supervision Bureau

/主要完成单位简介/

内蒙古自治区交通建设工程质量监督局（内蒙古自治区交通运输发展研究中心、内蒙古自治区交通环境监测站）是内蒙古自治区交通运输厅所属的正处级事业单位，主要从事工程质量监督、环境监测与科研工作。

近年来，获批院士专家工作站、重点实验室、工程技术研究中心、工程实验室和草原英才创新人才团队等创新平台；承担30余项省部级科研项目及地方标准编制项目；获得省部级科学技术进步奖一等奖1项、二等奖2项、三等奖1项；获批内蒙古公路建设与养护科技创新人才团队（第五批草原英才工程）1个、草原英才4人；获批交通运输部青年科技英才4名，入选交通运输部交通运输行业高层次人才培养项目2人、自治区突出贡献专家2名。

近年来，共发表专业学术论文100余篇，其中，核心期刊50余篇，SCI、EI检索12篇；4本学术专著入选国家、交通运输部重点图书出版计划；授权国家专利40余项、软件著作权2项。

二等奖
Award for CHTS Science & Technology

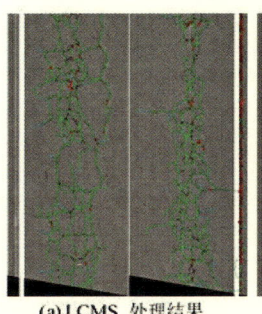

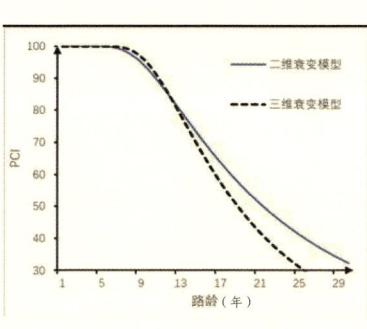

(a) LCMS 处理结果   (b) 精确裂缝识别结果

图6   图7   图8

图6/ 拥包三维重构
图7/ 裂缝识别
图8/ 三维衰变模型与二维衰变模型的对比

/主要完成人简介/

王殿臣，教授级高级工程师，现任内蒙古自治区交通建设工程质量监督局局长。主要从事公路养护、高等级公路管理及公路工程项目建设管理与质量监督工作，兼任内蒙古公路学会理事、《内蒙古公路与运输》杂志社主编、内蒙古自治区公路建设与管理技术委员会负责人；先后主持交通运输部建设科技项目"寒冷地区重载公路沥青路面服役性能研究"等5项省部级科研项目研究；主持完成《内蒙古自治区公路建设质量控制标准土建工程》等3部地方标准的起草工作；出版学术专著2部，发表学术论文10余篇。

主持建成了内蒙古自治区交通建设工程质量监督局质量鉴定检测中心、内蒙古自治区交通环境监测站监测中心、内蒙古自治区公路建设与养护技术院士专家工作站、内蒙古自治区道路结构与材料重点实验室、公路建设与养护技术内蒙古自治区工程实验室、内蒙古自治区公路建设与养护技术科技创新团队、自治区交通运输标准化技术委员会秘书处、内蒙古自治区公路气象灾害预警与处置工程技术研究中心、全国公路科普教育基地、高寒高海拔地区道路工程安全与健康国家重点实验室内蒙古观测基地、同济大学人才培养与产学研合作基地、长沙理工大学研究生培养基地、中南大学交通建设工程地质灾害研究中心、内蒙古交通厅专业技术人员实验基地等科技创新与人才培养平台。

被国家计委授予"全国以工代赈工作先进个人"荣誉称号，被内蒙古自治区党委、政府评为"扶贫工作先进个人"，多次被内蒙古自治区交通运输厅评为"交通厅厅党组特别奖""优秀工作者""优秀共产党员"，被自治区党委评为"内蒙古自治区公路建设与养护技术草原英才科技创新人才团队"带头人。

王殿臣

张洪伟，教授级高级工程师，现任内蒙古自治区交通建设工程质量监督局领导班子成员、鉴定检测中心主任。主要从事沥青路面技术研究工作，兼任中国青年科技工作者协会会员、中国公路学会理事、中国公路学会青年专家委员会委员、中国技术市场协会交通运输委员会专家委员会委员；主持省部级科技项目18项；编写行业标准和地方标准7项；荣获省部级科学技术奖4项，出版学术专著3部，发表论文40余篇，其中，核心期刊22篇，SCI检索4篇，EI检索3篇；授权国家专利19项，软件著作权3项。

先后荣获"内蒙古自治区草原英才""内蒙古自治区五一劳动奖章""交通运输部十大科技创新领军人才""交通运输部'青年科技英才'""十佳全国公路优秀科技工作者""中国公路青年科技奖""全国交通运输行业文明标兵"等荣誉称号。

张洪伟

道路铺面材料废物循环利用技术及示范

项目简介

该项目紧紧围绕道路工程绿色循环低碳发展迫切需求，以解决道路工程废弃物资源化利用中的关键技术问题为目标，以沥青路面再生、工业固废筑路、沥青路面工程节能中的"掐脖子"技术问题为重点研究对象，通过机制分析、材料开发、性能评价、标准制订、装备研制等开展创新性研发，形成了涵盖沥青路面建设、运维、拆除全寿命周期的绿色循环低碳建造关键技术，并进行了规模化工程示范。

依托该项目共建设了固体废弃物处理生产线4条，研制装备4套，获得授权发明专利9项，编制行业标准5项，发表科技论文53篇（含SCI、EI检索论文18篇），铺装示范工程达1400车道公里，仅项目本身创造经济效益11亿元以上，节约燃油46万升，减少二氧化碳等废气排放1726吨。经专家组评价，项目成果总体达到国际领先水平。

项目形成了以高性能化、低碳化、差异化为主要特征的道路铺面材料废物循环利用成套技术体系，显著提升了大宗固废在道路工程中的资源化应用水平，具有良好的社会效益、环境效益和示范引领作用，对推进我国公路交通绿色、循环、低碳发展意义重大。

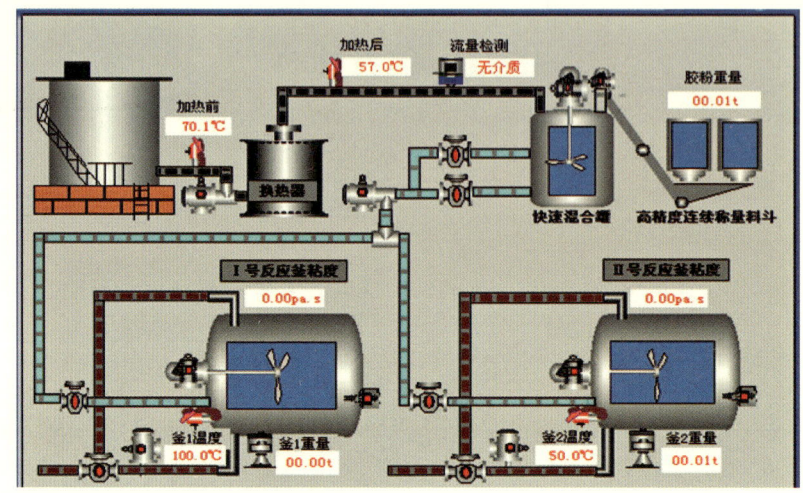

图 1

图 1/ 橡胶沥青设备工程
图 2/ 整体式厂拌热再生设备

图 2

/主要完成单位简介/

交通运输部公路科学研究所（以下简称公路所），是交通运输部在公路交通领域唯一一所直属的科研机构，主要从事道路、桥梁、交通工程、智能交通、公路运输、汽车运用、交通环保、交通经济、交通物流等的科学研究、政策研究与技术开发工作。公路所承担了大量国家相关部门、交通运输部和省市的重大科研项目及国家与行业标准规范的制修订工作，有关既有桥梁检测、评估与加固维修的研究成果在国内处于领先地位。

二等奖

Award for CHTS Science & Technology

主要完成单位： 交通运输部公路科学研究所、北京市政路桥建材集团有限公司、中路高科（北京）公路技术有限公司、华南理工大学、哈尔滨工业大学、山东省路桥集团有限公司、廊坊德基机械科技有限公司

主要完成人： 徐剑、秦永春、王旭东、柳浩、邹桂莲、王随原、谭忆秋、王杰、张蕾、黄颂昌

创新成果

1. 揭示了SBS改性沥青老化与再生相态特性作用机制和沥青多次再生机制，提出了废旧SBS改性沥青混合料再生组成设计方法、冷再生混合料优化设计指标，形成了冷再生沥青路面典型结构及双层冷再生方案，研制了基于整体式结构设计理念和再生材料分类加热技术的厂拌热再生设备并实现产业化。在集成已有技术基础上构建了沥青路面高效再生技术体系，成果整体纳入新修订的交通运输部行业标准《公路沥青路面再生技术规范》。

2. 提出了脱硫胶粉生产橡胶沥青技术，降低橡胶沥青生产温度20℃；研发了低排放橡胶沥青生产装备，提高产能3倍以上；提出了高性能化橡胶沥青混合料设计方法，实现了橡胶沥青混凝土的高效再生利用。

3. 提出了不同类别和等级建筑废弃物差异化筑路综合应用方案，研发了可显著降低再生集料无机结合料稳定材料干缩的专用复合外加剂，研制了履带式移动建筑垃圾破碎机，建成了工厂化建筑废弃物处理基地，实现循环利用率达90%以上。

4. 研发了煤矸石替代集料30%的沥青混合料，建立了铁尾矿沥青混合料设计方法，提出了煤矸石与铁尾矿集料用于沥青面层、基层和路基的材料技术要求，形成了铁尾矿路基施工控制技术。

5. 揭示了泡沫温拌沥青水分残存规律，建立了识别温拌剂和温拌沥青结合料的试验方法，提出了泡沫温拌沥青发泡参数控制标准，形成了温拌沥青混合料性能评价指标体系，研制了具有自主知识产权的温拌外加剂和温拌沥青并实现产业化。

 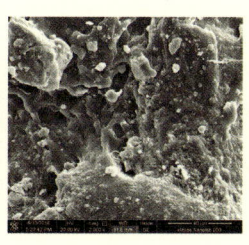 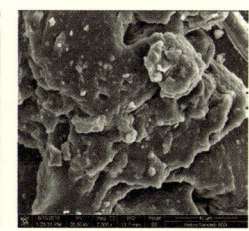

图3　　　　图4　　　　图5　　　　图6

图3/500倍原样橡胶颗粒
图4/2000倍原样橡胶颗粒
图5/低温化制备橡胶沥青中橡胶颗粒（2000倍）
图6/正常制备橡胶沥青中橡胶颗粒（2000倍）

/主要完成人简介/

徐剑，交通运输部公路科学研究所党委委员，道路研究中心主任，研究员，工学博士，兼任中国公路学会道路工程分会秘书长、中国循环经济协会公路工程材料循环利用分会秘书长、道路结构与材料交通运输行业重点实验室（北京）主任等职。

长期从事微表处、沥青路面再生等路面养护技术，以及温拌沥青等节能减排筑路技术研究。主持或参与起草了交通运输部《公路沥青路面再生技术规范》《公路养护工程质量检验评定标准》《微表处和稀浆封层技术指南》等多部标准规范，承担完成了包括国家科技支撑计划、国际科技合作研究计划等在内的各类科研和技术咨询项目40余项，出版学术专著7部，发表学术论文50余篇，获得省部级科技奖励7项，授权专利8项。

入选交通运输部中青年科技创新领军人才、"绿色公路建造技术"重点领域创新团队负责人、青年科技英才，获得中国公路学会青年科技奖、中国公路十佳科技工作者、中国公路百名优秀工程师、中国循环经济协会全国循环经济科技工作先进个人等荣誉称号。

徐剑

重载作用下沥青路面结构损伤精确诊断与耐久保持关键技术

项目简介

经过30多年的跨越式快速发展，我国建成了以沥青路面为主的世界最大规模公路网，当前，许多公路接近或超过设计使用寿命。数据显示，我国50%以上的路面病害为结构功能损伤，结构性维修保持压力巨大。目前，通行的路面结构损伤诊断和维修设计以路网级的表观功能指标为主要依据，结构诊断准确率低、判定误差大，对路面结构性损伤和破坏无法精准评价；路面维修保持通常采用原结构恢复或加铺的传统模式，往往导致路面过度维修而又周期性损坏。沥青路面结构性损伤的精准诊断和耐久维修保持已成为全行业的迫切需求。

项目组在交通运输部重大科技专项计划支持下，针对不同沥青路面的结构特点，围绕路面结构损伤演变规律、精确诊断与评价方法、耐久性保持的材料与结构设计等诸多方面的技术难题，经过持续攻关构建了全新的路面结构性损伤精准诊断和结构耐久性保持关键技术体系和精准项目级隐性病害评价方法，实现了被动修复向主动预防性养护的转变，强调路面结构维护差异化、精准化、耐久化。

该项目获授权专利48项、软件著作权3项，在国内外核心期刊发表论文60余篇，成果纳入行业标准5部，出版专著3部，核心技术成果被纳入交通运输建设科技成果推广目录3项。项目成果总体达到国际先进水平，已在全国11个省市26条高速公路、3座机场、2座跨海大桥、20条普通国省干线养护改造工程中推广应用，直接经济效益超过2亿元，有效减少养护费用18亿元。项目相关技术降低了资源消耗、减少了交通延误、提高了使用性能，对我国公路网整体性能长效保持、提质升级和交通强国建设目标的实现具有重要引领和示范作用，经济效益及社会效益显著。

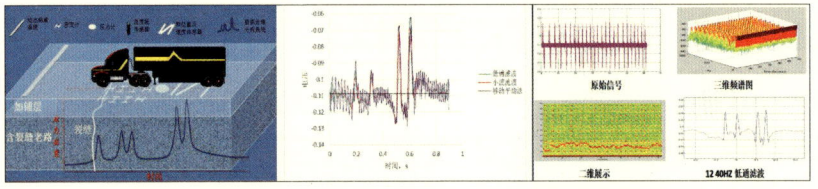

图1

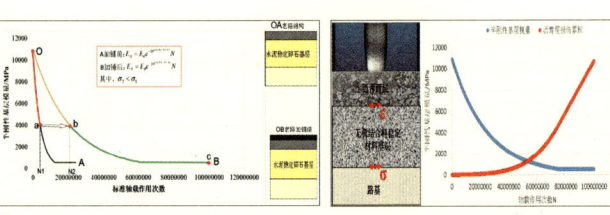

图2

图3

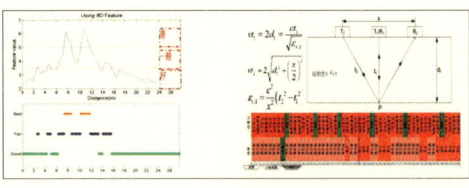

图4

图1/ 沥青路面结构动力响应监测系统
图2/ 基于残余模量衰减模型的路面加铺结构设计分析验算方法
图3/ 轴载谱检测设备系统和标定方法
图4/ 新型三维雷达路面测试技术

/主要完成单位简介/

交通运输部公路科学研究所成立于1956年，是交通运输部直属的大型综合性公路交通科研机构，主要从事道路工程、桥梁工程、交通工程、智能交通、汽车运用工程、道路运输与物流、公路生态与环境保护工程等领域的科学研究及技术材料与装备开发。设有土木工程和交通运输工程2个国家一级学科硕士学位点，1个博士后科研工作站，拥有一批包括中国工程院院士在内的国内外知名专家。

二等奖

Award for CHTS Science & Technology

主要完成单位： 交通运输部公路科学研究所、东南大学、山东省交通科学研究院
主要完成人： 孟书涛、徐全亮、黄晓明、王林、韦金城、王松根、刘振清、高英、余四新、祝谭雍

创新成果

1. 解决了重载交通沥青路面结构性耐久维修保持的技术难题，大幅延长了维修路面的使用寿命，并在2000余公里高速公路和普通国省干线得到工程验证；提出了损伤路面结构耐久维修保持及抗裂加铺设计方法，开发了新一代高性能排水抗裂结构层和相应的耐久维修保持路面结构组合。加速加载及现场性能数据显示，维修后路面结构使用寿命可延长20年以上。

2. 发现了重载交通作用下沥青路面结构性能损伤与发展演变的特征规律，构建了路面结构全过程动态损伤模型及数值仿真，为确定最佳养护维修时机和维修程度提供了重要的理论依据。提出了沥青路面轴载谱快速检测和结构动力响应监测一体化综合测试体系，发现了重载交通对路面结构作用与路面响应的机制。测试系统轴载误差小于15%，当量轴次误差小于18%，动态响应信号误差小于5%，实现了路面结构损伤可控和耐久可靠。

3. 基于高精度三维雷达检测技术，提出了小波分解加特征值的路面结构损伤快速分类方法和电磁波共中点的路面结构均匀性评价方法；提出了落锤式弯沉FWD与三维路面雷达GPR联合诊断技术，实现了路面结构层模量的精确反演和损伤程度诊断。结构内部隐性开裂判断精准率达到90%，实现结构损伤层位及损伤程度的准确定位和识别。

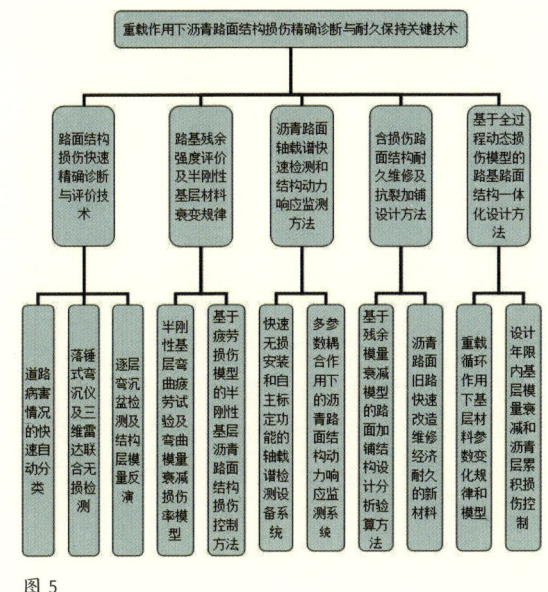

图5/ 项目关键技术

/主要完成人简介/

孟书涛，交通运输部公路科学研究所研究员、硕士研究生导师，现任北京交科公路勘察设计研究院董事长，长期从事公路沥青路面结构设计、使用性能评价等方面的研究和公路工程试验检测工作。参加完成国家重点科技攻关项目2项，独立承担完成交通运输部和省级重点科技项目15项，主持编制交通运输部技术标准1项。发表学术论文30余篇。荣获国家科学技术进步奖二等奖1项，省部级科学技术进步奖一等奖5项、二等奖4项。

孟书涛

徐全亮，交通运输部公路科学研究所副研究员。长期从事公路沥青路面结构设计、道路检测和使用性能评价、基层材料设计施工、钢桥面铺装、材料与设计的研究和工程应用等方面的工作。参加完成国家重点科技攻关项目1项，承担和作为主要研究人员完成交通运输部和省级重点科技项目近20项，主持编制地方和行业技术标准2项，参与编制国家和行业技术规程及标准规范3项。发表学术论文10余篇。荣获省部级科学技术进步奖一等奖5项、二等奖4项、三等奖2项，国家勘察设计奖二等奖1项。

徐全亮

路（桥）面功能循环保固延寿技术研究与应用

项目简介

针对我国公路路面使用寿命较短、养护成本偏高等使用现状和关键技术问题，项目组通过调查和需求分析，开展多领域、多学科合作，从理论方法、材料研发、结构设计、施工工艺及检测标准等核心技术开展集成创新与成果应用。

项目研究获得授权发明专利2项、实用新型专利10项，出版专著1部。项目研究成果对提升我国公路的路面质量、养护水平和保障行车安全性、舒适性作用明显，对行业和专用技术进步具有很好的推动作用。项目研究成果推广应用前景广阔，经济效益及社会效益显著，并已成功应用于广州珠江黄埔大桥、国道主干线广州绕城公路东段、广州市凤凰山隧道和大跨度钢桥面铺装。

图1／黄埔大桥

主要完成单位简介

广州珠江黄埔大桥建设有限公司主要负责公路建设、运营及相关、衍生技术产品研发等。公司有科技研发人员79人，长期致力于公路产业互联网和高速公路（桥梁）高品质建造与维护及安全运营管控技术的研究开发，从"复杂条件大跨度桥隧建设关键技术"到"高速公路高品质运营关键技术"，取得了一系列创新成果。公司拥有各类知识产权34项。公司统筹研发能力在公路领域同类企业中处于领先水平，依托科学研究实践，共获得中国土木工程詹天佑奖1项，广东省、湖南省科学技术进步奖一等奖2项、二等奖2项，中国公路学会科学技术奖特等奖1项、一等奖2项、二等奖2项等荣誉。

广东华路交通科技有限公司是广东省交通集团有限公司的全资科技型子公司，高新技术企业，主要从事公路交通科技研发、工程监理、试验检测、咨询设计等综合性工程咨询技术服务。公司历经近60年的不断积累与发展，汇聚了1500多名员工，其中，博士、硕士134名，教授级高级工程师、高级工程师209名。近年来，依托科技研发及推广应用，先后获得中国土木工程詹天佑奖2项，广东省科学技术进步奖二等奖2项、三等奖8项，中国公路学会科学技术奖一等奖3项、二等奖7项、三等奖10项。

二等奖

Award for CHTS Science & Technology

主要完成单位：广州珠江黄埔大桥建设有限公司、华南理工大学、广东华路交通科技有限公司、广东中和正通工程技术有限公司、广州交通投资集团有限公司、广东千仞溪路桥科技有限公司、广州单元分子技术有限公司

主要完成人：张少锦、王端宜、刘先淼、李善强、邓志华、钟鸣、王勇、严永华、张琬菁、许新权

创新成果

1. 通过对路面结构保护、路用功能提升、路面性能恢复方法和核心技术的系统研究，首次提出路面主动保固和功能循环恢复的概念和配套技术的具体内涵，为公路路（桥）面开展高效预防性养护提供了理论和关键技术支撑。

2. 研发了孔隙率18%~25%、孔隙连通率大于80%的耐久型超高性能路面(UHPP)，UHPP作为路面排水磨耗保固层能有效解决现行沥青路面设计方法中普遍出现的非排水式路面早期功能指标下降快、功能退化难以恢复和排水式路面（OGFC）孔隙堵塞、冻胀破坏、防水黏结层失效等问题。

3. 研发了路用综合性能明显优于同类产品的高分聚合沥青和高分乳化沥青，提出了高分聚合沥青和高分乳化沥青主要控制指标，以此为核心材料，改进了防水黏结层洒布与混合料摊铺一体化施工工艺，成功开发了超薄（厚1.5~2.5厘米）和极薄（厚0.8~1.5厘米）UHPP系列产品，并提出了相应的技术质量指标和检验标准。

4. 提出了路面性能提升与结构保固相结合的路用功能循环恢复技术，在UHPP使用期末，沥青膜出现一定程度的流失和老化，可以通过循环恢复施工工艺洒布高分乳化沥青方法进行结构补强，修复路面出现的麻面、松散、掉粒、微裂缝等病害，使路用功能得到恢复。

5. 研制了可用于路面排水磨耗保固层施工均匀性与渗水状况车载式快速检测系统，并开发了车载式红外成像图像分析处理软件。

图2

图3

图2/ 完工后的UHPP桥面
图3/ 特大跨径（主跨1108米）钢桥面UHPP预防性养护施工

/主要完成人简介/

张少锦

张少锦，工学博士，路桥高级工程师（教授级），广州市政协委员。现任广州珠江黄埔大桥建设有限公司总经理、广东省道路信息化智能管养工程技术研究中心主任、广东省安全生产专家组成员。先后从事公路工程施工、建设和运营管理及相关科研工作，提出并构建预防性管理理论、执行控制理论。出版著作6部，申报取得知识产权成果20余项。荣获"广州市劳动模范""广东省五一劳动奖章""第六届中国公路百名优秀工程师"等称号。获得中国土木工程詹天佑奖1项，省部级科学技术进步奖一等奖4项、二等奖4项。

李善强

李善强，工学博士，路桥高级工程师（教授级）。现任广东华路交通科技有限公司道路研究所副所长，一级技术带头人，广东省公路学会路面专委会常务理事、秘书。围绕高等级公路建设与养护中出现的诸多重大理论与工程技术问题，先后主持或参与开展了研究课题20余项，已获得省部级科学技术进步奖7项，发表论文30余篇，授权国家专利20余项，荣获"广东省优秀公路工程师"等荣誉称号。

国内外沥青混合料体积指标测试与计算体系修正研究

项目简介

体积指标是沥青混合料设计、性能验证和工程质量控制的关键,是沥青路面使用寿命和服务水平的重要保证。目前,体积指标的测试和计算存在较大差异,直接影响混合料真实体积状态的精准判定,造成混合料设计与实际不符,进而影响路面性能和使用寿命。随着我国技术与标准输出范围的日益扩大,优化沥青混合料体积指标测试与计算体系,实现国内外沥青混合料设计中体积指标的统一,推进沥青混合料设计的融合与提升,是全行业的迫切需求。

基于上述背景,项目组在山东省交通科技计划支持下,针对国内外沥青混合料体积指标测试方法与计算体系的差异,围绕测试和计算方法的影响因素、准确性判定、质量控制标准等技术难题,经过近10年的持续攻关,优化了沥青混合料体积指标测试与计算体系,实现了国内外沥青混合料体积指标的统一,提升了沥青混合料设计、质量控制,并实现了技术转化和大规模工程应用。

专家组一致认为,项目研究成果具有创新性、实用性,在连通空隙率的测试方法方面达到了国际先进水平,对准确判定混合料体积状态具有重要的意义,为沥青混合料设计和质量控制提供重要的数据支撑,为我国沥青路面施工技术规范的改进和完善提供依据,对提高重载交通沥青路面质量和使用寿命、避免路面早期损坏具有重要意义。

项目在国内外期刊和国际会议共发表论文14篇,其中,EI收录4篇;出版专著3部,其中"十三五"国家重点图书和交通运输部优秀科技丛书专著、国家骨干高等职业院校建设成果、中央财政支持重点建设专业教材各1部;编制地方标准3部;申请知识产权多项,其中,授权知识产权7项;部分成果为国家和行业规范标准提供了技术依据;培养博士研究生2名、硕士研究生4名。

图 1

图 2

图 1/ 沥青路面现场质量控制
图 2/ 现场渗水测试

/主要完成单位简介/

山东省交通科学研究院成立于1978年,是隶属于山东省交通运输厅的省属公益二类事业单位,是全省唯一一家综合性交通运输研究机构。历经近40年的发展建设,研究院研究领域涵盖了道路工程、结构工程、综合交通运输、道路运输工程、标准计量、港航工程、信息工程、智能交通、交通规划及交通环境、安全、节能等多个方向。

依托研究院成立了高速公路养护技术交通行业重点实验室(济南)、山东省道路结构与材料重点实验室、山东省交通建设工程检测中心、山东省交通运输标准化技术委员会秘书处、山东省交通行业节能工作总站、山东省交通环境监测中心站等9个挂靠机构,拥有研究员、高级工程师50余人。在综合交通、智慧交通、绿色交通、安全交通等领域开展科研开发与成果转化。获得各类科技奖励100余项,其中,国家科学技术进步奖4项、省级科学技术进步奖一等奖12项,授权发明专利40余项,制定国家标准、行业标准及地方标准60余项。科研成果转化、咨询及服务遍及国内外10余个国家和省份。研究院正努力成为集"省厅和行业发展的强大智库,高端技术研究的创新基地,权威的检验检测、检定校准、评价鉴定中心"三大功能于一体的现代化交通运输科研机构。

二等奖

Award for CHTS Science & Technology

主要完成单位： 山东省交通科学研究院
主要完成人： 马士杰、王晓燕、韦金城、赵海生、崔世萍、冉晋、胡家波、王光勇、林荔萍、陈婷婷

创新成果

1. 构建了基于连通空隙率的沥青混合料体积指标测试与计算体系。创新性地提出了连通空隙率的测试方法，重构了沥青混合料体积指标计算体系，实现了沥青混合料真实体积状态的精准判定。

2. 构建了沥青混合料渗透系数与连通空隙率关系模型，提出了基于渗透系数的沥青混合料施工质量控制指标体系。明确了连通空隙率对不同混合料的渗透特性，揭示了现场沥青混合料空隙率与渗透系数的关系，得到了基于连通空隙率的渗透界限，提出了不同类型沥青混合料的现场控制空隙率的范围，实现了现场施工质量的精确控制。

3. 提出了细集料采用真空封装法、粗集料采用表干法的毛体积密度测试方法。揭示了不同测试方法对粗细集料毛体积密度、混合料最大理论相对密度的影响因素和规律，明确了混合料最大理论相对密度不同测试方法的适用性，解决了集料密度实测误差大、再现性差的技术难题。

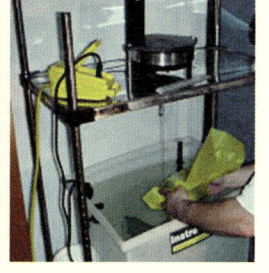

图3　　　　　　　　图4

图5　　　　　　　　图6

图3/ 试件连通空隙测试方法1　　图5/ASTM 室内渗水试验
图4/ 试件连通空隙测试方法2　　图6/"十三五"国家重点图书

/主要完成人简介/

马士杰，博士，研究员，高速公路养护技术交通行业重点实验室（济南）主任与学术带头人，交通运输部中青年科技创新领军人才。带领团队完成了课题研究30余项，多项科研成果达到国际领先水平，并被国家行业标准规范所采纳；主持编写山东省地方标准6部，正在主持编写地方标准9部；发表论文30余篇，其中，SCI、EI收录9篇；授权发明专利11项；获得国家科学技术进步奖二等奖1项、山东省科学技术进步奖一等奖4项，其余省部级科学技术进步奖10余项。研究成果对推动公路技术进步起到积极的促进作用，成果在工程实践中的应用取得了巨大的经济效益及社会效益，已在10余个省份指导铺筑沥青路面4000余公里。

马士杰

王晓燕，硕士，高级工程师，长期从事道路材料方面的研究工作。负责和参与了多项省部级科研项目，包括中美国际合作项目、交通运输部科技攻关项目、山东省自然科学基金项目、山东省交通科技创新计划项目等，多项科研成果达到国际领先水平，并被国家行业标准规范所采纳；参与编写山东省地方标准3部；发表论文20余篇，其中，EI、ISTP收录6篇；出版专著1部，该书获得交通运输部优秀科技丛书和"十三五"国家重点图书的称号；获得科技成果奖励10余项，其中，山东省科学技术进步奖二等奖2项、三等奖1项，中国公路学会科学技术奖4项，其余奖项多项；授权国家知识产权20余项，其中，发明专利6项。

王晓燕

"一带一路"复杂气候环境下沥青混合料路用性能评价新技术

项目简介

"一带一路"沿线国家和地区存在高温、低温和降雨等不利气候条件,这些气候条件对沥青路用性能影响巨大,由于各地环境的差异,不可能有某种评价方法适用于所有气候环境。可以说,沥青混合料路用性能评价方法研究"永远在路上"。

该项目2009年开始,对沥青混合料路用性能开展研究,在评价和控制沥青混合料高温车辙、低温开裂和车轮压力下动水冲刷破坏方面积淀丰厚,填补了我国沥青路面整体动稳定度控制标准的空白,统一了沥青面层结构和沥青混合料高温稳定性评价方法。项目还发展了沥青混合料强度理论,开发了考虑中间主应力影响的沥青混合料低温性能评价新方法,创新了孔隙水压传导特性研究手段,开发了非定向动水冲刷试验方法以评价沥青混合料水稳定性。

项目研究成果授权国家发明专利9项,出版学术专著1部,发表论文20篇。这些研究成果成功应用于"一带一路"复杂气候环境下,工程项目路面沥青混合料的设计与施工,包括沿线气温和降雨量差别明显的巴基斯坦喀喇昆仑公路改扩建工程、雨季集中降雨且雨量丰沛的莫桑比克马普托南部连接线、我国甘肃4条高速公路路段,并推广应用到京港澳高速公路河北石安改扩建工程。

中国企业特别是公路建设企业将越来越多地承建"一带一路"沿线国家和地区的公路工程,这些国家和地区的气候环境复杂,适合采用该项目的研发成果,不仅能够节约成本,还能够通过提高工程质量,极大地改善中国企业的国际形象。

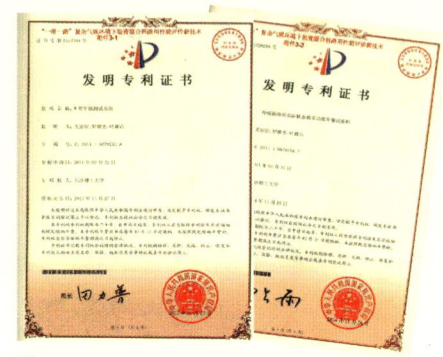

图1

图2

图1/ 发明专利证书
图2/ 专著

/主要完成单位简介/

中国路桥工程有限责任公司是中国最早进入国际工程承包市场的4家大型国有企业之一,主要从事国内及国际道路、桥梁、港口、铁路、机场、隧道、水工、市政、疏浚等工程承包,兼具投资、实业、贸易、租赁、服务等业务,在亚洲、非洲、欧洲、美洲的50多个国家和地区设立了分支机构,形成了高效快捷的经营开发管理网络,是中国交通建设股份有限公司海外业务的重要载体、窗口和平台。

公司前身是交通运输部援外办公室。从1958年开始走出国门,承担中国政府对外援助项目建设。1979年正式组建公司,进入国际工程承包市场。2005年成为重组后的中国交通建设股份有限公司的全资子公司,主要从事总公司的海外业务,承建了多个有地区和国际影响力的标志性建筑,荣获多项国内、国际大奖。近年来,公司积极响应国家"走出去"的号召,创新进取,培育核心竞争力,以EPC等高端方式承揽了塔乌公路、巴基斯坦喀喇昆仑公路改建工程、毛里塔尼亚友谊港改扩建工程、塞尔维亚泽蒙—博尔察大桥等著名项目。在全力打造国际领先的全球承包商的同时,公司积极履行社会责任,回馈当地社会和居民。累计资助百余名驻在国学生到中国高等学府留学,并开展各种公益活动,为驻在国民众雪中送炭,受到所在国的普遍好评。

二等奖
Award for CHTS Science & Technology

主要完成单位： 中国路桥工程有限责任公司、长沙理工大学、河北省高速公路石安改扩建筹建处、浙江省大成建设集团有限公司
主要完成人： 关宏信、李刚、姜旺恒、李志强、曾峰、王昊卿、李长丽、周志刚、贾存兴、林俊

创新成果

1. 提出了沥青面层整体动稳定度控制标准确定方法，建立了能将沥青面层整体动稳定度控制标准分解为各层动稳定度控制标准的模型，构建了沥青面层结构和混合料抗车辙性能统一评价方法。

2. 开发了适用于沥青混合料的三向独立加载试验设备，建立了包含三向主应力的沥青混合料强度方程，并提出了考虑中间主应力影响的沥青混合料低温性能试验评价方法。

3. 开发了一种能够测试外部水压作用下沥青混合料试件底部响应水压的动水冲刷试验装置，推导了沥青路面点状渗水区域孔隙水压波动方程，提出了能够模拟开口孔隙水压重复快速释放效应的沥青混合料非定向冲刷试验评价方法。

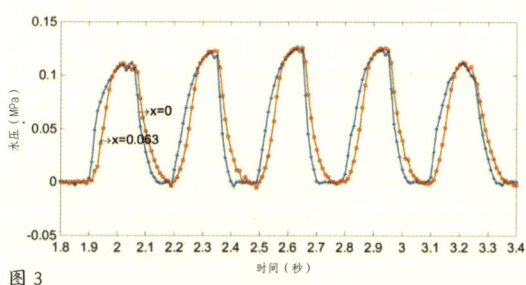
图3

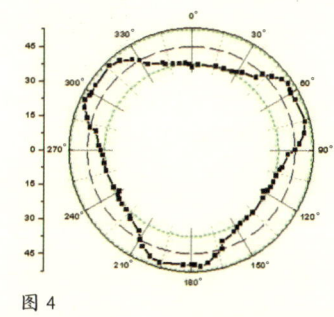
图4

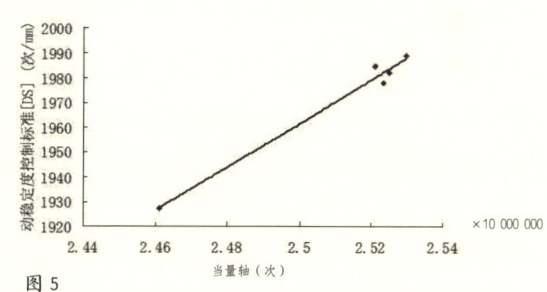
图5

图6

图7

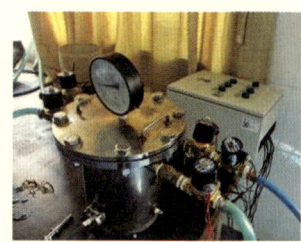
图8

图3/15%空隙率沥青混合料试件内的孔隙水压响应
图4/70# 沥青 AC13 在 $XT=25$ 兆帕 π 平面极限线
图5/沥青面层整体动稳定度控制标准随当量轴次的变化规律
图6/全厚式车辙仪
图7/现场取样
图8/沥青混合料孔隙水压模拟测试装置

/主要完成人简介/

关宏信，男，湖北潜江人，长沙理工大学教授，主要研究方向为路面结构与材料力学性能分析与测试，道路建设与养护新技术、新材料、新工艺开发与应用。公开发表学术论文50余篇，出版学术专著1部（《沥青路面面层抗车辙性能试验评价与控制》），授权发明专利6项（第一发明人），主持获得中国公路学会科学技术奖二等奖1项（"考虑温度场、轴载、行车速度的沥青路面抗车辙性能评价方法"），参与获得国家科学技术进步奖二等奖1项（"沥青路面状态设计法与结构性能提升技术及工程应用"，排名第九）、湖南省科学技术进步奖二等奖2项（"高等级公路沥青路面疲劳损伤特性及抗疲劳破坏的措施与方法研究"，排名第四；"沥青路面低温抗裂设计指标与计算方法研究"，排名第六）。

关宏信

智慧停车成套技术和装备研发及应用

项目简介

我国机动车正处于高增长、高集聚、高使用的发展态势,停车难、找车难问题日趋严重。停车规划设计与智能交通技术能够系统性地缓解停车问题。项目立足于打造全产业链、专业级的智慧停车成套技术解决方案,通过聚焦停车治理共性技术难题,围绕停车规划与设计、装备与系统研发、工程应用、运营与服务等形成产学研用相结合的技术体系,引领停车行业良性发展。

项目已获授权发明专利12项、实用新型专利38项、外观设计专利2项、软件著作权38项,获得产品证书18项,被授予"中国机械工业名牌产品"(中国机械工业联合会)、"江苏省高新技术产品"(江苏省科学技术厅)、"梳齿型停车AGV优秀产品奖"(中国国际高新技术成果交易会)等22项荣誉。

经专家鉴定,项目核心技术与产品性能均达到国内外领先水平,在静态交通领域形成了"中设e停车"知名品牌,并在众多智能停车工程中得到推广应用,取得了显著的经济效益,近3年新增销售额超过9亿元、新增利润约5533万元、新增税收约6695万元。

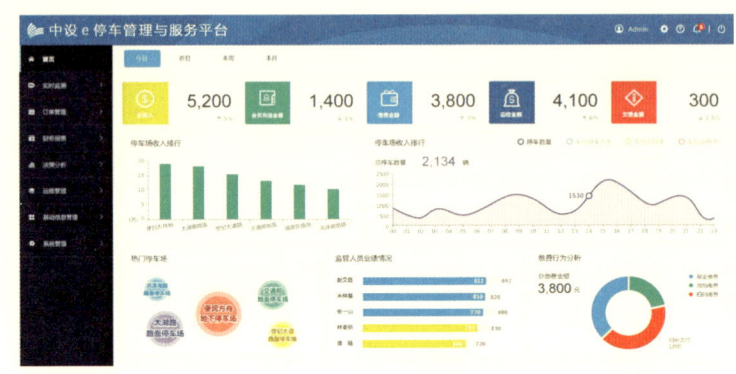

图1

图2

图3

图1/"中设e停车"云平台
图2/全周期定制化服务
图3/全智能车库

/主要完成单位简介/

中设设计集团股份有限公司是一家综合性全国工程设计咨询与科技研发企业,前身为始建于1966年的江苏省交通规划设计院,2017年位居全国勘察设计行业"五十强"第14名。集团以市政、公路、水运、建筑、轨道、智能等为主营方向,可提供从战略规划、工程咨询、勘察设计到科研开发、检测监测、项目管理、专业施工、后期运营等全寿命周期的一体化解决方案,先后荣获近400项国家级、省部级科学技术进步奖、优秀工程勘察设计奖和咨询成果奖,以及多项国际大奖。智能交通技术和设备交通运输行业研发中心(智能交通研发中心)是经交通运输部批复、依托中设设计集团股份有限公司建设的集规划设计、技术攻关、产品研发、工程化与产业化、人才培养、交流合作于一体的,具有基础性、开放性、公益性的重大科技平台。智能交通研发中心业务领域涵盖智慧公路、车路协同、智慧水运、智慧客运、智慧交管、智慧城市、智慧停车的全产业链技术和工程服务,具备跨学科、跨专业的优势。2019年2月,智能交通研发中心在交通运输部组织的考核评估中名列榜首,以优异成绩高质量通过评估。

二等奖
Award for CHTS Science & Technology

主要完成单位： 中设设计集团股份有限公司、深圳怡丰自动化科技有限公司
主要完成人： 王维锋、万剑、詹凯频、周云城、党倩、谢斌、陈文峤、陈爱伟、方勇、余磊

创新成果

1. 运用系统工程的设计理念，首次提出了基于驾驶人决策的停车场选址规划方法、最优寻位与最优路径的停车诱导设计方法、面向道路通行能力提升的停车场交通组织优化技术方案，实现了停车场综合服务效能的改善提升。

2. 研究路内与路外一体化的停车联网感知技术。首次提出了基于三轴磁阻传感器的背景磁场采样分析及实时自校正算法，提高了地磁车位检测器的判定精度；提出了一种改进的路内与路外停车视频车牌识别技术，实现反光、污损、扭曲等异常车牌的准确识别。

3. 首创基于激光导航的梳齿型泊车(Automated Guided Vehicle，AGV)机器人搬运设备，实现车库内无轨式自主巡航；提出了一种多AGV行驶自动避让及适应异形地块空间的路径规划方法，实现了停车用地资源的最大化合理利用。

4. 研究基于停车联网的大数据分析决策技术。构建了停车大数据平台，挖掘公众停车规律、停车场运营特性、静态交通资源利用特征，实现了停车大数据的时空多维度分析与表达，提供精准、实时的停车管理、决策、服务功能。

/主要完成人简介/

王维锋，研究员级高级工程师，博士/博士后，智能交通工程专业。在攻读博士学位期间，受国家全额资助赴美国University of Central Florida公派留学。现任中设设计集团股份有限公司副总工程师、智能交通研发中心主任，王维锋是全国交通运输行业中青年科技创新领军人才、江苏省"333高层次人才"，江苏省"六大人才高峰"人才，国家科技专家库专家，东南大学校外研究生导师。2017年和2018年连续两次荣获中设设计集团最具影响力人物称号，2018年荣获江苏优秀交通青年称号。主持国家自然科学基金项目1项、省部级科技项目10项，作为分项负责人参与国家科技支撑计划项目1项，在智能交通领域取得了一系列有影响力的科技成果。近5年授权发明专利15项、软件著作权10项，受邀在国内外交通技术会议上主持或演讲15次，荣获国家科学技术进步奖二等奖1项、教育部科学技术进步奖一等奖1项、湖北省科学技术进步奖二等奖1项、中国公路学会科学技术奖二等奖2项。

王维锋

万剑，高级工程师，国家注册咨询工程师、注册一级建造师、注册造价工程师、信息化系统项目管理工程师、信息系统监理工程师、机电检测工程师，中设设计集团股份有限公司智能交通研发中心、智能交通技术和设备交通运输行业研发中心副主任，研究方向为智能交通感知与数据分析技术，负责人工智能、车路协同等新一代信息化技术的攻关及产业化。承担国家科技支撑计划项目、省科技攻关计划项目、省交通运输科技专项项目等科研项目16项，取得一系列有影响力的科技成果。先后在ITS Asia-Pacific Forum、ICTIS、CICTP等国际会议及交通行业核心期刊上发表科技论文15篇（其中，EI检索4篇），授权专利17项（其中，发明专利7项）、软件著作权9项，受邀在国内外交通行业技术交流会上主持或演讲10余次。2010年被评为湖北省优秀硕士学位论文作者，2014年被评为中设设计集团优秀科技工作者，2015—2016年连续被评为中设设计集团优秀高级项目经理，2017年被授予江苏公路优秀科技工作者称号，2018年被评为交通运输部交通运输行业重点科研平台"创新人物"，获得中国公路学会科学技术奖二等奖（排名第二）。

万剑

公路货运车辆实时载荷与制动性能集成检测关键技术及应用

项目简介

该项目利用理论分析、模拟仿真、试验验证和示范应用相结合的研究方法，研究货运车辆轴荷及整车在线不停车快速检测技术、车辆制动性能隐患在线快速检测技术、多信息融合的系统集成技术，将货运车辆连续、实时、多方向动态称重技术和制动力、制动时序检测技术通过软硬件研发有机结合在一起，一体化解决超载检测、计重收费、制动性能隐患检测等行业问题，并研发公路货运车辆实时载荷与制动性能集成检测装置。

项目授权专利5项，在浙江宁波地区得到了成功应用，为超载治理和制动力检测提供了技术支撑，对减少路面损坏、预防交通事故、降低执法成本有着显著作用，具有良好的经济效益和社会效益，推广应用前景广阔。

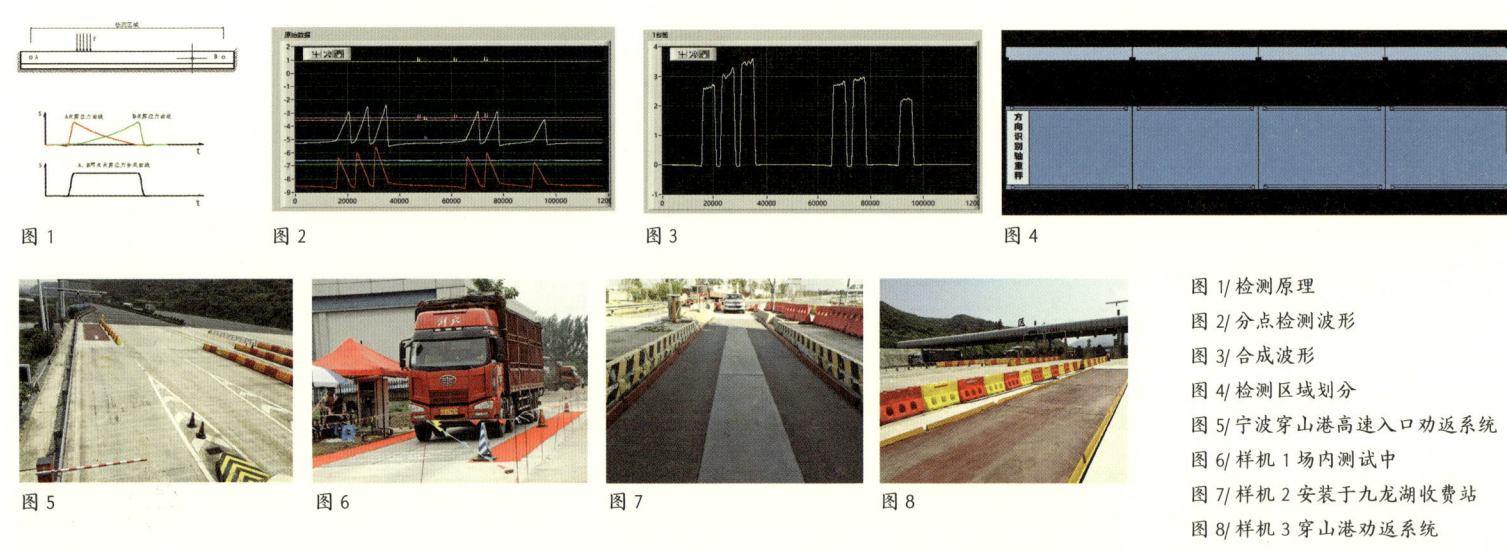

图1/ 检测原理
图2/ 分点检测波形
图3/ 合成波形
图4/ 检测区域划分
图5/ 宁波穿山港高速入口劝返系统
图6/ 样机1场内测试中
图7/ 样机2安装于九龙湖收费站
图8/ 样机3穿山港劝返系统

/主要完成单位简介/

交通运输部公路科学研究所成立于1956年，是交通运输部直属的大型综合性公路交通科研机构，主要从事道路工程、桥梁工程、交通工程、智能交通、汽车运用工程、道路运输与物流、公路生态与环境保护工程等领域的科学研究及技术材料与装备开发。设有土木工程和交通运输工程2个国家一级学科硕士学位点，1个博士后科研工作站，拥有一批包括中国工程院院士在内的国内外知名专家。

北京盘天新技术有限公司成立于2006年，是一家专注于车辆智能检测、道路安全监测、物联信息分析、数据多维开发，为全国各等级道路及桥梁、隧道等设施提供专业的电气自动化、信息化监测及智能超限检测产品、研究、开发、生产及销售的国家高新技术企业。公司技术及研发实力雄厚，参加了多项动态汽车衡相关标准和非现场执法、货车ETC行业技术规范的编制工作。

截至2017年，公司获得公路、铁路领域授权专利30余项，获得中国公路学会科学技术奖二等奖1项、中轻联科学技术进步奖三等奖1项。

二等奖
Award for CHTS Science & Technology

主要完成单位：交通运输部公路科学研究所、北京盘天新技术有限公司
主要完成人：赵娜乐、李臣、李溯、邬洪波、孙传姣、张英杰、张禄、周志伟、周炜、杨曼娟

创新成果

1. 采用分离式平板动态荷载检测技术，结合连续跟车时计重算法，实现了车辆动态称重分车和车辆轮轴类型检测，提高了连续动态称重的准确度。

在货运车辆通过称重平板时，轮轴载荷作用于受力梁上，从而引起电阻应变式传感器参数变化，通过输出参数的变化最终计算出轮轴载荷。结合连续跟车时计重算法，确保在各种连续跟车过秤的情况下，整车总重量称重准确度完全达到动态1级（≤±0.5%），多通道数字化称重处理方式，软件实现车辆动态称重分车和车辆轮轴类型检测，提高了连续动态称重的准确度。

2. 提出了以梁柱结构（承重和传力结构）为弹性体，采用二维应变传感技术，在称重检测的同时，实现了车辆制动力的实时检测。

项目创新性地提出将传感器的弹性体与应变计分开，将弹性体与承重传力结构合为一体，应变计单独加工，改进传感器，传感器压装在受力梁的相应位置，并对传感器采用弹性压装，防止传感器松脱，加装热敏电阻丝进行应变补偿，在接触面加工沟槽，增加结合性，保证应变的传递，并且通过螺装的形式在现场安装，保证了称重及制动力的集成检测。

3. 采用检测区优化算法，实现了制动时序实时检测技术，攻克了货运车辆牵引车和挂车制动时序现场检测难以实现的技术难题。

当水平力负载作用于受力梁上时，会在水平方向上产生应变。将受剪力应变计和正应力应变计按工艺要求和位置粘贴在小孔传感器内，可以检测剪应力。

4. 研发了集车辆动态荷载检测、制动力检测、车辆识别、货运量统计与计费功能的一体化自动检测设备，填补了相关领域的空白。

该项目研发了安装车辆动态荷载和制动力检测传感器的平板式台面，集成车牌抓拍智能识别系统、车辆外形超限检测系统、治超数据平台系统、车辆行驶引导图文显示系统、喊话及语音报重广播系统、超限检测区视频监控录像系统、UPS不间断供电子系统等，实现称重、制动力、车辆识别等一体化。

/主要完成人简介/

赵娜乐，35岁，博士，副研究员，任职于交通运输部公路科学研究所道路交通安全研究中心，主要从事交通安全、数据分析、交通管控、交通组织优化方向相关研究开发工作。

主持及参与了多个国家级、省部级科研课题及重点建设项目。作为项目负责人主持自然科学基金青年基金项目1项、交通运输行业重点科技项目清单创新研发重点项目1项、中央级公益性科研院所基本科研业务费重点项目1项；作为子课题负责人参与国家重点研发计划课题2项、交通运输部建设科技项目1项；作为项目或专题负责人参与了深中通道、珠海横琴口岸等多个国家重点建设项目的科研及咨询工作；作为主要编写人参编了《公路通行能力分析细则》《公路管理设施设计规范》等行业标准规范；授权发明专利1项、实用新型专利1项、软件著作权3项；以第一作者或通讯作者发表论文10余篇；获得中国公路学会科学技术奖二等奖2项、三等奖1项。

赵娜乐

道路风险评估技术研究与实践

项目简介

该项目属于交通运输工程和安全科学技术领域，在总结国内外安全管理研究成果的基础上，通过大量各等级道路安全数据的采集和分析，用统计和计量经济方法，研究了道路基础设施、交通运行条件与交通事故风险的关系，分别建立了高速公路、普通等级公路、农村公路和城市道路的风险评估指标体系、模型和风险分级标准。运用视频智能分析、三维点云处理与设施空间属性建模、地理坐标空间分析等技术和算法，结合人机交互界面设计，研制了道路风险评估信息采集装备，通过模块化控制，提供不同采集内容、高精度和便捷经济型的采集方案，研究了安全保障措施效果评估和经济优化分析方法，建立了我国道路安全完善措施库，结合评估模型封装和评估系统功能的设计，应用数据融合等技术，研发了可部省两级应用的道路风险评估应用系统。

图1

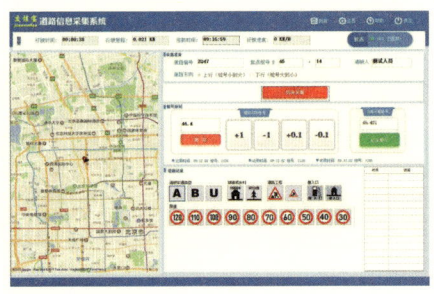

图2

图1/便携式调研设备（左）和车载调研设备（右）
图2/道路信息采集系统主界面

主要完成单位简介

交通运输部公路科学研究所成立于1956年，是交通运输部直属的大型综合性公路交通科研机构，主要从事道路工程、桥梁工程、交通工程、智能交通、汽车运用工程、道路运输与物流、公路生态与环境保护工程等领域的科学研究及技术材料与装备开发。设有土木工程和交通运输工程2个国家一级学科硕士学位点，1个博士后科研工作站，拥有一批包括中国工程院院士在内的国内外知名专家。

北京中交华安科技有限公司是交通运输部公路科学研究所下属的国家高新技术企业，拥有国家安监总局颁发的安全评价甲级资质（证书编号APJ-(国)-216），是迄今为止全国公路交通领域唯一一家具有甲级资质的安全评价机构。公司自成立伊始，在国内外开展了数百项交通安全技术研究和咨询服务，具备交通安全产品与装备的集成和研发能力，有效减少了高风险因素对公众交通出行的影响，并在"一带一路"沿线国家成功推广了中国经验。公司主要业务范围为道路（路网）风险评估、安全评价、安全技术研究（包括路线安全、交通控制、交通气象、应急管理与工程安全等）、安全产品研发（防护设施、雾区诱导预警系统、长下坡红外预警系统等）。

二等奖

Award for CHTS Science & Technology

主要完成单位：交通运输部公路科学研究所、北京中交华安科技有限公司
主要完成人：张铁军、唐琤琤、杨曼娟、万娇娜、米晓艺、胡晗、张岚、龚柏岩、廖军洪、周荣贵

创新成果

1. 道路风险评估指标体系和评估模型，既吸收了国内外研究成果和模型框架，又分析了我国道路风险影响因素对事故率和严重程度的影响规律，可适用于我国高速公路、国省道干线公路、农村低等级公路和城市道路，模型包含穿村镇路段分类，连续长下坡、连续弯道等组合因素，针对我国幅员广阔的特点，提供了不同区域特征的模型修正方法。

2. 道路风险评估信息采集装备，与评估模型和应用系统一体化数据结构，能实现各等级道路平纵线形、道路空间和环境信息、标线等设施的道路风险评估全要素快速采集。

3. 道路风险评估应用系统，封装道路风险评估模型、安全保障措施效果和经济评估模型，可面向部省两级应用，实现基础数据管理、基于地图的风险分析、对策分析和效果评估、计划编制等功能，可以针对性地进行路段图像、道路基本信息等各种信息的溯源检索。

图3

图4

图5

图3/ 国际项目工作照：坦桑尼亚（左）和柬埔寨（右）
图4/ 道路速度观测
图5/ 现场调研

/主要完成人简介/

张铁军，博士，教授级高级工程师，主要从事道路风险评估、道路安全管理和交通安全信息系统研发和集成工作。中国道路风险评估系统（ChinaRAP）负责人，国际道路评估组织（iRAP）全球技术委员会委员，世界银行和亚洲发展银行项目交通安全专家。

带领ChinaRAP团队于2011年获得第一个国际项目，作为负责人组织投标、申报和实施了10余项国内外道路风险评估项目，在海外项目实施过程中获得了用户的高度肯定，并成为亲密合作伙伴。获得iRAP授予的"Asia Pacific Star Performer, 2013/ 2016"称号。

张铁军

唐琤琤，博士，研究员，注册安全工程师，一级安全评价师，全国交通工程设施（公路）标准化技术委员会委员、中国公路学会青年专家委员会委员。

主要从事道路交通安全和交通工程设施的研究、标准规范的制修订等工作，主持或参加国家级、省部级项目40余项，多个项目获得中国公路学会科学技术奖、国家质监总局标准计量技术成果奖、国家标准化管理委员会标准创新奖等。作为第一、第二作者发表论文50余篇，出版著作《道路交通安全评价技术》《道路交通标志和标线手册》等9部，制修订国家和交通行业标准、规范20余部。

唐琤琤

城市完整街道与绿色交通设计技术研究与应用

项目简介

针对目前城市道路普遍存在的路权分配不均、慢行弱势、空间割裂、功能不全、设施不完善等问题，以及现有道路工程类规范覆盖不全、街道设计欠精细化等难题，提出了以道路工程设计向街道设计观念转变、以"完整街道""绿色交通"理念为研究切入点，采用城市设计、交通规划、道路工程设计等多专业融合的研究技术方法，从宏观层面研究了适应国情的完整街道设计体系、关键要素，从微观层面研究了绿色交通在完整街区层面的优化设计元素，社会效益、经济效益与环境效益明显。该研究成果对弥补相关规范的空白与修编提供了技术支撑，推动了《上海市街道设计标准》等地方标准编制4项，授权专利14项，发表论文24篇，技术成果达到国际先进水平。

图1/ 宁波中山路慢行区
图2/ 宁波中山路建筑前区利用
图3/ 宁波中山路公交车站区域

/主要完成单位简介/

上海市城市建设设计研究总院（集团）有限公司成立于1963年，具有国家工程设计综合甲级、工程勘察综合甲级、工程咨询甲级、城乡规划甲级等资质。集团致力于聚焦技术革新，在道路、交通、桥梁、给水排水与环境工程、轨道交通、规划、建筑园林等领域硕果累累。在现代有轨电车、街道设计、智能交通、地下空间、环境工程等新领域走在行业前列。荣获国家级、省部级和市级各类奖项近千项，授权发明专利100余项，主编和参编标准、规范、通用图等100余项。

二等奖

Award for CHTS Science & Technology

主要完成单位： 上海市城市建设设计研究总院（集团）有限公司、上海市路政局
主要完成人： 蒋应红、刘伟杰、彭庆艳、沈雷洪、王维凤、刘宙、陈锦秀、崔诚靓、刘晓倩、陈可心

创新成果

1. 系统地提出了以慢行系统为核心的本土化完整街道概念与设计技术体系，涵盖了适应国情的完整街道定义、以完整路权为导向的街道设计体系，包含街道设计14项关键要素及设计要点。

2. 基于街道问题根源所在，提出了突破道路红线限制的空间、功能、设施三大关键要素统筹的整合设计技术，给出了完整街道空间内的绿化、铺装、设施的系统分类及分区分类的设计导则，以及包含交通、市政、服务等多类型街道设施系统集成及设计要点。

3. 采用理论计算与驾驶模拟仿真相结合的手段，提出了交叉口路缘石转弯半径、路段车道宽度关键参数最小值，利用多功能路灯杆整合交通市政设施的杆件系统集成技术，以及集约节约用地的新型道路平面断面布置技术。

4. 提出了基于慢行优先的人、非、机多种待行区设置方法，以"综合绿化设施带"整合交通、市政、景观多功能集约化布置方法，交通资源整合理念下的路内换乘"微枢纽"、公交专用车道混跑常规公交与地面骨干公交的设计方法。

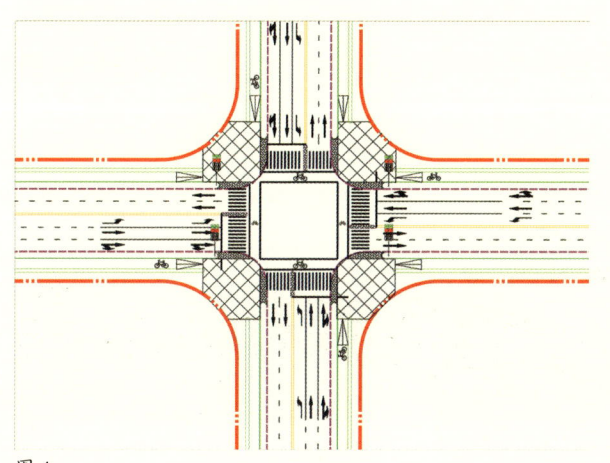
图4

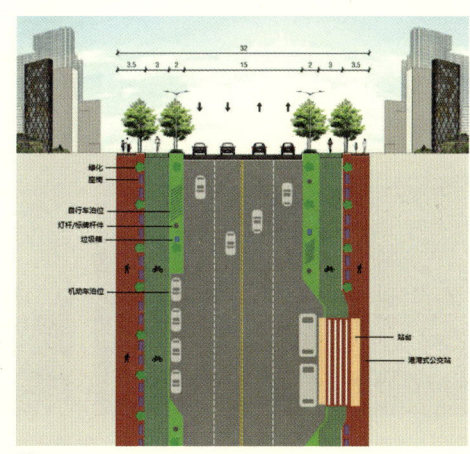
图5

图 4/ 交叉口优化设计
图 5/ 综合设施带设计

/主要完成人简介/

蒋应红，教授级高级工程师，上海市城市建设设计研究总院（集团）有限公司副总经理，注册土木工程师（道路）。获全国五一巾帼标兵、上海市劳动模范、上海市领军人才、上海市重大工程建设功臣等荣誉称号。主编国家及省市规范4部、丛书2部。获中国公路学会科学技术奖一等奖、华夏科学技术奖、全国优秀城乡规划设计及咨询奖、上海市科学技术进步奖等80余项。

蒋应红

刘伟杰，教授级高级工程师，上海市城市建设设计研究总院（集团）有限公司专业总工，注册土木工程师（道路），享受国务院政府特殊津贴。获全国五一劳动奖章、全国建设系统劳动模范、上海市领军人才等荣誉称号。主编国家及地方规范5部、专著1部。获詹天佑设计大奖、中国公路学会科学技术奖一等奖、全国优秀城乡规划设计及咨询奖、上海市科学技术进步奖等近百项。

刘伟杰

智慧高速公路关键技术与实践

项目简介

该项目依托江西省宁都—定南（赣粤界）高速公路建设工程开展研究，从智慧型高速公路信息化标准体系建设、关键技术研究、集成系统研究、系统架构研究等角度出发，针对赣州区域山区特殊气候、复杂地质条件、连续隧道与特长纵坡交织复杂路况环境，分析复杂环境下的智慧高速公路交通的构建特征，攻克了基于"端—管—云"的智慧高速公路系统架构、智慧高速公路信息化建设标准体系、面向高速公路基础设施的安全监测体系、路网监管与应急救援关键技术、智能出行服务关键技术五方面核心研究内容，形成了山岭重丘区域的智慧高速公路的成套关键技术和集成系统。

通过技术应用创新，项目申请国家专利26项，其中，发明专利6项；授权专利25项，其中，发明专利5项；授权软件著作权8项；取得部级公路工程工法1项、省级工法6项；编制企业级信息化标准规范43项、企业级设计指南2项。支撑了发展改革委授予的"基础设施安全监测与评估国家地方联合工程研究中心"的设立，项目成果"高速公路特殊路段安全行车诱导系统"获得中国公路学会颁发的2018年度"中国高速公路30年信息化最佳产品奖"。

项目成果在交通运输部科技示范工程宁定高速公路全线254公里示范应用，并在南昌—九江改扩建、广昌—吉安、广州—深圳等高速公路建设实践中成功推广。

图1

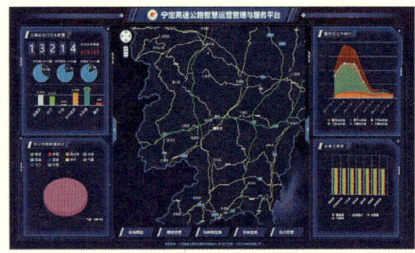
图2

图3

图4

图1/ 赣州应急指挥中心　　　图3/ 安全行驶预警系统
图2/ 综合运营管理服务平台主界面　　图4/ 三百山智慧服务区

/主要完成单位简介/

江西省高速公路投资集团有限责任公司是经江西省政府批准成立的大型国有独资企业，省交通运输厅根据省政府授权依法履行出资人职责。集团于2009年11月28日挂牌成立，2010年1月1日正式运作。截至2018年12月底，集团注册资本为95.05亿元，资产总额达3142亿元，位居全省第一，净资产1232亿元，位居全国同行业第二；旗下直接管理8个全资及控股子公司，其中，1个上市公司、8个直属路段管理中心、13个参股子公司，共有743个所属单位、18 000多名员工，企业信用评级为"AAA"，连续多年入围中国服务业500强；经营管理5290公里高速公路，占全省通车里程的86%；经营业务除高速公路投资建设、运营管理外，还涉及工程建设、金融投资、路域资源开发等领域。

二等奖
Award for CHTS Science & Technology

主要完成单位： 江西省高速公路投资集团有限责任公司、交通运输部公路科学研究所、交通运输部科学研究院、北京交科公路勘察设计研究院有限公司、江西方兴科技有限公司、江西飞尚科技有限公司、北京国交信通科技发展有限公司

主要完成人： 费伦林、张纪升、狄小峰、谢晓如、周昌、樊友庆、阮琦、丁军、张琦、张一衡

创新成果

1. 首次构建了基于"端—管—云"的智慧高速公路架构，并提出了适用于丘陵山区的智慧高速公路建设标准体系及相关配套工程的施工工法。

2. 提出了面向高速公路基础设施结构安全的动态监测体系，研究成果支撑了发展改革委授予的"基础设施安全监测与评估国家地方联合工程研究中心"的设立。

3. 研究了基于北斗卫星定位导航的高速公路综合应急指挥调度技术，项目研究成果"一种车辆定位信息匹配目标公路的方法及系统""对危化品运输车辆在服务区停靠的预警方法""一种基于卫星定位的高速公路多义性路径识别通行卡及实现方法""根据重点营运车辆定位信息判断公路拥堵的方法"已获国家颁发的发明专利证书。

4. 集成研究了连续隧道与特长纵坡交织复杂路况条件下的安全行驶预警等关键技术，提升了车辆频繁进出隧道、经过特长纵坡的行驶安全。

5. 集成应用手机报警定位、视频自动追踪和北斗技术，实现报警电话自动定位、视频自动追踪的快速报警服务，同时研究了基于粒子群算法的应急车辆调度技术及隧道内实时同步卫星导航信号模拟系统关键技术，提升了高速公路应急救援效率。

6. 提出了基于大数据分析技术的智慧高速公路服务区综合服务体系，提升了服务区公众出行的服务质量和用户体验。

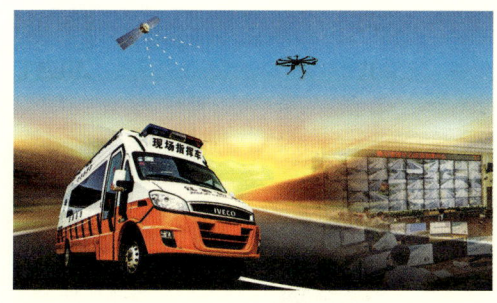

图5 / 基于北斗应用技术的综合应急指挥调度系统

/主要完成人简介/

费伦林，硕士，高级工程师。现任江西省高速公路投资集团有限责任公司安远—定南高速公路项目办副主任，长期从事特大型桥梁及高速公路项目建设和管理工作，参加了九江长江公路大桥、安远—定南等重点项目的建设。主持完成交通运输部科技示范工程1项、江西省交通运输重点工程科研项目4项；获中国公路学会科学技术奖一等奖1项、二等奖2项，江西省科学技术进步奖三等奖1项；授权国家发明和实用新型专利5项、软件著作权3项；完成专著2部，发表论文20余篇；主编部工法2项、江西省工法1项、企业标准2项；获交通运输部授予的"交通运输青年科技英才"、中国公路学会授予的"全国公路优秀科技工作者"和"首届江西公路优秀工程师"等称号。

费伦林

狄小峰，博士，交通运输部科学研究院副研究员。主要从事智慧交通发展规划、高速公路物联网技术应用、交通运输信用体系建设等方面的研究。主持及参加了多项国家级、省部级科研项目，成果在多项省部级信息化工程应用中取得成效；获中国公路学会科学技术奖一等奖3项、二等奖2项，组织及参与编写专著2部。

狄小峰

低等级公路安全防控关键技术研发与集成示范

项目简介

该项目以人、车、路匹配为出发点，以主动安全预防为导向，在公路风险评估技术提升的基础上，进一步攻克了低等级公路信息快速采集、驾驶环境协调性识别与改善、车路安全匹配与驾驶人安全评估等技术难点，创建了可持续的低等级公路安全防控技术模式。

经公安部科技信息化局、交通运输部公路局的验收（鉴定），项目研究成果达到国际先进水平，并被纳入JTG D81-2017《公路交通安全设施设计规范》《公路平面交叉设计细则》（送审稿）等标准规范和《公路安全生命防护工程实施技术指南》，指导了国务院推动实施的"全国公路安全生命防护工程"（已实施超过10万公里）。

集中应用该项目成果的浙江遂昌县低等级公路安全改善项目，被交通运输部列为全国公路安全生命防护工程的样板路，示范工程实施后，月平均事故起数下降44.96%，月平均死亡与受伤人数分别下降19.71%和51.72%。

图1 　图2 　图3

图1/车载移动数据采集设备构成　图3/路面防滑涂料
图2/2种C级（40kJ）护栏

/主要完成单位简介/

交通运输部路网监测与应急处置中心是专职从事全国路网运行监测、应急处置和出行服务工作的服务型中心和研究型中心，以"保障路网畅通，服务人民出行"为核心任务。中心先后承担和参与了国家干线公路网监测体系研究、公路网运行监测与服务系列标准规范编制、路网管理、应急与服务平台设计咨询、全国ETC联网等科研工作。

交通运输部公路科学研究所道路交通安全工程研究中心是行业技术研发的核心力量，负责管理交通运输部公路科学研究所司法鉴定中心、交通运输企业安全生产标准化考评机构（一级）、全国交通工程设施（公路）标准化技术委员会、公路交通安全技术交通运输行业重点实验室。先后承担了"国家道路交通安全科技行动计划"等13项国家级项目，"公路交通安全应用技术研究"等100余项部级项目；主持或参与了140余项国家和交通行业标准规范的制修订工作，专业领域覆盖交通工程的各个分支；先后授权发明专利13项、实用新型专利70项、软件著作权40项。

二等奖
Award for CHTS Science & Technology

主要完成单位：交通运输部路网监测与应急处置中心、交通运输部公路科学研究所、公安部交通管理科学研究所、北京中交华安科技有限公司、重庆交通大学、同济大学

主要完成人：吴京梅、唐琤琤、矫成武、陈瑜、周荣贵、应朝阳、张铁军、尤志栋、于海霞、刘唐志

图4

图5

图6

图4/客运线路安全适应性评估软件　　图5/低等级公路驾驶体验训练仿真平台　　图6/4D安全警示体验系统

创新成果

1. 构建了符合低等级公路特点的安全风险评估模型；提出了公路行车环境与驾驶行为协调性评价和改善技术；研发了基于三维点云智能分析的交通安全设施信息快速采集装备；研发了低等级公路安全评估及辅助决策系统，为公路安全管理和养护资金投资计划制定提供了系统的数据支持和定量分析解决方案，显著提高了设施设置的系统性、针对性，以及资金利用效率。

2. 提出了低等级公路护栏和诱导设施量化设置方法；创新提出了与路域环境相协调的城乡结合部和村镇路段安全模型及安全改善技术；研发了2种C级（40kJ）护栏、路面防滑涂料和高亮度广角雨夜立面标记反光涂料等新设施、新材料，为实施条件受限的低等级公路安全改造提供了可行的解决方案。

3. 研发了农村客运车辆行车安全适应性评估技术和系统，研制了农村客运行车安全管理信息定制化在途发布装置，为低等级公路农村客运线路安全性分析、提升和安全运营提供了管理工具，显著提高了农村地区开通客运班线的安全决策水平。项目成果支撑了部颁《农村道路旅客运输班线通行条件审核规则》（交运发〔2014〕258号）的制定。

4. 提出了农村地区驾驶人交通安全意识与行为评价体系，研发了体验式训练仿真平台、4D安全警示体验系统、重点驾驶人安全管理信息服务告知系统，解决了农村地区驾驶人安全意识训练提升手段与内容缺失的问题。

/主要完成人简介/

吴京梅，交通运输部公路科学研究所道路交通安全工程研究中心主任工程师，研究员，国家注册安全工程师，国家注册安全评价师。主要从事道路交通安全技术研究与咨询、标准规范制修订等工作。主持或参与国家级及省部级项目30余项，其中，"公路安全保障工程实施技术指南""山区公路安全保障工程创新与实践""G109安全保障工程实施技术"、国家科技支撑计划"山区公路网安全保障技术体系研究与示范工程"等多个项目获得中国公路学会科学技术奖、北京市政府奖、欧洲路联奖和国家安监局科学成果奖等。编著了《公路连续长大下坡安全处置技术》《山区公路网风险评估技术》等技术丛书。现正主持或参与公路工程行业标准《公路服务设施设计规范》《公路交通工程沿线设施设计规范》等标准规范的制修订工作。

吴京梅

综合运输服务示范城市建设方法、政策机制及应用研究

项目简介

近年来，我国开展了大量关于综合运输体系建设的研究和实践，取得了一定的成效，但是，对于不同运输方式间的协同发展、综合运输与城市的协调发展等方面的研究和应用仍缺乏健全的理论体系、科学的建设方法和系统的政策机制，这导致了城市综合运输体系建设的事倍功半。为此，我国急需对制定科学、系统、可操作、可实施的综合运输与城市土地利用一体化发展、综合客货运枢纽运营服务优化提升、旅客联程运输，以及共同配送等方面的技术规范和政策机制予以指导和支撑。

该项目在充分认识综合运输服务示范城市特征的基础上，结合我国城市发展的实际和需求，提出了综合运输服务示范城市建设的内涵和外延。在国家层面，提出了综合运输服务示范城市建设的顶层制度设计和建设标准；在城市层面，提出了综合运输服务示范城市建设的基础理论、建设方法和政策机制，着力于促进运输方式整合，强调运输组织效率，注重服务需求导向，丰富和完善我国综合运输体系建设的力量、技术与方法，为交通运输部推进现代综合运输体系建设提供技术与政策支撑，并促进交通运输部开展综合运输服务示范城市建设；同时，为地方建设综合运输体系提供技术方法和政策机制，进而推动我国综合运输体系建设的深化落实。

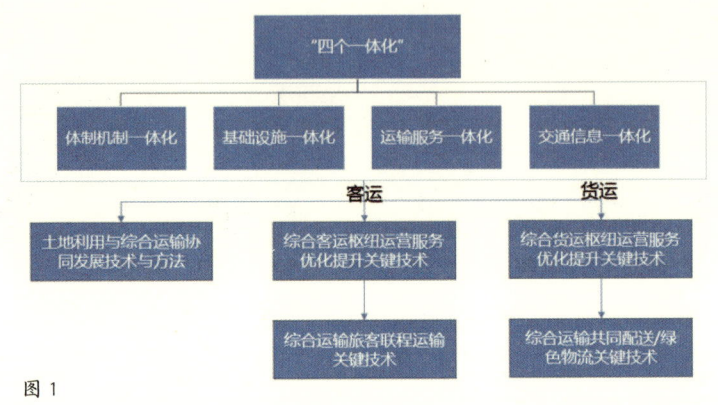

图1

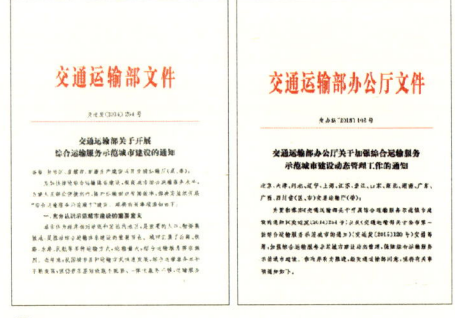 

图2　　　　　　　　　　　　　　　　　　图3

图1/ 项目研究的总体建设思路及策略框架设计
图2/ 交通运输部关于开展综合运输服务示范城市建设的通知
图3/ 依托项目形成的行业标准：《综合客运枢纽服务规范》

/主要完成单位简介/

交通运输部科学研究院成立于1960年11月，现为交通运输部直属的综合性科研事业单位，主要面向政府主管部门、交通运输行业开展基础性、前瞻性、公益性研究及技术咨询、服务工作。多年来，交通运输部科学研究院在交通运输发展战略、规划、政策、法规、标准等研究方面，大量成果被政府部门采用，发挥了重要的决策支撑作用；在信息化、环保安全、低碳交通、公路工程等技术领域，一大批成果得到推广应用，经济效益及社会效益显著；在行业科技交流、成果推广、检测认证等科技服务领域，做出了重要贡献；已成为支持部科学决策、部机关履行职能、行业科技创新的重要力量。

二等奖

Award for CHTS Science & Technology

主要完成单位： 交通运输部科学研究院、交通运输部公路科学研究所
主要完成人： 许飒、祝昭、耿薤、陈徐梅、郭忠、赵屾、杨海龙、杜云柯、朱志强、路琦

创新成果

1. 基于国际综合运输体系的内涵特征，首次提出了我国综合运输服务示范城市的内涵和外延。

2. 首次系统研究形成了综合客货运输服务优化提升成套技术与方法。一是综合客运枢纽运营服务优化提升技术与方法；二是综合运输旅客联程运输技术与方法；三是综合运输共同配送/绿色物流关键技术与方法。

3. 开创性地研究和制定了我国综合运输服务示范城市建设的顶层制度设计和政策策略体系。首先，国家层面政策框架体系包括总体政策机制架构、评价标准、监督实施机制和激励机制，创造性地提出了综合运输服务示范城市建设的评价方法；其次，城市建设综合运输服务示范城市的政策框架体系，包括规划编制、资金筹措、组织机制、监督检查等；最后，首次提出了具有中国特色的综合运输服务示范城市建设实施方案的编制方法。

4. 创造性地提出了我国综合运输服务考核评价指标体系。在体系架构方面，涵盖了反映行业可持续发展和政府保障管理水平方面的指标；在指标内容方面，综合考虑了数据获取的难易程度及可行性，更加贴近我国统计体系的实际情况；在指标拓展方面，创新性地设定了参考指标和特色指标，为因地制宜发挥创建城市（城市群）的潜力及下一步优化评价指标体系留出了接口。

图4

图4/ 全国综合运输服务示范城市的重点建设项目：湘潭荷塘综合客运枢纽站

/主要完成人简介/

许飒，北京交通大学经济学硕士，副研究员，交通运输部科学研究院城市交通与轨道交通研究中心政策标准室副主任，交通运输部科学研究院"城市交通拥堵治理"创新团队"城市公共交通量化评估与决策优化技术"责任专家。主要研究领域包括城市公共交通财税政策、票制票价、出租汽车行业管理等。获得2009年中国公路学会科学技术奖一等奖，主持和参与国家级、省部级和国际合作项目9项，其中，主持4项，参与5项，公交补贴、财税政策、公交运价、公交用地综合开发、出租汽车行业新老业态融合发展等研究成果为国家、交通运输部及地方交通运输主管部门制定科学决策提供了技术支撑。起草国家级及省部级政策文件4项、城市级政策文件2项。发表学术论文5篇，其中，核心期刊2篇，EI/ISTP检索1篇。出版专著5部，其中，主要参编1部，参编4部。

许飒

新常态下客货运输发展趋势及对策研究

项目简介

改革开放以后,中国经济经历了黄金30年的增长,GDP年均增长率达到两位数,但这种势头在"十二五"时开始发生转变。2012年,我国GDP增长率"破8",为7.8%,告别过去多年平均10%左右的高速增长。中央做出了经济发展进入新常态的战略判断,经济发展新常态必将对交通运输行业发展产生新的需求,对客货运输的发展带来新的影响。因此,基于经济新常态大背景,该项目在系统分析我国客货运输发展历史规律与特点的基础上,借鉴国外典型国家客货运输与经济发展之间的互动关系,辅以"新四化"(工业化、新型城镇化、信息化、农业现代化)、资源环境、交通供给侧等新特征对客货运输的影响分析,对经济发展新常态下我国客货运输发展进行了定量规模预测和定性趋势研判,并提出了应对新趋势、新特征的对策和建议,为各个层面行业管理部门决策提供了依据和支撑。

该项目研究成果在多个层面进行了应用。一是国家层面,为我国交通运输行业未来战略方向的选择及科学决策提供基础支撑。二是地方应用,为部分省市中长期发展战略制定、规划编制等方面提供了参考。三是研究层面,该项目研究提出的峰值判断预测方法,突破了单纯的时间序列等传统预测方法,对影响因素进行了更为细致的划分,运用不同方法组合预测,从而实现了对未来我国客货运输发展趋势更具可操作性、更精准的预测和判断;同时,通过大视角、长周期的国别发展经验比较研究,总结提炼出交通运输发展趋势与经济社会发展大尺度的互动关系及内在规律,为行业相关研究提供了基本思路和参考依据。四是企业层面,为客货运输企业调整经营结构、研究制定企业转型发展及中长期发展战略提供了翔实可靠的理论参考和数据支撑。

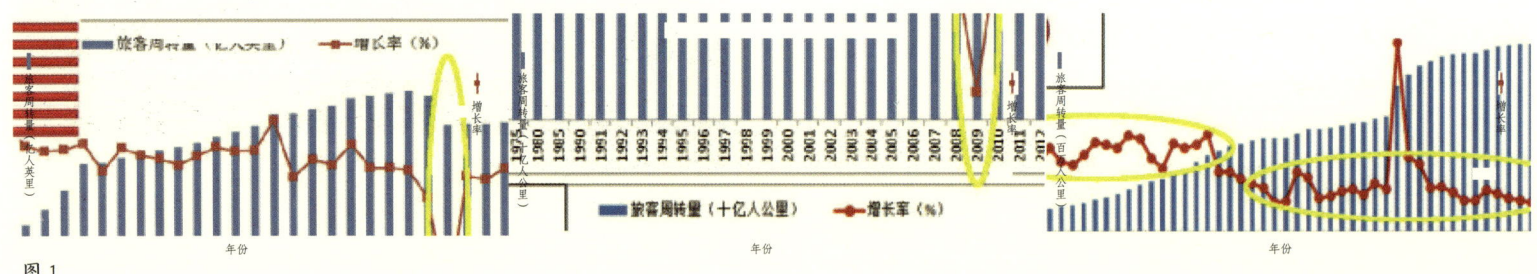

图1

图1/美国、日本、德国旅客周转量变化特点

/主要完成单位简介/

交通运输部科学研究院成立于1960年11月,现为交通运输部直属的综合性科研事业单位,主要面向政府主管部门、交通运输行业开展基础性、前瞻性、公益性研究及技术咨询、服务工作。多年来,交通运输部科学研究院在交通运输发展战略、规划、政策、法规、标准等研究方面,大量成果被政府部门采用,发挥了重要的决策支撑作用;在信息化、环保安全、低碳交通、公路工程等技术领域,一大批成果得到推广应用,经济效益及社会效益显著;在行业科技交流、成果推广、检测认证等科技服务领域,做出了重要贡献;已成为支持部科学决策、部机关履行职能、行业科技创新的重要力量。

二等奖
Award for CHTS Science & Technology

主要完成单位： 交通运输部科学研究院、交通运输部政策研究室
主要完成人： 李忠奎、李艳红、武平、买嫒嫒、杨东、王显光、韩东方、孙文剑、臧青、龚露阳

创新成果

该项目研究全面梳理总结了我国客货运输发展历史规律与特点，通过经验借鉴、相关因素分析、模型预测、定量研判等一整套研究，进一步丰富了经济发展新常态下我国交通运输行业高质量发展的需求预测理论体系。主要技术创新点有：一是结合经济发展新常态的发展特点，从交通运输发展的速度、方式、结构、动力等方面，系统总结了经济发展新常态下交通运输发展理论，为战略政策制定提供参考；二是在长时间序列链条中，提炼出国外客货运输与经济社会发展的共性规律；三是在预测方法上，提出了基于相关因素分析方法与灰色系统预测模型，破解了经济发展新常态带来的以往经济发展规律无效的瓶颈；四是首次从全行业的视角，提出了未来一段时间客货运输增速与峰值；五是首次分析测算了客货运输的空间分布特征及趋势；六是提出了交通运输行业未来战略方向的相关建议。

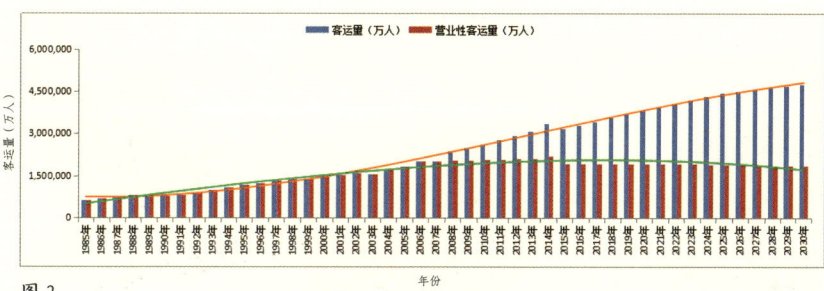

图2

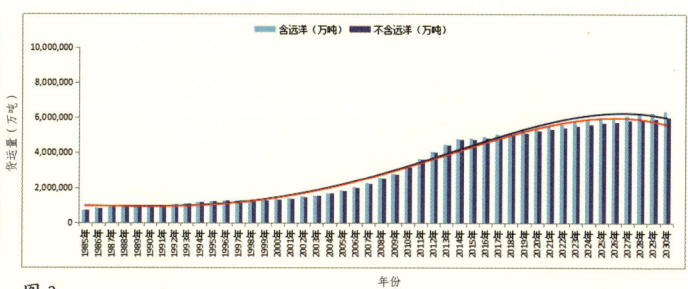

图3

图2/ 我国客运量未来发展趋势
图3/ 我国货运量未来发展趋势

/主要完成人简介/

李忠奎，北京交通大学博士毕业，现任交通运输部科学研究院科研管理处处长、研究员。主要从事交通运输发展战略、规划、政策研究。2007—2008年美国加州大学伯克利分校访问学者，现任美国TRB ABC20技术委员会国际委员、世界道路协会（PIARC）技术委员会委员，享受国务院政府特殊津贴，获交通运输部"交通青年科技英才"等荣誉称号，国家科学技术奖评审专家，中国科协决策咨询专家组成员，国家节能中心专家组成员。近年来，主持承担了30多个国家级和省部级重点科研项目，获得省部级以上科学技术进步奖特等奖1项、一等奖6项、二等奖5项。出版著作10余部，发表学术论文80余篇。

李忠奎

李艳红，高级工程师，现任交通运输部科学研究院综合运输研究中心综合交通规划研究室副主任，北京交通大学交通运输规划与管理博士，交通运输部科学研究院博士后出站。主要研究领域包括综合交通运输战略政策、需求预测、综合运输体系规划理论与方法等。获省部级科技奖励二等奖4项。出版专著2部，参编行标2部，发表学术论文20余篇。

李艳红

交通运输财政性资金差异化补助政策研究

项目简介

政府财政性资金政策作为政府发挥宏观调控职能的主要工具，是进一步破解行业发展资金难题、加强交通运输资金保障的重要手段。当前，交通运输财政性资金政策存在杠杆作用不强、投资责任与事权关系不清晰、投资调控差异化、精细化程度不足及中央地方政府联动机制未有效建立等问题。满足持续旺盛的交通运输发展资金需求，合理配置有限的财政性资金资源，积极发挥财政性资金的引导和带动作用，提高中央投资效率和效益，是交通运输行业面临的一项新挑战。该项目研究紧紧围绕财政事权划分改革的方向，通过财政性资金政策的优化设计，构建中央财政性资金供给的合理框架，逐步实现交通运输行业投资宏观调控的精准化和投资补助的差异化。该研究成果为交通运输部研究制定"十三五"投资补助政策，进行中央资金安排等系列工作发挥了有力的研究支撑和决策支持。该研究提出的关于中央财政性资金政策在区域差异化支持、精准化补助等方面的创新内容，对于进一步完善交通运输财政性资金政策，深化交通运输投融资体制改革提供了借鉴和指导。

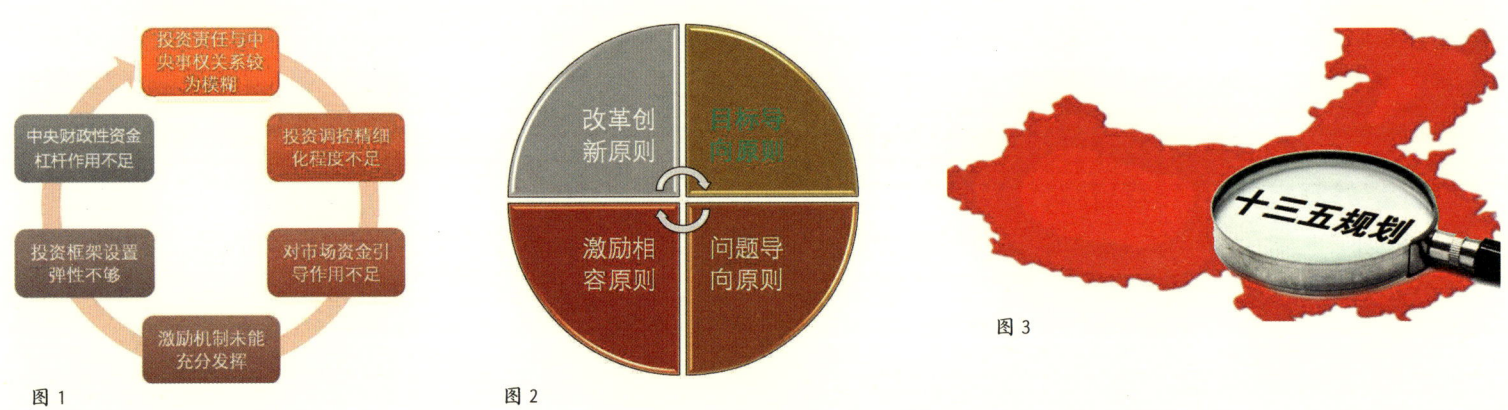

图1/ 当前交通运输财政性资金政策存在的问题
图2/ 交通运输财政性资金差异化补助政策研究的主要原则
图3/ "十三五"规划

/主要完成单位简介/

交通运输部规划研究院为交通运输部直属事业单位，以支持交通运输行业构建畅通、高效、安全、绿色的现代交通运输体系为使命，服务于经济社会发展对现代交通运输业的多层次需求，重点开展交通战略、综合交通、公路、水运、安全、环境及信息等支持系统规划及政策研究。同时，不断拓展业务领域，加强与政府部门、交通运输行业相关企业和国际相关咨询研究机构的合作。建院以来，完成了交通发展规划、战略及政策研究，公路、水运、支持系统建设项目前期及后期评价，规划项目环境影响评价，交通行业规划理论方法研究，工程设计与咨询等3000余项，完成交通基础设施重点建设项目工可评估咨询近3000项。

二等奖

Award for CHTS Science & Technology

主要完成单位： 交通运输部规划研究院

主要完成人： 邵洁、杨超、刘丽梅、邓小兵、徐杏、奚宽武、蔚欣欣、肖春阳、石良清、安旗林

创新成果

1. 预测思路创新。该研究运用增长率法、回归分析法、结构预测法等多种预测方法，对于车辆购置税、港口建设费、中央预算内等财政性资金进行规模预测。尤其针对车购税资金，紧扣汽车销售量和汽车销售价格这两个核心关键因素，结合居民消费能力、汽车市场总体态势、新能源车辆政策等多重因素进行综合预测。

2. 资金分配方法的应用创新。结合不同区域、不同专项的差异化需求，首次将项目法、因素法等理论方法，系统运用在交通财政性资金分配过程中。尤其在农村公路领域，提出了"普惠政策"与"特惠政策"相结合的交通补助政策，并采用"贫困深度系数"法确定全国除享受特殊政策外的655个集中连片特困县和国贫县的系数，进一步实施差异化投资政策，提高投资补助精细化。

3. 首次结合事权改革探讨中央资金政策的总体架构。按照事权和支出责任相适应的原则，合理划分中央与地方的投资责任，构建中央投资政策的总体架构，并提出"十三五"公路、水运等各领域的投资政策；同时，考虑改革的进程，设定政策过渡期，确保投资政策的稳定性和延续性。

4. 创新性地运用激励相容原则开展差异化补助政策设计。按照激励相容的原则进行资金政策的创新设计，建立了中央政府和地方政府的投资联动机制，既赋予地方政府一定的调节空间，又将地方政府资金政策落实与中央投资绑定，有利于发挥中央投资杠杆作用，吸引社会资本进入。

/主要完成人简介/

邵洁，高级工程师，注册咨询工程师，现任交通运输部规划研究院公路所经济室主任，主要从事交通规划、交通经济与投融资政策研究。主要主持及参与了《国家公路网规划》《调整收费公路政策、发展"公路两个体系"》《集中连片特困地区交通扶贫开发规划》《国家公路发展资金研究》《公路可持续发展政策研究》《收费公路政策研究》《全面建成小康社会交通运输发展目标和指标体系研究》《运用PPP模式推进公路交通基础设施建设研究》《"十三五"专项建设规划中期评估》等国家重大规划、投融资政策等部、省重大课题研究，以及PPP文件起草和代部咨询等工作，在《公路》《中国公路》等杂志上发表论文10余篇。研究成果多次获得中国公路学会科学技术奖、北京市工程咨询协会优秀咨询成果奖等。

邵洁

刘丽梅，交通运输部规划研究院公路所副所长，成绩优异的高级工程师、注册咨询工程师。曾获交通运输部"交通青年科技英才"称号，第七届中国公路学会青年科技奖，交通运输部直属机关巾帼建功先进个人，第四届中国公路学会青年专家委员会委员。

长年从事交通规划、交通经济和投融资方面的研究，作为项目负责人或技术主管主持完成了30余项国家级及部省级公路交通课题研究，包括《全国农村公路建设规划》《国家公路运输枢纽布局规划》《集中连片地区交通扶贫规划》《京津冀协同发展交通一体化规划》《国家公路发展资金研究》及《交通基础设施政府与社会资本合作等模式试点方案》《关于在收费公路领域推广运用政府和社会资本合作模式的实施意见》《收费公路政府和社会资本操作指南》等PPP系列研究、文件起草和代部咨询工作。作为执笔人之一完成了《公路建设项目可行性研究编制办法》《公路运输站场投资项目可行性研究编制办法》《公路建设投资项目经济评价方法与参数》等多项规范办法。曾先后获得13项省部级奖，有3项获得省部级技术成果一等奖。

刘丽梅

"十三五"期我国综合交通运输体系发展战略及对策研究

项目简介

《"十三五"期我国综合交通运输体系发展战略及对策研究》项目是交通运输部"十三五"重大研究项目之一。该项目是为更加科学地编制《"十三五"现代综合交通运输体系发展规划》，分析综合交通运输的内外部发展环境和主要矛盾，从基本国情和国家战略出发，提出综合交通运输发展战略体系，明晰近期发展战略重点任务，满足全面建成小康社会的新要求，满足新型工业化、信息化、城镇化、农业现代化同步发展的新需求，推进交通运输供给侧改革的新任务，更好地发挥交通先行官作用而开展的研究。

该项目基于战略的基本理论、交通发展的自身特点及交通外部环境和国家宏观战略，总结国外在工业化、信息化、城镇化、农业现代化进程中不同阶段交通的发展模式和重点，提出基于"中国梦——两个百年目标"的交通发展战略，针对新时期综合交通运输体系面临的新形势与新需求，把握我国综合交通运输体系发展的路径与方向，提出发展战略体系，在长期战略展望的基础上，研究制定近期综合交通运输战略目标、战略重点和对策建议，为交通运输部编制"十三五"及中长期交通运输发展规划提供决策参考。研究形成了《"十三五"期我国综合交通运输体系发展战略及对策研究》《国外综合交通运输体系发展战略重点经验借鉴》研究报告和专题报告。研究成果作为交通运输部在武汉召开的"十三五"规划启动会的与会材料，为部及各省市制定"十三五"综合交通运输体系规划编制提供了理念、方向、重点等的决策参考。

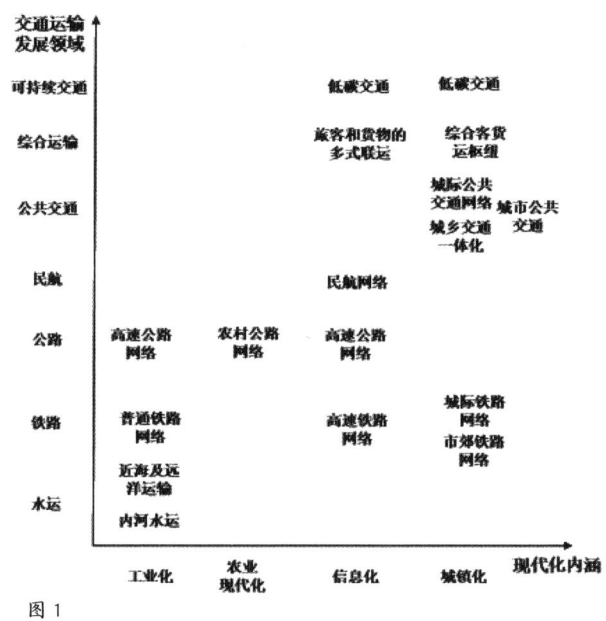

图1/欧美国家现代化进程与交通运输发展领域矩阵

/主要完成单位简介/

交通运输部科学研究院成立于1960年11月，现为交通运输部直属的综合性科研事业单位，主要面向政府主管部门、交通运输行业开展基础性、前瞻性、公益性研究及技术咨询、服务工作。多年来，交通运输部科学研究院在交通运输发展战略、规划、政策、法规、标准等研究方面，大量成果被政府部门采用，发挥了重要的决策支撑作用；在信息化、环保安全、低碳交通、公路工程等技术领域，一大批成果得到推广应用，经济社会效益显著；在行业科技交流、成果推广、检测认证等科技服务领域，做出了重要贡献；已成为支持部的科学决策、部机关履行职能、行业科技创新的重要力量。

二等奖
Award for CHTS Science & Technology

主要完成单位： 交通运输部科学研究院

主要完成人： 孙小年、武平、王显光、李艳红、刘东、周一鸣、买媛媛、杨东、赵昕、叶臻

创新成果

1. 提出了"中国梦——两个百年目标"战略体系下的综合交通运输体系发展战略体系。

2. 解析了新"四化"发展阶段与综合交通运输发展间的影响机制和互动规律，提出了发达国家战略目标导向的战略重点对国内的启示；以这个"新四化"作为时间轴，可以梳理归纳出欧美发达国家在各个现代化进程中交通运输的着力点。

3. 提出了"十三五"时期综合交通运输发展的战略重点，为"十三五"规划编制提供了理念、方向、重点等的决策参考。

4. 提出了经济新常态影响下的客货运输灰色系统预测方法，并预测了未来客货运输结构和运输量。

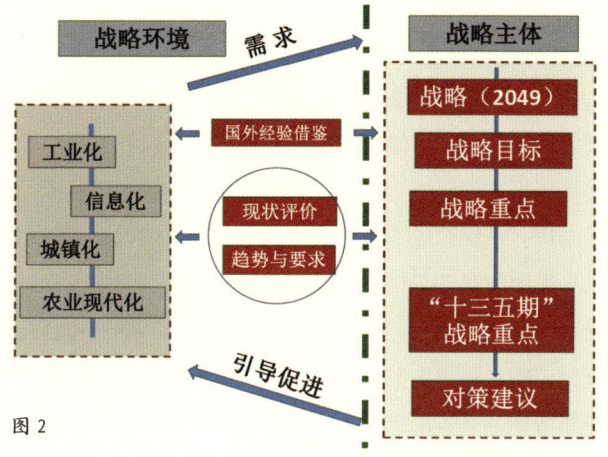

图2/研究技术路线

/主要完成人简介/

孙小年，工学博士，教授级高级工程师（技术二级），现任交通运输部科学研究院学术委员会副主任，曾任交通运输部科学研究院副总工程师、交通技术咨询中心主任、综合运输研究中心（筹）主任。在科研一线工作30年，主要从事交通运输发展战略政策、运输与物流和综合交通运输标准化研究、综合交通运输发展规划、公路水路与枢纽场站建设项目可行性研究及后评价等科学技术研究工作。共完成了200多项研究与咨询成果，获得国家级、省部级科学技术进步奖14项和全国优秀工程咨询奖2项。其中，有国家科学科技进步奖三等奖1项，省部级特等奖1项、二等奖8项、三等奖6项。2007年被中国公路学会评为第四届中国公路百名优秀工程师，2015年被交通运输部和全国总工会评为2014年感动交通年度人物。

孙小年

武平，副研究员，交通运输部科学研究院综运中心综合交通规划室副主任，先后主持和参加项目60项，主持省部级项目16项。出版《综合客运枢纽功能匹配及评价研究》等专著，获得中国公路学会二等奖3项。主要从事综合交通运输发展战略、综合运输体系规划、综合客运枢纽和物流园区工程咨询等工作。

武平

王显光，研究员，综合运输研究中心副主任，注册咨询工程师（投资）。入选国家科技专家库、国家公路建设项目评标专家库、部交通运输节能减排专家库专家，中国铁道学会经济规划委员会委员。主要从事综合交通、旅游交通、城乡交通的战略政策、发展规划和技术标准等方面研究和咨询工作。曾主持与参加"新常态下交通运输当好经济社会发展先行官思路及对策研究""'十三五'期我国综合交通运输体系发展战略重点及对策研究""'十三五'期交通运输引导新型城镇化发展思路及对策研究""公共政策对公路交通发展的影响研究""高效绿色综合运输枢纽建设与运营科技示范工程""城乡区域交通一体化发展重点及对策研究""综合交通运输体系建设评价研究""海南国际旅游岛风景道建设技术研究与示范""西部山区公路网可靠性理论与评估方法研究""新常态下客货运输发展趋势及对策研究"等多项省部级及以上科研项目，参与标准研究6项。研究成果获得过省部级科学技术进步奖一等奖1项、二等奖7项、三等奖1项，合作出版专著5部。

王显光

我国交通运输行业改革总体规划研究

项目简介

为了适应国家经济社会发展的总体形势要求，满足大部制改革后交通运输行业整体发展要求，以及更好地促进综合运输发展需求，首先，该项目从改革的现实背景及目标选择，从国家经济社会改革要求和行业管理需求特点出发，提出改革的总体目标及内涵或特征。其次，依据当前交通运输领域存在的突出问题，以理论为支撑，结合国外经验，找出管理中的主要问题。再次，确定改革的指导思想和遵循的基本原则，进一步梳理分析改革重点，提出确定改革重点的依据或标准，明确改革的重点事项并分析改革方向。最后，提出推进改革的实施建议等，开展了有关交通运输行业体制改革的系统性、基础性研究。通过深入研究深化体制改革的顶层设计和总体规划，明确提出改革总体方案、路线图、时间表，从而为未来行业改革发展提供指导、评价的参考依据和标准。

依托该项目研究成果，交通运输部印发了《交通运输部关于全面深化交通运输改革的意见》（交政研发〔2014〕242号），作为指导交通运输行业改革的总纲领文件。研究成果及其提出的改革重点领域和具体改革事项，为全面深化交通运输改革提供了决策参考，研究成果应用取得了良好成效。

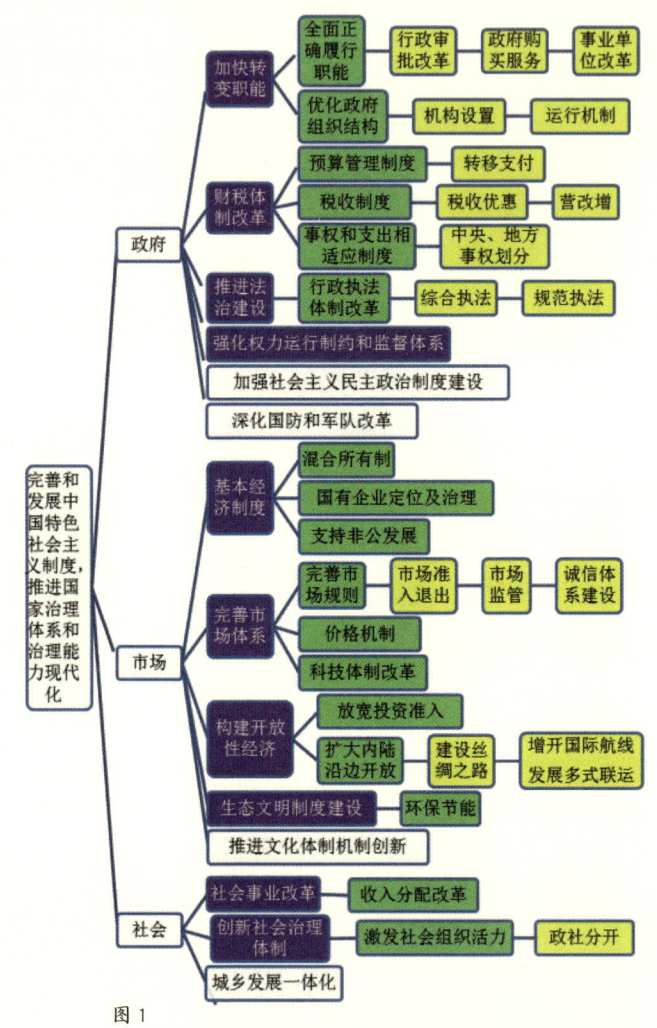

图1

图1/欧美国家现代化进程与交通运输发展领域矩阵图

/主要完成单位简介/

交通运输部规划研究院为交通运输部直属事业单位，以支持交通运输行业构建畅通、高效、安全、绿色的现代交通运输体系为使命，服务于经济社会发展对现代交通运输业的多层次需求，重点开展交通战略、综合交通、公路、水运、安全、环境及信息等支持系统规划及政策研究。同时，不断拓展业务领域，加强与政府部门、交通运输行业相关企业和国际相关咨询研究机构的合作。建院以来，完成了交通发展规划、战略及政策研究，公路、水运、支持系统建设项目前期及后期评价，规划项目环境影响评价，交通行业规划理论方法研究，工程设计与咨询等3000余项，完成交通基础设施重点建设项目工可评估咨询近3000项。

二等奖
Award for CHTS Science & Technology

主要完成单位： 交通运输部规划研究院
主要完成人： 姚晓霞、葛灵志、高翠、舒驰、蔡垚、徐丽、徐园、王佳强、聂向军、马衍军

创新成果

1. 首次提出构建现代交通运输市场体系，交通运输发展主线从增加供给向需求调节方向转变，交通运输发展定位由微观向宏观、由管制向服务转变的新论断。

2. 从8个重点改革领域及方向首次完整搭建了改革的总体框架。一是加快转变职能，激发交通运输市场发展活力；二是完善市场规则，保障交通运输市场健康发展；三是扩大市场开放，构建开放型交通运输发展格局；四是深化大部制改革，实现交通运输治理体系现代化；五是合理划分事权，建立事权和支出责任相适应的制度；六是深化投融资改革，保障行业健康可持续发展；七是提升服务能力，促进交通运输公共服务均等化；八是加强法治建设，努力实现交通运输依法治交。

3. 有系统、有针对性地提出了8个方面23项具体改革任务。科技创新报告结果表明，项目研究成果论述充分，研究结论可靠，研究结果具有创新性。

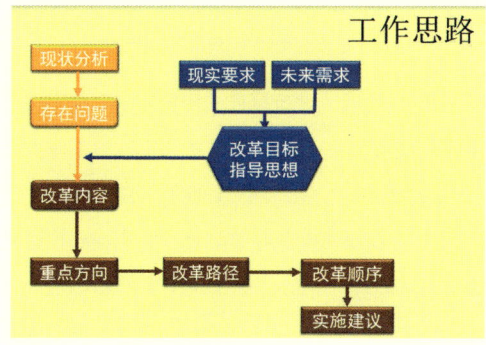

图2

图3

图2/我国交通运输行业改革总体规划研究工作思路

图3/现行交通运输管理职责配置情况

主要完成人简介

姚晓霞，具有交通、法律、公共管理等多学科专业知识背景，长期深耕于交通运输行业体制改革、行业法规、投融资政策等方面研究。先后负责参与了《深化地方交通运输行政管理体制改革研究》《综合交通运输管理体制研究》《我国交通运输行业改革总体规划研究》《综合运输法规体系立法研究》等诸多重大科研项目，提出了一些前瞻性和开拓性的观点，获得了业主、有关专家和相关部门的充分认可和好评。并参与多部行业法律规范起草制定工作，包括公路保护条例、甩挂运输相关法规修订、综合交通运输促进法及收费公路条例修订等，确立了在行业立法方面的专业优势。目前已成为行业法律研究方面的骨干力量，并在2016年被交通运输部评为全国交通运输系统"六五"普法先进个人。另外，还曾先后赴新加坡、美国等国学习培训，并作为中方专家代表参加了国际收费公路协会第80届年会、第8届巴西高速公路及特许经营研讨会（CBR&C 2013）等国际会议，且在大会主会场进行主题发言。

姚晓霞

高翠，硕士，现任交通运输部规划研究院战略所工程师，负责了交通强国研究专题19——《交通运输宏观管理和政策体系创新研究》《国家海洋强国战略中海事系统的发展定位研究》《广东省普通公路劳动定员标准研究》等10余项研究项目；参与了《建设低碳交通运输体系研究》《"十三五"期交通运输引导新型城镇化发展思路及对策研究》《城市群交通一体化政策研究》《我国交通运输行业改革总体规划研究》等30余项研究项目；发表了4篇论文，出版了4本专著；获得省部级二等奖2项。

高翠

综合运输法规体系立法研究

项目简介

党的十八届三中全会明确提出要"使市场在资源配置中起决定性作用",四中全会明确提出要依法治国,从而对我国的法制建设工作提出了更高要求。交通运输行业的铁路、公路、港口、民航、邮政等相关行业分散立法,缺少整体法律体系框架规范与协调,作为发展核心和重点的综合交通运输法律缺失,亟须制定一部为交通运输业指明价值取向,具有指导性、方向性和战略性的核心龙头法律。因此,制定交通运输业的整体法律框架及核心法律《综合交通运输促进法》,既是国家发展战略与制度变革对交通运输提出的新要求,也是协调交通运输自身发展所面临各种矛盾的必然需要。

该项目属于交通运输立法的基础性和支撑性研究,该方面的研究成果极少,在国内属于开拓性和创新性的研究。该项目对我国交通运输法律体系的完善,进行了有益的探索和尝试,并得到了各方认可和较好运用。目前,该项研究成果已经得到有效应用。《交通运输部关于完善综合交通运输法规体系的实施意见》(交法发〔2016〕195号)已经颁布实施,综合交通运输法规体系的框架得到运用;该研究提出的综合运输促进法草案也为加快综合交通运输立法奠定了良好基础,现正在此基础上进一步起草交通运输行业的基本法《交通运输法》。以该研究为依托的《综合交通运输立法现状与需求调研报告》获得2017交通运输部优秀调研报告二等奖。依托该研究主要成果形成的《〈综合交通运输促进法〉立法思考及建议》论文,2018年3月发表于《综合运输》第40卷第3期。

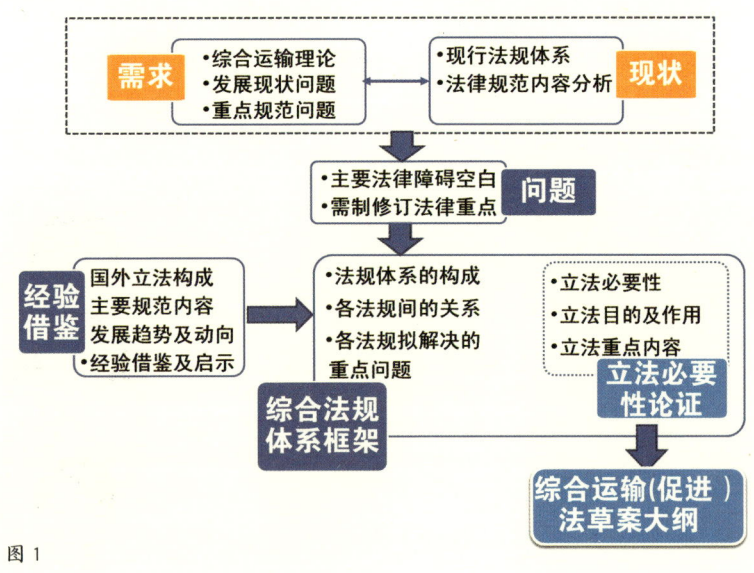

图1

图2

图1/综合运输法规体系立法研究技术方案　　图2/综合运输法规体系专家研讨会

二等奖
Award for CHTS Science & Technology

主要完成单位： 交通运输部规划研究院、交通运输部科学研究院
主要完成人： 姚晓霞、周艾燕、陈晖、张小文、张柱庭、聂向军、李燕霞、王婧、李琼、刘飞

创新成果

1. 首次建立交通运输立法体系架构，使其成为一个有机协调的整体。课题通过研究系统梳理了交通运输行业的所有法律法规，按运输方式划分为标准，将综合运输法规体系分为5种运输方式内部关系的法规子系统和专门调整5种类型之间关系的跨运输方式法规子系统，并对其内在联系和相互适应协调性进行了分析，指出其改进完善方向。

2. 首次提出综合运输促进法的立法草案。该项立法按照综合交通运输体系建设的几个关键环节，即规划、建设、运营的管理流程，进行法的总体结构构思和整个法律框架设计。整项立法将围绕优化结构、高效衔接的发展目标，以实现标准规范化和信息开放共享、鼓励技术制度创新作为立法突破口和重要着力点，进行立法主要内容设计。

3. 研究提出立法的价值取向是综合运输战略和政策导向的充分反映，着眼于提升国家经济发展的竞争力，资源节约、环境保护，更好服务于公众，落脚于加快综合运输发展，以实现结构优化和高效衔接。以打破各运输方式行业壁垒，建设统一运输市场；以提升社会公众参与程度，提高政府治理能力，作为立法突破口。以标准规范化、实现信息开放共享、鼓励技术创新和新方法的运用等，为立法的重要着力点。开拓性地提出了综合运输规划体系的构成和规划程序，并对综合运输各管理部门的合理分工、综合交通枢纽管理创新、支持引导政策等进行了创新性研究。

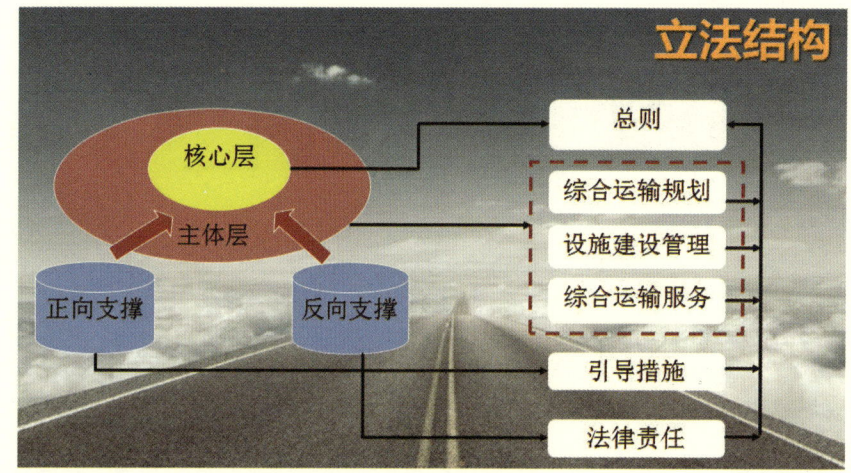

图 3

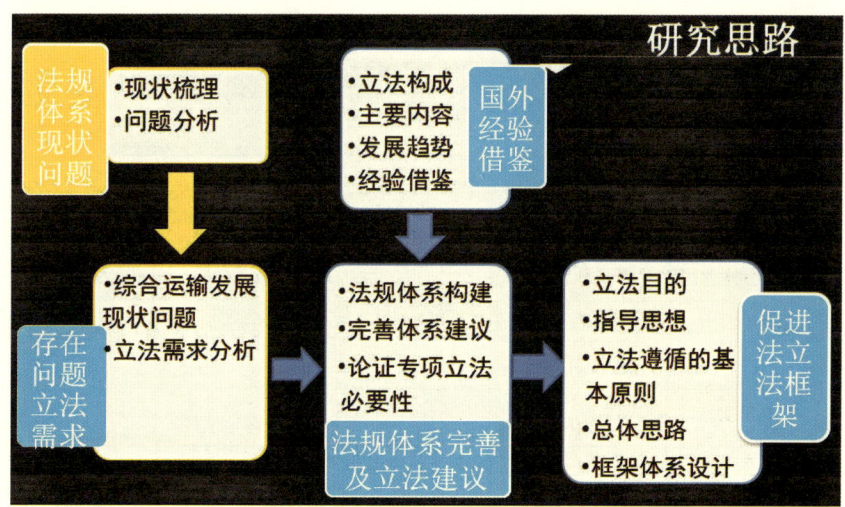

图 4

图 3/ 综合运输法规立法结构
图 4/ 综合运输法规体系立法研究思路

/主要完成单位简介/

交通运输部规划研究院为交通运输部直属事业单位,以支持交通运输行业构建畅通、高效、安全、绿色的现代交通运输体系为使命,服务于经济社会发展对现代交通运输业的多层次需求,重点开展交通战略、综合交通、公路、水运、安全、环境及信息等支持系统规划及政策研究。同时,不断拓展业务领域,加强与政府部门、交通运输行业相关企业和国际相关咨询研究机构的合作。建院以来,完成了交通发展规划、战略及政策研究,公路、水运、支持系统建设项目前期及后期评价,规划项目环境影响评价,交通行业规划理论方法研究,工程设计与咨询等3000余项,完成交通基础设施重点建设项目工可评估咨询近3000项。

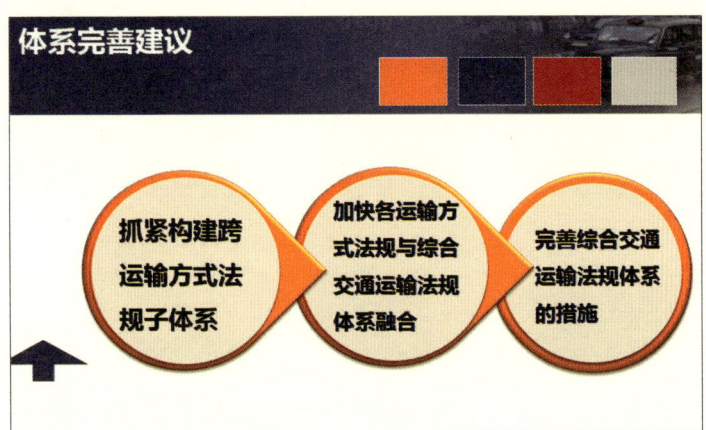

图 5

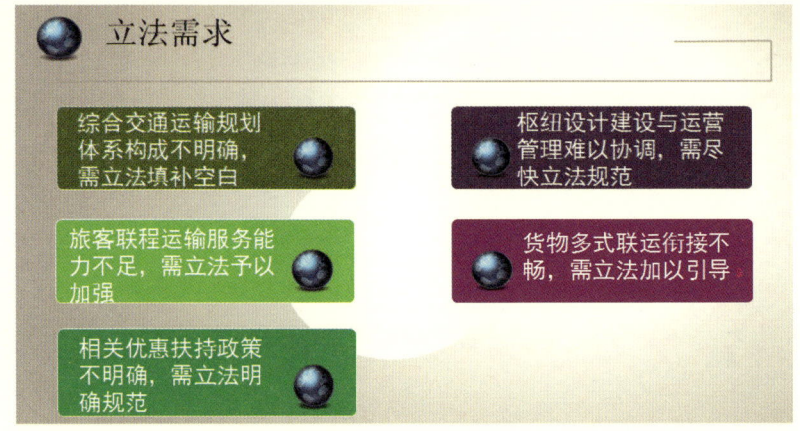

图 6

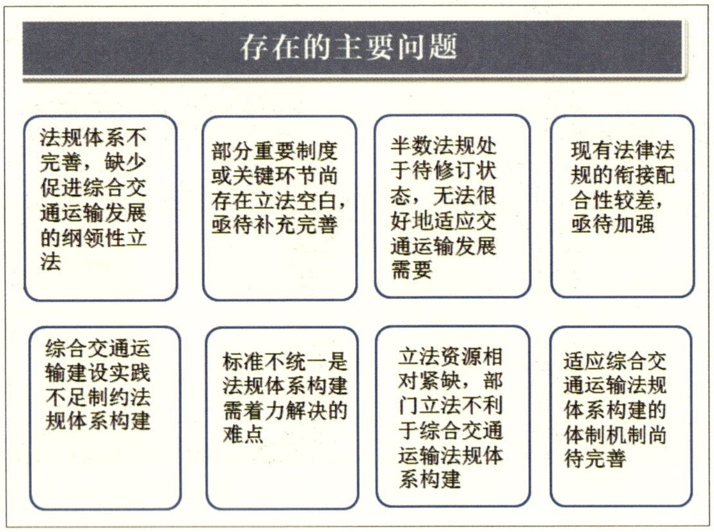

图 7

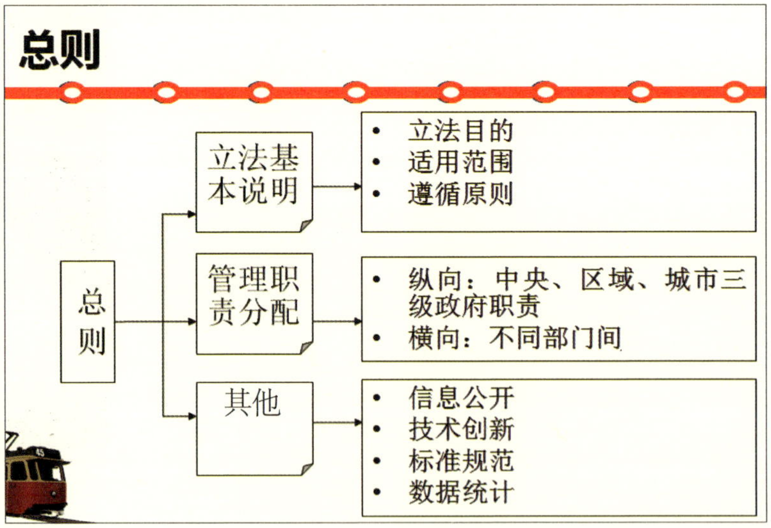

图 8

图5/ 综合运输法规体系完善建议　　图7/ 综合运输法规存在的主要问题
图6/ 综合运输法规立法需求　　　　图8/ 综合运输法规总则

170

二等奖
Award for CHTS Science & Technology

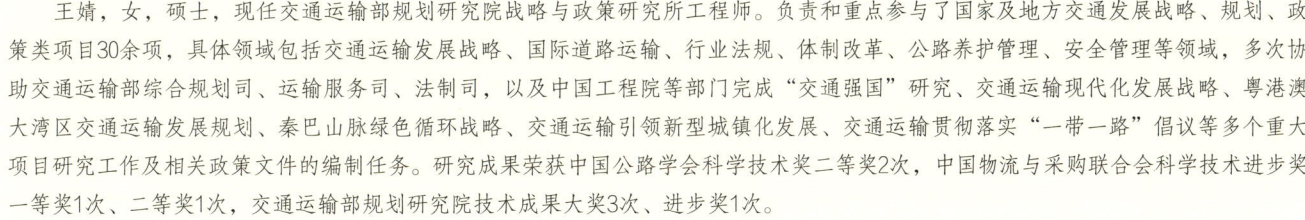

图9

图9/ 综合运输法规现状

/主要完成人简介/

姚晓霞，具有交通、法律、公共管理等多学科专业知识背景，长期深耕于交通运输行业体制改革、行业法规、投融资政策等方面研究。先后负责参与了《深化地方交通运输行政管理体制改革研究》《综合交通运输管理体制研究》《我国交通运输行业改革总体规划研究》《综合运输法规体系立法研究》等诸多重大科研项目，提出了一些前瞻性和开拓性的观点，获得了业主、有关专家和相关部门的充分认可和好评。并参与多部行业法律规范起草制定工作，包括公路保护条例、甩挂运输相关法规修订、综合交通运输促进法及收费公路条例修订等，确立了在行业立法方面的专业优势。目前已成为行业法律研究方面的骨干力量，并在2016年被交通运输部评为全国交通运输系统"六五"普法先进个人。另外，还曾先后赴新加坡、美国等国学习培训，并作为中方专家代表参加了国际收费公路协会第80届年会、第8届巴西高速公路及特许经营研讨会（CBR&C 2013）等国际会议，且在大会主会场进行主题发言。

姚晓霞

王婧，女，硕士，现任交通运输部规划研究院战略与政策研究所工程师。负责和重点参与了国家及地方交通发展战略、规划、政策类项目30余项，具体领域包括交通运输发展战略、国际道路运输、行业法规、体制改革、公路养护管理、安全管理等领域，多次协助交通运输部综合规划司、运输服务司、法制司，以及中国工程院等部门完成"交通强国"研究、交通运输现代化发展战略、粤港澳大湾区交通运输发展规划、秦巴山脉绿色循环战略、交通运输引领新型城镇化发展、交通运输贯彻落实"一带一路"倡议等多个重大项目研究工作及相关政策文件的编制任务。研究成果荣获中国公路学会科学技术奖二等奖2次，中国物流与采购联合会科学技术进步奖一等奖1次、二等奖1次，交通运输部规划研究院技术成果大奖3次、进步奖1次。

王婧

刘飞，现任交通运输部规划研究院战略所高级工程师，负责和重点参与了国家级地方交通发展规划、战略、政策类项目20余项，研究领域涉及交通强国战略、综合交通运输发展、收费公路政策、行业监管与治理能力现代化等交通运输行业热点问题的相关研究，承担多项国家级交通发展战略研究课题，研究成果多次获得中国公路学会科学技术奖等。

刘飞

交通运输能耗统计监测体系建设

项目简介

在国家节能减排的背景下,通过项目研究以掌握交通运输各子行业能耗数据为核心,以信息化技术为手段,以创新统计方式为基础,提高能耗统计数据的时效性和准确性,为交通运输行业管理部门提供准确、实时的分行业能耗数据。

该项目成果包含5项行业标准,包括《内河船舶能耗在线监测—第1部分:平台技术要求》(JT/T 1225.1—2018)、《内河船舶能耗在线监测—第2部分:数据交换》(JT/T 1225.2—2018)、《营运货车能耗在线监测—第1部分:数据采集设备技术要求》(JT/T 1257.1—2019)、《营运货车能耗在线监测—第2部分:平台技术要求》(JT/T 1257.2—2019)、《营运货车能耗在线监测—第3部分:数据交换》(JT/T 1257.3—2019);6项国家发明专利,1项实用新型专利;6项软件著作,1册学术专著《载货汽车能及载荷实时监测系统关键技术》;3套行业报表制度,包括《"车、船、路、港"千家企业能耗信息报送制度》《交通运输能耗统计监测报表制度》《城市客运能耗统计报表制度》。发表论文11篇,能耗统计监测平台3套,能耗和载荷采集设备3套。该项目相关成果已得到广泛应用:一是服务国家层面,为国务院、交通运输部、国家统计局提供决策支持;二是服务地方交通运输主管部门,北京、海南、贵州、云南等省(市)交通运输厅已在该项目研究成果指导和支持下开展了交通运输能耗统计监测工作。

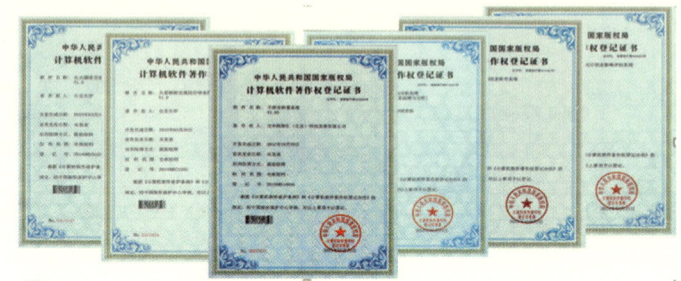

图1

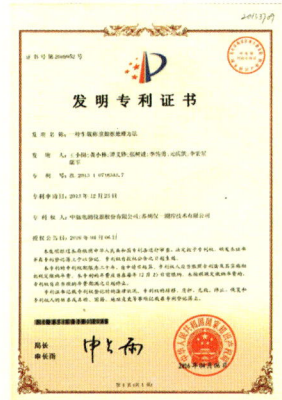 

图2   图3

图1/ 依托项目形成的6项软件著作
图2/ 依托项目形成的专利——一种车载称重数据处理方法
图3/ 依托项目形成的专利——车辆加油量的计算方法

/主要完成单位简介/

交通运输部科学研究院成立于1960年11月,现为交通运输部直属的综合性科研事业单位,主要面向政府主管部门、交通运输行业开展基础性、前瞻性、公益性研究及技术咨询、服务工作。多年来,交通运输部科学研究院在交通运输发展战略、规划、政策、法规、标准等研究方面,大量成果被政府部门采用,发挥了重要的决策支撑作用;在信息化、环保安全、低碳交通、公路工程等技术领域,一大批成果得到推广应用,经济社会效益显著;在行业科技交流、成果推广、检测认证等科技服务领域,做出了重要贡献;已成为支持部的科学决策、部机关履行职能、行业科技创新的重要力量。

二等奖

Award for CHTS Science & Technology

主要完成单位： 交通运输部科学研究院、北京交通发展研究院、中航电测仪器股份有限公司
主要完成人： 于丹阳、刘燕灵、王里、陈建华、胡希元、赵源、崔应寿、黄海涛、刘莹、谭义峰

创新成果

1. 首次给出了交通运输能耗统计监测体系顶层设计，解决了行业节能减考核、评估、决策中的数据缺乏和质量问题。

2. 创造性地提出了利用在线监测的方式获取公路货运能耗数据，解决了公路货运行业"多、小、散、弱"造成能耗数据质量差覆盖范围小的问题。

3. 首次提出了利用原车油量信号的油耗在线监测技术，解决了设备安装烦琐及对车辆油箱的破坏。

4. 首次提出了FIR滤波算法和基于BP神经网络的蠕变补偿算法相结合的货车载重量测量方法，解决了载重量测量精度差的问题。

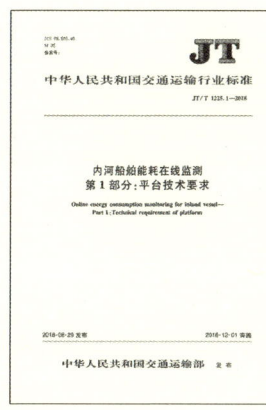

图4

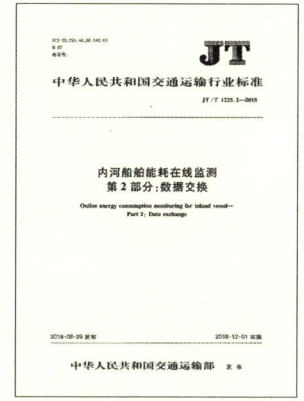

图5

图6

图7

图4/ 行业标准—内河船舶能耗在线监测（平台技术要求）
图5/ 行业标准—内河船舶能耗在线监测（数据交换）
图6/ 依托项目形成的专著—载货汽车能耗及载荷实时监测系统关键技术
图7/ 依托项目成果形成的企业营运货车能耗在线监测平台

/主要完成人简介/

于丹阳，副研究员，硕士，毕业于英国卡迪夫大学。长期从事能耗在线监测、统计调查研究工作。主持或作为核心研究人员参与了全球环境基金项目、部科技建设项目、部节能减排能力建设项目、部战略规划项目、部信息化建设项目等20余项课题研究工作。获得中国公路学会科学技术奖二等奖1项、三等奖1项；全国优秀工程咨询成果奖三等奖1项；国家发明专利3项；部技术标准5项；作为主编人出版学术专著3部；发表学术论文7篇；获得计算机软件著作权等级证书1项。所负责的能耗在线监测体系建设，首次在行业内系统性地提出了交通运输统计监测体系建设的构想，以及配套的软硬件一体化解决方案和行业技术标准。

于丹阳

综合交通运输中长期发展战略与复合型综合运输走廊布局规划研究

项目简介

综合交通运输中长期发展战略与复合型综合运输走廊布局规划研究属于完善我国综合交通运输体系"顶层设计"的关键，对于支撑国家战略实施、引领行业长远发展、指导各交通方式合理布局、建设现代综合交通运输体系具有重要意义。该项目于2015年立项研究，正值各种交通运输方式加速成网、融合交汇，我国交通运输发展阔步迈向新时代的关键时期。站在新的历史起点上，如何把握我国交通运输发展的阶段性变化，研判中国交通运输发展的内生动力、价值取向，以及未来较长一段时期内综合交通运输发展的战略目标与战略重点，研究制定国家综合运输大通道、国家综合交通枢纽的布局方案，成为一项重要的战略性课题。该项目在研究过程中提出的"六纵六横"货运物流大通道研究结论已被纳入交通运输部与发展改革委共同印发的《推进物流大通道建设行动计划（2016—2020年）》中。研究成果中提出的"十纵十横"国家综合运输大通道、75个国家级综合交通枢纽的布局方案已纳入了国务院印发的《"十三五"综合交通运输体系发展规划》（国发〔2017〕11号）中。

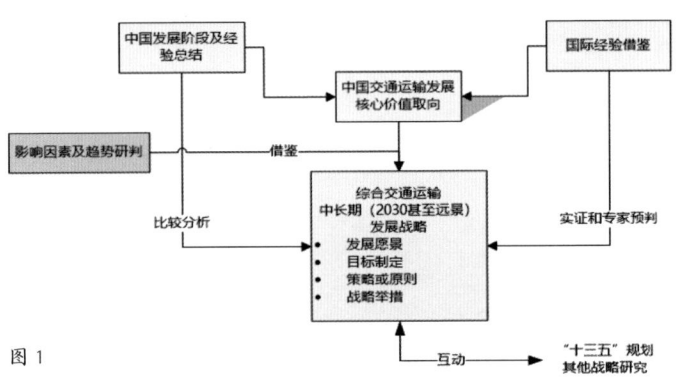

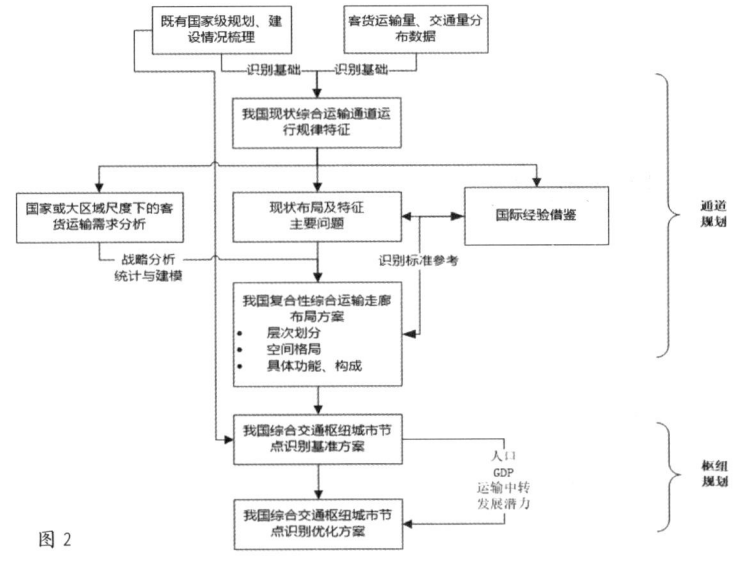

图1/ 综合交通运输中长期发展战略研究技术路线

图2/ 复合型综合运输走廊（含综合交通枢纽城市）布局规划总体思路

/主要完成单位简介/

交通运输部规划研究院为交通运输部直属事业单位，以支持交通运输行业构建畅通、高效、安全、绿色的现代交通运输体系为使命，服务于经济社会发展对现代交通运输业的多层次需求，重点开展交通战略、综合交通、公路、水运、安全、环境及信息等支持系统规划及政策研究。同时，不断拓展业务领域，加强与政府部门、交通运输行业相关企业和国际相关咨询研究机构的合作。建院以来，完成了交通发展规划、战略及政策研究，公路、水运、支持系统建设项目前期及后期评价，规划项目环境影响评价，交通行业规划理论方法研究，工程设计与咨询等3000余项，完成交通基础设施重点建设项目工可评估咨询近3000项。

二等奖

Award for CHTS Science & Technology

主要完成单位： 交通运输部规划研究院

主要完成人： 李鹏林、李伟、孙鹏、李可、朱苍晖、赵凛、金敬东、陈璟、尹震、李悦

创新成果

1. 研究提出了我国国家综合运输系统在供需分布上存在的"三七"规律，即干线网络30%的线路承担全网70%的客货周转量。

2. 建立了基于GIS的面向大尺度国家宏观区域上的综合运输需求空间分布预测方法与模型。主要包括建立国家干线交通客货运输网络模型、各种方式客货运量及交通量的统一换算、综合运输通道流量预测、枢纽城市关键经济和交通指标量化评价体系，并分析预测了我国2030年综合客货运输需求空间变化的特征与趋势。

3. 基于实证分析提出了综合交通运输规划"基本网""概念网""规划网"的基本概念与特征，结合交通区位理论，提出了"三网叠加"规划分析技术。统筹考虑各交通运输方式长远规划、重大国家战略实施影响、客货运输需求变化等多维度、多层次因素，基于定量分析，通过"三网叠加""四步走"等技术方法，提出了"十纵十横"的国家综合运输大通道布局方案和75个国家综合交通枢纽节点城市布局方案。

4. 首次提出了国际性综合交通枢纽的概念，明确综合交通枢纽城市的构成要素、发展目标与建设重点。建立了量化的国家级综合交通枢纽评定模型和判定标准，并引入"四大区域板块"独立分析的技术思路，确定了国家综合交通枢纽潜质城市。

5. 总结提炼出发达国家综合交通运输发展的一般性规律，识别提出了我国综合交通运输发展基本驱动要素与战略提升六大重点因素，指出了我国综合交通运输发展的主要方向、基本价值取向和原则，以及发展的六大战略任务。

/主要完成人简介/

李鹏林，交通运输部规划研究院综合运输研究所专业总工程师，交通运输青年科技英才，交通运输部规划研究院"十大青年英才"，世界银行、亚洲开发银行项目专家。长期以来，一直专注于综合运输、现代物流和城市交通领域规划研究工作，完成省部级研究课题30余项。主持制定了综合枢纽分类分级、工可指南、设计指南、布局规划与功能优化技术指南，综合枢纽建设规划、发展政策、管理办法等系列成果，完善了我国推进综合交通枢纽建设与发展的理论基础。主持和参与完成了推进综合运输体系建设研究、全国物流大通道建设规划、琼州海峡跨海通道规划研究、京津冀城际铁路发展政策、交通运输与国民经济运行物流成本的关系、交通运输公共服务均等化等诸多行业重大课题。主持咨询评估近百项国家枢纽规划、公交都市方案、综合枢纽方案等。主编和参与出版专著6本，发表论文20余篇，获省部级奖项10余项。

李鹏林

孙鹏，博士，现任交通运输部规划研究院综合运输研究所主任工程师，主要从事综合交通运输规划、物流园区规划等专业领域研究工作。目前正在主持开展综合交通运输规划管理制度研究、长三角地区交通运输一体化发展研究等课题。喜欢挖掘交通大数据背后的逻辑机制，在交通运输通道与枢纽需求分析和系统配置研究方面小有心得。获省部级以上科学技术奖3项，参与编制《货运枢纽（物流园区）可行性研究方法与关键技术》等著作，在《中国交通报》《综合运输》等刊物杂志上发表论文或文章20余篇。

孙鹏

2018
Award for CHTS Science & Technology

三等奖

跨海大桥主墩基础损伤识别与安全预警技术研究

项目简介

项目根据跨海大桥主墩基础所处环境、损伤特点、受力特性经过大量理论研究、试验测试和工程验证，形成跨海大桥主墩基础损伤识别与安全预警成套技术，为跨海大桥主墩基础设计、养护管理提供技术支持。

在跨海大桥主墩基础病害检测、识别方面，提出采用基于模态的动力指纹损伤识别方法和三维声呐成像无人检测技术，解决了当前跨海大桥主墩基础在深水、浑浊环境下无法检测的难题；根据跨海大桥主墩基础受力特性，建立了适用于跨海大桥主墩基础损伤分析模型和损伤评价模型，填补跨海大桥主墩基础在损伤分析和评价领域的空白；建立了跨海大桥主墩基础船撞损伤的分级评估方法及技术指标，为跨海大桥主墩基础船撞损伤分析和评估提供依据和技术支撑；构建了跨海大桥主墩基础安全预警模型及预警指标体系，并研发了适用于跨海大桥主墩基础安全预警评估的软件，为跨海大桥主墩基础监测、安全预警提供手段和方法。

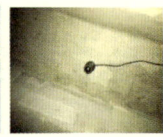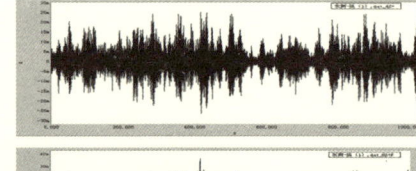
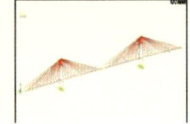

图1

图2

图3

图1/依托工程：杭州湾大桥现场测试

图2/杭州湾大桥北航道桥现场测试

图3/依托工程：杭州湾大桥现场测试数据

/主要完成单位简介/

交通运输部公路科学研究所地基基础团队致力于钻孔灌注桩的设计理论与计算方法、承载能力可靠度分析、荷载试验方法与设备研发、检测与加固等方面的科研和技术服务工作。

通过多年的持续研究，形成了适用于桥梁桩基础设计、施工、养护等不同阶段的，完整的设计、检测和试验理论和方法体系。在钻孔桩方面成果突出，主要有以下几方面。20世纪60—80年代，钻孔灌注桩的研发与推广：牵头研发出钻孔灌注桩，提出了钻孔桩承载力计算公式，完善了钻孔桩施工工艺，推广钻孔桩的应用。20世纪90年代至2010年，超长钻孔灌注桩技术：发展了超长钻孔灌注桩的承载能力计算体系、超大吨位承载力试验方法与装备、超长钻孔灌注桩的检测方法（超声波法成孔质量检测技术首次从日本引进）。2010年至今，既有结构桩基无损检测：基于雷达探测法、旁孔透射波法和反射波法，研发了适用于既有结构桩基础病害的无损检测技术及检测装置。

三等奖
Award for CHTS Science & Technology

主要完成单位： 交通运输部公路科学研究所、招商局重庆交通科研设计院有限公司、中交公路规划设计院有限公司、东南大学

主要完成人： 张学峰、马晔、耿波、邓广繁、熊文

创新成果

1. 研发基于模态法的跨海大桥主墩基础"整体损伤"无损检测识别技术。

2. 提出适应水深200米以上，近距离成像识别精度为1厘米的三维成像声呐"细部损伤"无人检测识别技术。

3. 创新性地建立了适用于跨海大桥主墩基础损伤分析的损伤曲率模型，并给出5个损伤程度划分的定量描述。

4. 构建跨海大桥主墩基础损伤指标体系，建立损伤评价模型，在工程实例中成功应用。

5. 构建了主墩基础预警指标项及预警阀值，建立了一套安全预警指标体系及评估模型，研发了跨海大桥主墩基础安全预警评估软件。

6. 建立跨海大桥主墩基础船撞5级损伤评估方法及技术指标，并采用室内模型试验和数值仿真分析进行可靠性验证。

7. 在SCI、EI源刊和中文核心期刊发表论文17篇，申报专利12项，软件著作权2项。

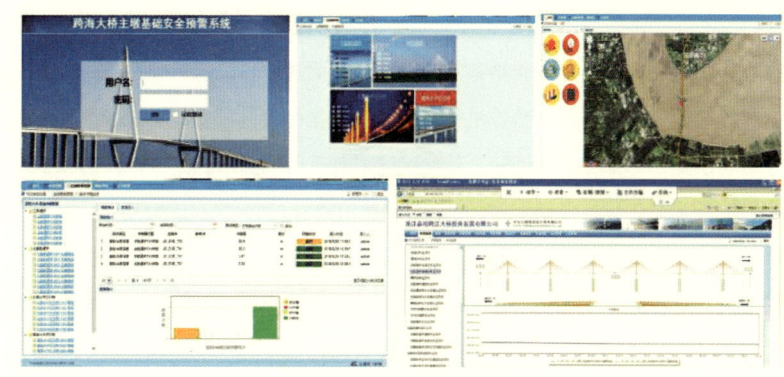

图4

 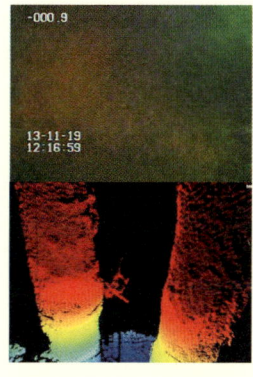

图5　　　图6

图4/ 安全预警系统软件界面示意
图5/ 水下基础检测现场比对测试照片
图6/ 现场测试成像效果比对

/主要完成人简介/

张学峰，博士，副研究员，地基基础学科负责人。长期从事公路桥梁超长钻孔灌注桩成孔检测、完整性检测、大吨位桩基荷载试验、服役桥梁桩基质量检测评价、水下桩基质量检测评价、桩基承载能力计算复核、设计、咨询、技术研发等工作。

主持和作为专题负责人的交通运输部建设科技项目主要有："跨海大桥主墩基础损伤识别与安全预警技术研究""超长钻孔灌注桩桩基承载性能的研究""超长钻孔灌注桩大吨位荷载试验技术及承载性能研究推广应用""西部地区水下基础检测诊断技术及相关设备的研制""基于雷达探测和波动检测技术的在役桥梁桩基础无损检测方法研究""服役桥梁桩基础承载力检测评定方法研究"等。参编《超长钻孔灌注桩承载性能研究与试验》专著，近年来在核心刊物发表科技论文20余篇，被SCI、EI收录6篇；获得发明专利4项；获得中国公路学会科学技术奖一等奖1次，中国公路学会科学技术奖二等奖1次，中国公路学会科学技术奖三等奖1次。

张学峰

基于监测数据的长大桥梁运营维护技术及工程应用

项目简介

舟山跨海大桥、之江大桥等建成通车后,为进一步满足桥梁管养单位对健康监测系统采集的数据进行分析处理和结构评估等功能需求,项目组在6项科技项目的资助下,系统开展了基于监测数据的大跨桥梁运营维护技术及工程应用研究。

项目根据桥梁健康监测系统采集的实测数据,开展海量数据的挖掘和分析,研发出"大型桥梁结构监测数据分析系统"和"基于监测数据的大型桥梁安全评估系统",编制了《长大桥梁健康监测基础数据结构规范(草案)》。依托西堠门大桥开展了主缆系统温湿度和预养护策略研究,编制了《西堠门大桥主缆系统养护手册》。开展钢箱梁疲劳研究和疲劳寿命预测,编制了《大跨径缆索承重桥梁钢箱梁日常养护指南》。

项目可将每天3GB的原始数据有效处理至30MB左右,结构评估等技术工作的效率提高80%;可30分钟内出具台风分析等专业报告;建立了桥梁数据中心,规范既有监测系统数据格式和对接规则;可获得主缆截面内任意位置处24小时的温湿度分布;可获得高强钢丝在持力状态下的力学性能及失效概率。

研究成果在舟山跨海大桥、江阴长江大桥、钱江三桥、九堡大桥、钱江通道高架桥和之江大桥等桥梁上予以应用和验证,并列入2016年度浙江省交通运输厅科技成果推广目录。经鉴定,项目研究成果分别达到国际先进和国内领先水平。

项目组共发表论文61篇,其中SCI收录7篇,EI收录27篇,被引480次;出版学术著作5部;获得计算机软件著作权4项。

研究成果曾获浙江省科学技术进步奖三等奖,近3年取得经济效益4269.74万元,每年可节约15%左右的养护经费。研究成果为跨海大桥在后期的安全运营、管理单位合理安排养护作业等方面提供了技术保障,同时化桥梁被动管养为主动管养,引入全寿命成本理念指导跨海大桥的日常维护工作,效果显著。

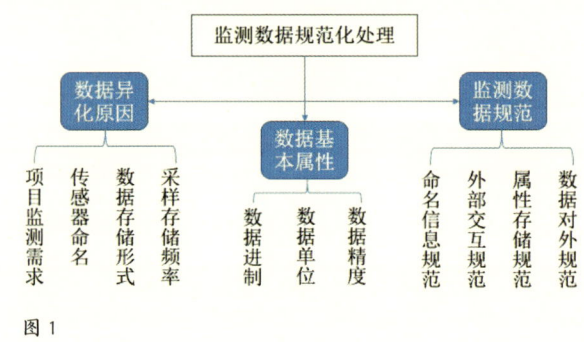

图1/ 监测数据规范化处理

主要完成单位简介

浙江省交通运输科学研究院始创于1979年,开办资金3亿元,是浙江省省属公益二类事业单位,纳入浙江省交通运输厅厅属单位管理。2018年7月,根据浙江省交通运输厅党组要求,启动融合提升工作(集中整合厅管厅属单位科研及技术服务力量、集聚资源、集成政策,加快打造交科院成为全省交通科技创新主力军和主平台)。

新浙江省交通运输科学研究院(简称新交科院)拥有工程咨询甲级(公路、港口河海工程),公路工程综合检测甲级,交通建设工程监理(公路、水运工程)甲级等19项资质,浙江省道桥检测与养护技术研究重点实验室等科研平台10个,获批准成立博士后工作站。截至2018年年底,新交科院共有员工1393名,拥有浙江省151人才2名,交通部科技英才1名,部省级专家20余名,省交通运输厅专家委员会专家8名,教授级高级工程师32名,高级工程师230名,博士7名、硕士137名。

三等奖
Award for CHTS Science & Technology

主要完成单位：浙江省交通运输科学研究院、浙江舟山跨海大桥有限公司、杭州都市高速公路有限公司、同济大学、宁波良和路桥科技有限公司

主要完成人：王伟力、田浩、范厚彬、王丽健、金小平

创新成果

1. 基于监测系统所获海量原始数据，提出了自动初步处理与人工专业分析的两步数据处理方法；建立了桥梁数据中心，规范既有桥梁健康监测数据格式和交换对接规则；建立了基于监测数据的跨海大桥安全评估体系。

2. 根据主缆室内外试验，揭示出悬索桥主缆内部温湿度变化机制；根据持力钢丝腐蚀试验，获得了持力钢丝的力学性能随腐蚀时间、应变的变化规律，评估西堠门大桥主缆的安全性能。

3. 根据动态称重系统获取实际车辆荷载，识别并建立了车辆疲劳荷载模型；基于应力监测数据获得钢箱梁各细节疲劳寿命的分布和疲劳寿命预测；提出跨海大桥全寿命经济成本概念。

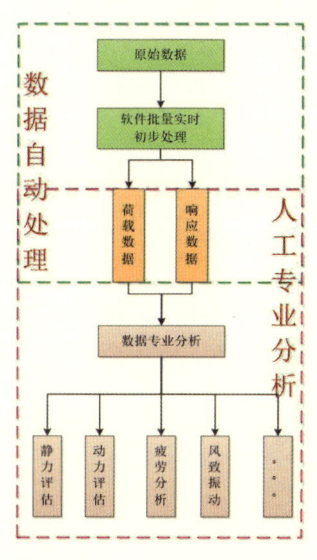

图 2

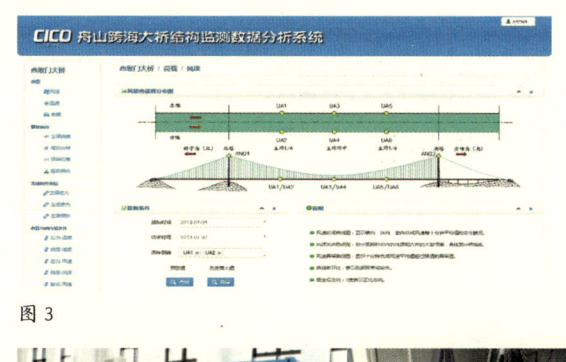

图 3

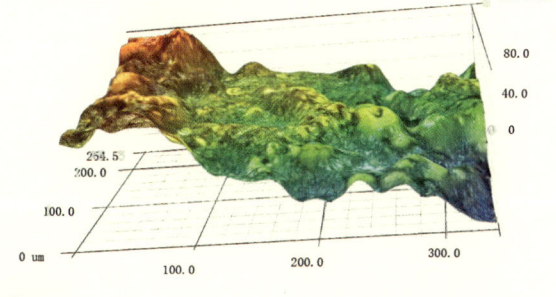

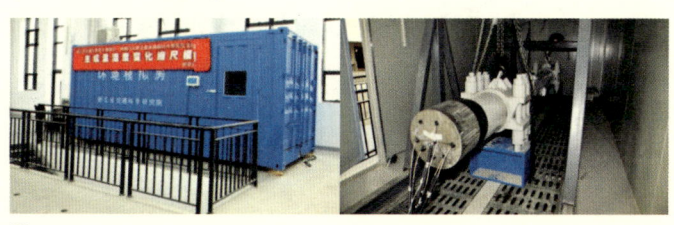

图 4

图 2/ 数据处理整体框架
图 3/ 舟山跨海大桥结构监测数据分析系统
图 4/ 主缆温湿度变化机制研究
图 5/ 腐蚀钢丝表面局部表征

/主要完成人简介/

王伟力，硕士，教授级高级工程师。现任浙江省交通集团杭州板块建设指挥部总指挥，杭州都市高速公路有限公司董事长、党委书记。从事高速公路建设和营运管理工作30余年，先后参加了沪杭甬高速公路、嘉绍大桥等10余个国家、省级重点工程项目建设管理。主持或参与20多项技术创新成果项目，多项研究成果成为行业标杆在浙江省交通领域推广应用。被浙江省人民政府记个人一等功1次、曾获浙江省第五届优秀职工等多项荣誉称号。

王伟力

田浩，博士，高级工程师。现为浙江省交通运输科学研究院桥隧工程研究所所长、浙江省道桥检测与养护技术重点实验室副主任。主要从事大跨桥梁结构健康监测数据分析与安全评估、跨海大桥运营和维护关键技术、结构加固和性能优化等方面的研究。已完成课题10余项，获浙江省科技进步奖等4项，发表学术论文近40篇。已入选交通运输部青年科技英才，浙江省151人才第三层次培养人员。

田浩

基于风管冷却的大体积混凝土温度监测与裂缝控制施工技术研究

项目简介

大体积混凝土水冷却技术是现行温控措施中的行之有效的主要措施之一，已广泛应用于大体积混凝土温控，但该施工方法在干旱缺水地区、地势高差较大地区施工中存在管道水压较大、水资源浪费较大、施工困难等问题，且管道通水过程中如水压过大易造成爆管、管道堵塞等问题对混凝土造成二次损害的问题。为弥补通水冷却大体积混凝土所存在的技术缺陷，给大体积混凝温控提供一种全新的技术补充，项目组依托福州绕城高速公路A5合同段引桥承台和驸马长江大桥引桥承台，在采取合理的施工工艺的基础上，利用嵌入式通风管道进行现场承台大体积混凝土温度裂缝控制，达到了良好的效果，该技术可节约大量水资源、控制灵活、操作简单、控制效果较好。

图1

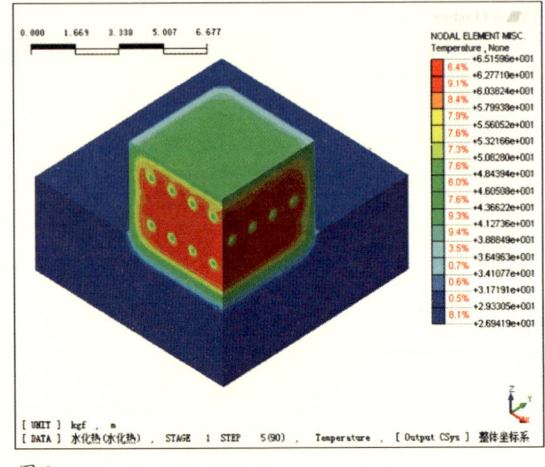
图2

图3

图1/ 风冷却参数研究
图2/ 风冷却工况模拟
图3/ 应用项目：驸马长江大桥

/主要完成单位简介/

中交一公局厦门工程有限公司始建于1992年，前身是交通部第一公路工程局桥梁工程处，现隶属于中交一公局集团有限公司，是世界500强——中国交建的三级全资子公司。具有公路工程施工总承包特级资质和公路行业设计甲级资质，同时拥有市政、建筑、路基、路面、桥梁、隧道、环保、城市道路照明、交安、钢结构等多项总承包及专业承包资质。

20多年来，公司以至诚至信的态度服务客户，以尽善尽美的标准力求完美，修建各类等级公路2300余公里，各类桥梁500余座，各类隧道120余座，先后承接了大量技术含量高、施工难度大、工艺结构复杂的全国重点工程，涉足了悬索桥、斜拉桥、长大隧道、城际轨道、高铁、盾构施工、城市管廊、海绵城市等高新技术施工领域。所建工程获"中国建筑工程鲁班奖""李春奖""全国优质工程奖"；公司获"全国优秀施工企业""全国公路建设行业诚信百佳企业""中央企业先进集体""科技创新领军企业"等多项国家级、省部级荣誉。

三等奖
Award for CHTS Science & Technology

主要完成单位： 中交一公局厦门工程有限公司、中交第一公路工程局有限公司
主要完成人： 黄斌、谢生华、龚明子、杨天伟、周世康

创新成果

1. 将风冷却技术引入大体积混凝土温度裂缝控制施工，为现有水冷却技术提供了新的技术补充，特别适用于干旱缺水地区、地势高差较大地区或施工中存在管道水压较大等问题工况下大体积混凝土温度裂缝控制。

2. 研究了冷却风管参数对大体积混凝土温度影响的研究。在冷却风管的使用中，影响冷却效果的因素众多，例如，风管材料、管径大小、风的速度等。该研究利用有限元分析软件Midas/FEA对各因素分别进行研究，以得出冷却风管的各因素对大体积混凝土温度及应力的影响规律，确定了满足工程施工要求的各冷却风管参数。

3. 对比研究风管和水管冷却技术对大体积混凝土温度和应力的影响。为研究风管冷却技术对大体积混凝土冷却降温的效果，分别利用有限元分析软件Midas/FEA研究采用风管冷却降温及采用水管冷却降温时，大体积混凝土的温峰值和温度应力，研究了风管冷却技术对大体积混凝土的降温效果和应力的影响，以及与采用水管冷却降温技术之间的差异。

4. 对比分析实测数据与仿真计算结果，对模型参数进行修正，进而变换不同参数进行仿真计算，推断出各参数的合理范围。并以此为基础，对混凝土内部温度和温度应力进行实时监测，对比分析实测数据与有限元仿真模拟数据，对采用风管风却技术的大体积混凝土温度场进行理论分析，并为风冷却技术的推广应用提供一定的参考性技术参数。

5. 在相同尺寸的大桥承台中，分别采用水管冷却和风管冷却技术，对比分析了采用两种技术的温控效果及经济成本，分析结果显示风冷却技术在经济和技术上均具有一定的优势。

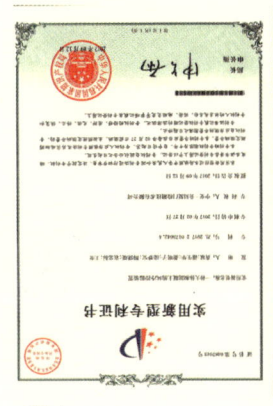 

图4　　　　　　　　　图5

图4/ 一种大体积混凝土的风冷控温装置（实用新型专利证书）
图5/ 一种基于风冷却的大体积混凝土冷却装置、施工方法及应用（发明专利公布及进入实质审查）

/主要完成人简介/

黄斌，教授级高级工程师，现任中交一公局厦门工程有限公司副总工。工作20年来，一直从事质量控制和试验检测技术管理工作，主持过多次检测公司资质申报及计量认证评审工作，同时组织开展工地试验室技术服务工作，解决了众多工程和检测技术难题。曾多次荣获中交一公局、中交一公局厦门工程有限公司"巾帼建功标兵""优秀青年专业技术干部""文明职工"等称号，被聘请为局级及公司级土木工程类技术专家。曾主持省、市、中交一公局集团公司各类科技研发项目10余项，参与省部级以上标准5项（含在编），荣获中国公路建筑行业协会科技创新成果奖二等奖2项、三等奖1项，获得发明专利授权1项，发明专利实审2项，实用新型专利授权10项，发表论文10余篇。

黄斌

谢生华，高级工程师，现任中交一公局厦门检测技术有限公司总工程师。从事试验检测与管理工作23年，曾参与京福高速、邵三高速等多条高速公路的试验室管理工作，在道桥工程材料、混凝土制备方法及施工技术、混凝土耐久性等方向具有较高的专业技术水平。曾荣获路桥集团青年岗位能手等荣誉称号，参与主持各类科技研发项目10余项，参与省部级以上标准4项（含在编），荣获中国公路建筑行业协会科技创新成果奖二等奖2项、三等奖1项，荣获公路工程工法2项，获得专利授权9项。

谢生华

复杂地层水下隧道泥水盾构关键施工技术

项目简介

沈阳地铁九号线是沈阳地铁线网规划中"两L"中的一条重要线路，构成了沈阳地铁组合环线中的西环和南环。汪河路站至曹仲站区间隧道下穿浑河，属于全线控制性工程。项目解决了富水建筑垃圾换填层不加固泥水盾构始发、长距离卵石地层下穿河流不换刀、盾构在承压水风井过站风险大等难题，为盾构设计规划和施工提供了经验借鉴，特别适合于长距离区间下穿河流连续掘进。

通过复杂地层水下隧道泥水盾构关键施工技术研究，缩短建设工期7个月，节约成本3520万元。该成果拥有自主专利28项，获得8项省部级工法，发表论文7篇，成果水平达国际先进水平，荣获中施企科学技术进步奖一等奖，中国铁建科学技术进步奖二等奖、山西省科学技术进步奖二等奖。

图1

图1/盾构机刀盘

/主要完成单位简介/

中铁十二局集团第二工程有限公司是中铁十二局集团有限公司的全资子公司，是以长大隧道和地铁等地下工程为专项施工优势的综合性工程公司，经营领域涉及铁路、公路、地铁、机场、市政、房建、水利水电，经营范围覆盖全国25个省市区，拥有铁路工程、公路工程、房屋建筑工程、市政公用工程4个施工总承包一级资质，隧道工程、桥梁工程、公路路基工程、铁路铺轨架梁4个专业承包一级资质，矿山、水利水电工程2项施工总承包二级资质，1项钢结构工程专业承包二级资质。公司驻山西省太原市小店区人民南路19号，下辖物业管理公司、建筑安装工程公司、混凝土施工分公司、地质钻探施工分公司、机械化施工分公司、钢结构工程分公司、无砟轨道施工分公司、物资分公司、盾构施工分公司9个专业化分公司及93个工程项目部。职工总数3094人，其中干部1905人、工人1189人。资产总额97.5亿元，主要施工机械1813台（套），动力装备率62千瓦/人，技术装备率33.99万元/人，机械化施工程度90%以上。公司年施工能力90亿元以上。

三等奖
Award for CHTS Science & Technology

主要完成单位：中铁十二局集团有限公司、中铁十二局集团第二工程有限公司
主要完成人：常鑫、王宗勇、武明静、安宏斌、毋海军

创新成果

1. 研发钢丝刷密封钢环和换填改良土技术实现富水建筑垃圾换填不加固盾构始发掘进。

2. 研发盾构组合保径刀、管路延伸等技术和运用气垫低压泥水平衡开挖面掘进技术实现下穿浑河长距离砂卵石地层盾构不换刀快速掘进。

3. 取消风井端头加固和开发回填改性砂土封闭土箱实现盾构安全过风井与风井主体平行施工。

4. 针对富水砂卵石地层加固难和接收风险大的特点首创高水压砂卵石地层不加固直接采用活塞式封闭钢环安全接收。

5. 研发盾构掉头分体折叠式始发掘进与联络通道冷冻、洞门环梁平行施工实现盾构掘进与附属结构同时施工。

图2

图3

图4

图2/ 泥水分离站APN型压滤设备
图3/ 泥水分离站沉淀池
图4/ 盾构始发密封装置

/主要完成人简介/

常鑫，中铁十二局集团第二工程有限公司项目经理。从事土建工程的施工管理工作，有较强的地下工程方面的施工、科研攻关能力，注重科技创新成果的研发、总结和推广应用，主持的《复杂条件下多区间盾构连续掘进施工关键技术研究》获得中国铁道建筑总公司科学技术奖一等奖；主持研发的《复杂地层水下隧道泥水盾构关键施工技术》获得中国施工企业管理协会科学技术奖科技创新成果一等奖、中国铁道建筑总公司科学技术奖二等奖、中国公路学会科学技术奖三等奖；参与开发"一种富水砂层不加固泥水盾构活塞式密封接收装置"等10项专利，2项工法被认定为山西省省级工法。

常鑫

王宗勇，中铁十二局集团第二工程有限公司项目总工，从事地铁施工技术管理工作，注重施工总结和新技术研发，施工经验丰富，在各类期刊发表学术论文15篇；开发"盾构整机导轨滚轮过站施工工法"等26个工法均获得山西省工法和铁道部工法；主持开发"一种盾构过站掘进与车站平行施工方法"等50个国家发明专利；主持研发的"长距离复杂岩溶地层盾构施工技术研究"等3项科研均获得中国施工企业协会科学技术进步奖一等奖，参与《狮子洋隧道复合地层盾构掘进姿态控制与对接技术》等4项科研均获得铁道部科学技术进步奖二等奖。

王宗勇

贵州喀斯特山区绿色公路隧道建设关键技术研究

项目简介

项目紧扣区域绿色公路隧道建设技术需求，聚焦解决喀斯特山区公路隧道建设面临的生态环保、穿越煤系地层、节能低碳、安全高效等关键技术问题，综合采用野外调查、室内外试验、理论分析、数值模拟、工程应用等手段，开展了基于生态环境脆弱地带隧道安全环保关键技术、煤系地层瓦斯突出隧道安全施工技术、基于新能源利用的低碳节能照明技术、喀斯特山区公路隧道建设绿色高效施工技术四大专题，共包括生态环境脆弱地带隧道安全环保进洞技术、隧道节能环保水压聚能爆破技术、煤系地层瓦斯突出隧道施工关键参数与结构优化技术、高速公路隧道新型锚喷单层衬砌设计与施工技术、隧道照明自然光导入与节能运营技术、基于云平台监控的公路隧道光伏智能照明技术6项关键技术研究。形成了一套适合于贵州喀斯特山区高速公路隧道建设绿色发展的关键技术。

项目获得知识产权28项，其中授权国家发明专利5项、申请受理国家发明专利7项、实用新型专利14项、软件著作权2项；地方标准5项，其中地方行业标准2项、地方团体标准3项；行业施工工法1部，出版专著1部并入选交通运输部交通运输科技丛书，发表学术论文24篇，其中SCI/EI检索论文3篇。项目成果经中国公路学会主持评价，总体达到国际先进水平。

项目研究成果在交通运输部绿色公路主题性示范项目贵州盘兴高速公路项目建设中得到了全面应用，并在贵州省10余条高速公路隧道建设中得到推广，累计经济效益约1.92亿元，产生了显著的经济、社会和环境效益。为推动贵州喀斯特山区节约型、持续型、安全型隧道建设技术创新，促进全国类似地区隧道建设绿色发展和技术推广应用奠定了基础。

图1

图2

图1/ 大山隧道
图2/ 梨花井隧道"零开挖"进洞实施效果

/主要完成单位简介/

贵州省公路工程集团有限公司是贵州省人民政府批准成立的国有独资公司，是贵州交通系统最大的施工企业，公司拥有国内最先进的公路施工设备、公路养护设备、质量检测设备和仪器。从事公路、桥梁、隧道建设达50余年历史，年生产能力达300亿元以上。累计获得省级以上各类奖项11项，国家级工法2项，省部级工法14项；拥有专利技术30余项。获得全国"五一"劳动奖状和贵州省"五一"劳动奖状，连续多年被评为"全国守合同重信用单位"和"贵州省守合同重信用单位"，贵州企业100强和贵州省AAA级诚信企业，贵州交通建设市场信用评价AA级企业。

三等奖

Award for CHTS Science & Technology

主要完成单位： 贵州省公路工程集团有限公司、中南大学、交通运输部科学研究院、招商局重庆交通科研设计院有限公司、湖南联智桥隧技术有限公司

主要完成人： 潘海、计中彦、母进伟、曹子龙、康厚荣

创新成果

1. 研发了适用于喀斯特地貌环境下的零开挖进洞技术方法和隧道反向出洞施工工法。

2. 研发了隧道切缝管聚能水压爆破施工技术，并首次提出了相应的施工工法。

3. 针对煤系地层隧道建设，研发了煤系地层隧道铣挖+弱爆破联合开挖工法，提出了瓦斯隧道不动火圆钢管砼钢架和仰拱结构；研制了施工机械瓦电自动闭锁安全装置，形成了一套瓦斯隧道建设管理技术；编制了瓦斯隧道设计与施工地方标准。

4. 在国内外首创了隧道投射式太阳光直接照明系统，实现一种不设电光照明的短隧道绿色照明方案，首次在公路隧道照明系统中应用光伏和市电互补控制技术。

5. 研发了隧道新型锚喷单层衬砌技术，并首次应用于高速公路隧道。

图3

图3/ 光伏组件布设

/主要完成人简介/

潘海，贵州省交通运输厅党委委员，教授级高级工程师，"贵州青年五四奖章"获得者，长期从事交通项目建设管理工作，主持建设的项目多次荣获詹天佑奖、鲁班奖等国家级表彰奖励，主持过多个省部级以上科研项目，曾获省级以上科学技术进步奖7项，研发专利技术4项。

潘海

计中彦，贵州省公路工程集团有限公司党委副书记、副董事长、总经理，教授级高级工程师，长期从事工程项目施工管理及科技创新研发管理工作，在公路隧道工程建设领域积累了丰富的工作经验，具备扎实的理论与实践功底，主持过多个省部级以上科研项目，研究成果多次获得省部级以上表彰，作为核心人员研发相关专利技术10余项、编制省级工法1部、编撰专著1部，并入选交通运输部交通运输科技丛书。在任贵州盘兴高速公路总经理期间，紧密围绕工程实际需求开展公路隧道相关科学研究，并取得丰硕成果。

计中彦

BIM技术在隧道与轨道交通工程设计中的研发与应用

项目简介

该项目以探索并总结基于BIM技术三维协同设计工作模式为目标，满足并适应隧道与轨道交通工程设计行业的现状，研发BIM三维设计平台并构建BIM三维构件库，通过基于BIM主流平台的软件二次开发来完成复杂构件的建模工作，促进相关设计单位由基于图形成果为主的二维设计模式，向基于模型为主的BIM三维设计模式转变。该项目的研究内容主要包括在国内首次提出公路隧道工程BIM设计实施标准，该标准体系包括建模标准、应用标准、协同标准及交付标准4个方面；研发隧道及城市轨道交通工程BIM三维协同设计平台，提高建模效率，填补BIM主流核心建模平台未涉及隧道及城市轨道交通工程专业模块的空白；收集、整理在BIM设计实践中积累的构件，建立企业级构件资源库管理系统，完善构件管理制度，完成对构件的通用化、系列化、模块化的系统管理；针对目前主流BIM核心建模平台均未涉及隧道与城市轨道交通工程专业模块的现状，对参数化自动建模工具进行研发并实现复杂构件的自动建模；基于主流路线设计软件的数据文件，通过整理、分析并研发通用数据接口，实现在Revit中批量自动生成路线三维设计线，解决手工创建路线三维设计线效率低的问题；在建立了完整BIM模型后，关注工程项目与周边地理环境的搭配效果是否协调的问题、城市设施的改造与既有建筑位置关系的问题。

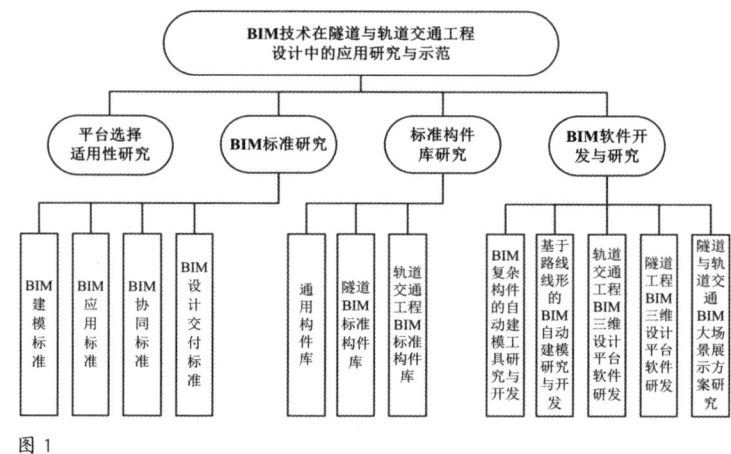

图1/课题主要研究内容

/主要完成单位简介/

中交第二公路勘察设计研究院有限公司（简称"中交二公院"）是世界500强中国交建的全资子公司，注册资本8.7亿元人民币，是我国公路勘察设计行业综合实力最强的企业之一，连年入榜"中国工程设计企业60强"，是国家高新技术企业、全国工程勘察设计先进企业，"中交二公院"商标获评湖北省著名商标。公司具有公路、桥梁、隧道、交通工程、市政、轨道、建筑、环境生态、岩土与地下工程等专业领域的规划咨询、项目策划、勘察设计、投资建设、项目管理、工程总承包及运营管理等全产业链技术服务能力。

BIM应用推广中心是中交二公院BIM技术体系的建设与管理单位，同时是中国交建BIM技术应用研发中心和交通运输部BIM技术应用交通运输行业研发中心的成员单位。BIM应用推广中心致力于公路工程、市政道路工程、轨道交通工程等专业领域的BIM技术研究，具备相关BIM标准制定、软件研发、项目应用的能力与经验。参加了交通行业公路BIM标准编制；开发了公路与城市道路BIM云平台、公路路线BIM设计系统、公路桥梁BIM设计系统等多个专业软件；承担了多个交通运输部第一批公路BIM示范项目，多次获得省级以上相关奖项。公司始终秉承"诚信服务、优质回报、不断超越"的企业宗旨，愿与世界同行广泛携手，为全球基础设施建设做出更大的贡献！

三等奖
Award for CHTS Science & Technology

主要完成单位： 中交第二公路勘察设计研究院有限公司
主要完成人： 邓涛、刘东升、吴强、王欣南、陈中治

创新成果

1. 在Revit中以道路设计线为骨架线，以平曲线和竖曲线为数据源，基于Dynamic Interval算法，解决了线路中复杂空间曲线的精度与三维表达问题。

2. 针对工程行业多专业分类复杂的问题，提出了一种适应多样式BIM建模软件界面解析方法，并在Revit中应用，实现了多专业集成化软件中各相关工程专业功能分类的精准展示。

3. 将温度信息维度与BIM模型相集成，研发了基于BIM的管幕温度预警监控系统，实现了施工过程中对于管幕温度的实时监控与预警。

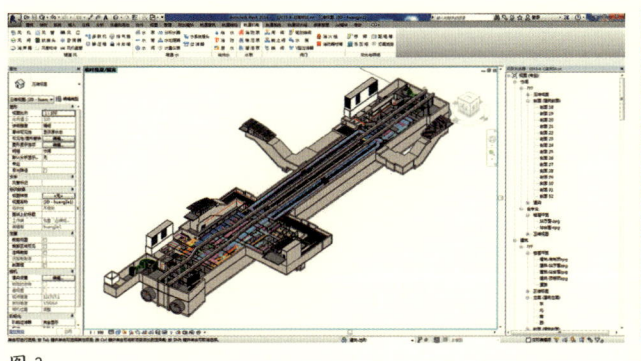

图 2

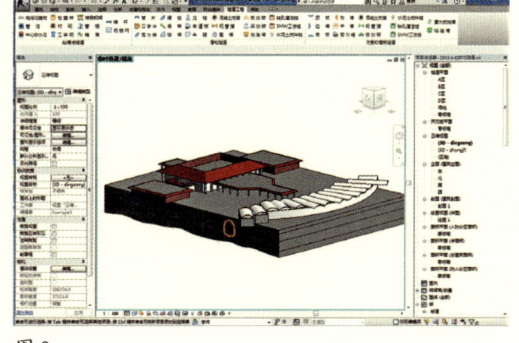

图 3

图2/ 轨道机电
图3/ 隧道三维设计平台界面

/主要完成人简介/

邓涛，1983年毕业于武汉测绘学院（现武汉大学），长期从事公路勘察设计及相关科研与管理工作。历任工程师、高级工程师、教授级高级工程师、公司副总工程师、科技部主任等职务职称。参与京珠高速、沪宁高速公路及改扩建、湖北襄十高速、江苏宿淮高速、广东虎门大桥、西藏墨脱公路等多项国家重点公路工程的勘察设计项目，获得省部级等优秀勘察设计奖、优秀工程咨询奖10余项。长期从事公路交通领域科研，参与了"GPS、航测遥感、CAD集成技术开发"等国家和省部级攻关研究10余项，参与了《高速公路改扩建工程技术政策》等行业技术标准和技术政策的编制工作，荣获国家科学技术进步奖3项、省部级科学技术进步奖10余项。

在公路交通建设及相关领域的科研开发和标准规范制定项目中成绩突出、创新能力强，先后荣获武汉市优秀青年科技创新奖、中国公路学会青年科技奖、武汉市创新能手、武汉市优秀党员、武汉市劳模等荣誉。

邓涛

刘东升，男，1968年6月出生，汉族，中共党员，教授级高级工程师。1990年7月毕业于同济大学桥梁工程专业；2004年12月在武汉理工大学获得工程硕士学位。目前任中交二公院副总工程师，中交二公院分公司金思路科技公司经理。主要从事公路勘察设计、交通专业软件研发、企业信息化系统及工程信息模型应用研究等。主要参与了湖北省襄十高速、沪宁高速公路扩建工程等多项大型工程项目，带领专业软件研发团队研发了以JSL-桥梁专家系统、JSL-路线专家系统为代表的多项路桥专业设计软件，先后主持承担了《公路工程设计信息模型应用标准》等多项行业级、企业级和团体BIM标准编制工作。获国际道路联盟（IRF）全球道路环境类成就奖、詹天佑奖、金桥奖、中国公路学会科学技术奖一等奖、"创新杯"最佳BIM应用奖等多项省部级及以上荣誉，并被评为中国公路学会全国公路优秀科技工作者。

刘东升

基于承载能力量化分析的公路隧道支护体系设计方法与工程应用

― 项目简介 ―

目前，隧道支护结构设计主要以工程类比法为主，该方法运用过程中因受地质条件的复杂性、工程间差异性及当前隧道结构计算中荷载分配不确定性等因素的影响，设计中常会出现隧道支护强度不足或过于保守的情况，进而导致工程风险增高或资源浪费等现象时有发生。

该项目提出了基于承载能力量化分析的公路隧道支护结构设计方法，初步实现了公路隧道结构设计方法由以定性为主的"工程类比法"向以定量为主的"计算分析法"的转变，在确保结构安全的前提下实现了隧道支护参数的最优化。课题组研发了与设计方法相配套的拥有完全自主知识产权的"隧道全自动结构计算软件"，建立了隧道结构计算全过程自动化及高效化的软件平台，实现了隧道结构计算前处理的集成化、计算过程的快速化、计算结果的可视化。

获发明专利2项、实用新型专利2项、软件著作权2项；出版专著1部，发表论文17篇。研究成果在四川雅安至康定高速公路、广东惠州至清远高速公路、广西梧州至柳州高速公路等100余个项目600余座隧道的设计与施工过程中得到了成功应用，节约建设资金1.2亿元。

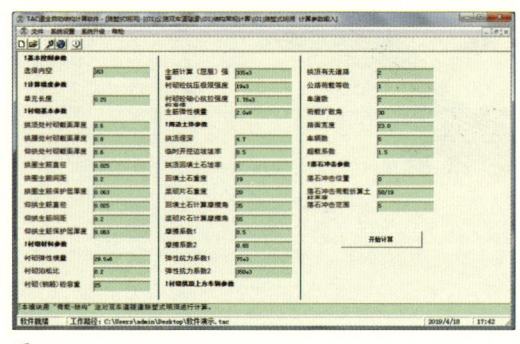

图1/课题主要研究内容

图1

/主要完成单位简介/

四川省公路规划勘察设计研究院有限公司（原四川省交通运输厅公路规划勘察设计研究院）成立于1953年，2019年完成转企改制，成为国有企业，持有工程设计公路行业、市政、工程勘察等20多个国家甲级资质。现有职工1500余人，其中高级职称近400人、中级职称270余人、各类注册工程师210余人，拥有全国工程设计大师、享受国务院政府特殊津贴专家、四川省工程勘察设计大师等优秀专家40余人次。获国家科学技术进步奖一等奖、国家优秀设计金奖、詹天佑土木工程大奖等420余项，国家专利140余项。先后被授予"全国工程勘察设计先进企业""全国文明单位""全国交通运输系统先进集体"等称号。

西南交通大学，创建于1896年，是国家首批"211工程""特色985工程"重点建设、首批进入"2011计划"并设有研究生院的教育部直属全国重点大学，是我国近代建校最早的国立大学之一。学校具有完备的学士—硕士—博士培养体系，设有19个学院、75个重点本科专业（其中有12个国家级特色专业）、15个一级学科硕士学位授权点、43个一级学科博士学位授权点和10个博士后科研流动站；拥有车辆工程等12个国家级重点学科，11个国家级特色专业和4个国家级综合改革试点专业。

三等奖
Award for CHTS Science & Technology

主要完成单位： 四川省交通运输厅公路规划勘察设计研究院、西南交通大学
主要完成人： 田志宇、汪波、丁尧、张兆杰、林国进

创新成果

1. 确定了初期支护与二次衬砌的荷载分担比例及其对应的安全系数，建立了基于承载能力量化分析的公路隧道支护结构设计方法，提高了隧道结构的经济性与安全性。

2. 提出的设计方法初步实现了公路隧道结构设计方法由以定性为主的"工程类比法"向以定量为主的"计算分析法"的转变，在确保结构安全的前提下实现了隧道支护参数的最优化。

3. 研发了与设计方法相配套的拥有完全自主知识产权的"隧道全自动结构计算软件"，建立了隧道结构计算全过程自动化及高效化的软件平台，实现了隧道结构计算前处理的集成化、计算过程的快速化（计算周期从原来的几天缩短为几分钟）、计算结果的可视化。

4. 揭示了系统锚杆对提高围岩支护体系极限承载能力的作用效应。

图2

图3

图4

图5

图2/2017年被央视数次报道的国家超级工程——G317雀儿山隧道是世界上已建成的海拔最高的超特长隧道，于2018年获国际隧道协会（ITA）年度工程大奖

图3/2017年被央视数次报道的国家超级工程——雅安至康定高速公路二郎山隧道

图4/2018年通车的米仓山隧道是中国西南地区已通车的最长公路隧道

图5/2018年通车的雪山梁隧道

/主要完成人简介/

田志宇，工学硕士，就职于四川省公路规划勘察设计研究院有限公司，作为设计负责人主持设计了72座隧道，参与设计了600余座隧道，获国际隧道协会（ITA）年度工程大奖1项，四川省勘察设计一等奖7项、二等奖1项、省部级科学技术进步奖一、二、三等奖各1项，发表了30余篇学术论文，撰写了2部专著，获得了25项专利、5项软件著作权，并获得全国青年岗位能手、交通运输青年科技英才、四川省交通行业抗震救灾先进个人等荣誉称号。

田志宇

汪波，工学博士，西南交通大学地下工程系教授、博士生导师。主持国家自然科学基金面上项目3项、国家重点研发计划及国家科技支撑计划子课题各1项，国家重点实验室基金1项，省部级及横向科研课题20多项。主研了包括973计划、863计划及国家自然科学基金重点项目等在内的多项国家级、省部级科研课题。在国内外学术期刊上先后发表论文60余篇（其中SCI收录16篇，均为第一作者或通讯作者，EI/ISTP收录20余篇），获国家专利12项、省部级特等奖1项、一等奖1项。

汪波

贵州特殊土填方路基设计与施工技术研究

项目简介

贵州省在大规模的公路建设中，经常遇到煤矸石、红砂岩、红黏土与高液限土、风化板岩等具有特殊路用性能的土类。这些特殊土成为影响贵州省公路工程质量的重要因素，亟待开展特殊土填料路基设计与施工技术的研究。

项目以科学认识特殊土的工程特性为基础，以提高特殊土路基强度和稳定性为目标，以结构设计、施工工艺和质量控制为重点，通过大量的工程调查与资料收集分析、室内试验、实体工程观测与分析、理论研究和工程验证等手段，对贵州特殊土填方路基设计与施工技术进行了深入研究。

项目成果发表学术论文15篇。出版专著1部：《大道出黔——贵州省公路水路交通基础设施建设三年会战系列专著》之一《贵州特殊土填方路基设计与施工》。颁布实施贵州省地方标准《贵州省红黏土和高液限土路基设计与施工技术规范》（DB52/T 1041—2015）。成果已纳入国家行业标准《公路路基设计规范》和《公路路基施工技术规范》，并在贵州、湖南和云南等省份的多项实体工程中得到成功应用，直接经济效益过亿元，社会与环境效益显著。项目成果极大地推动了特殊土路基设计理论与技术水平，有力地促进了行业的技术进步。

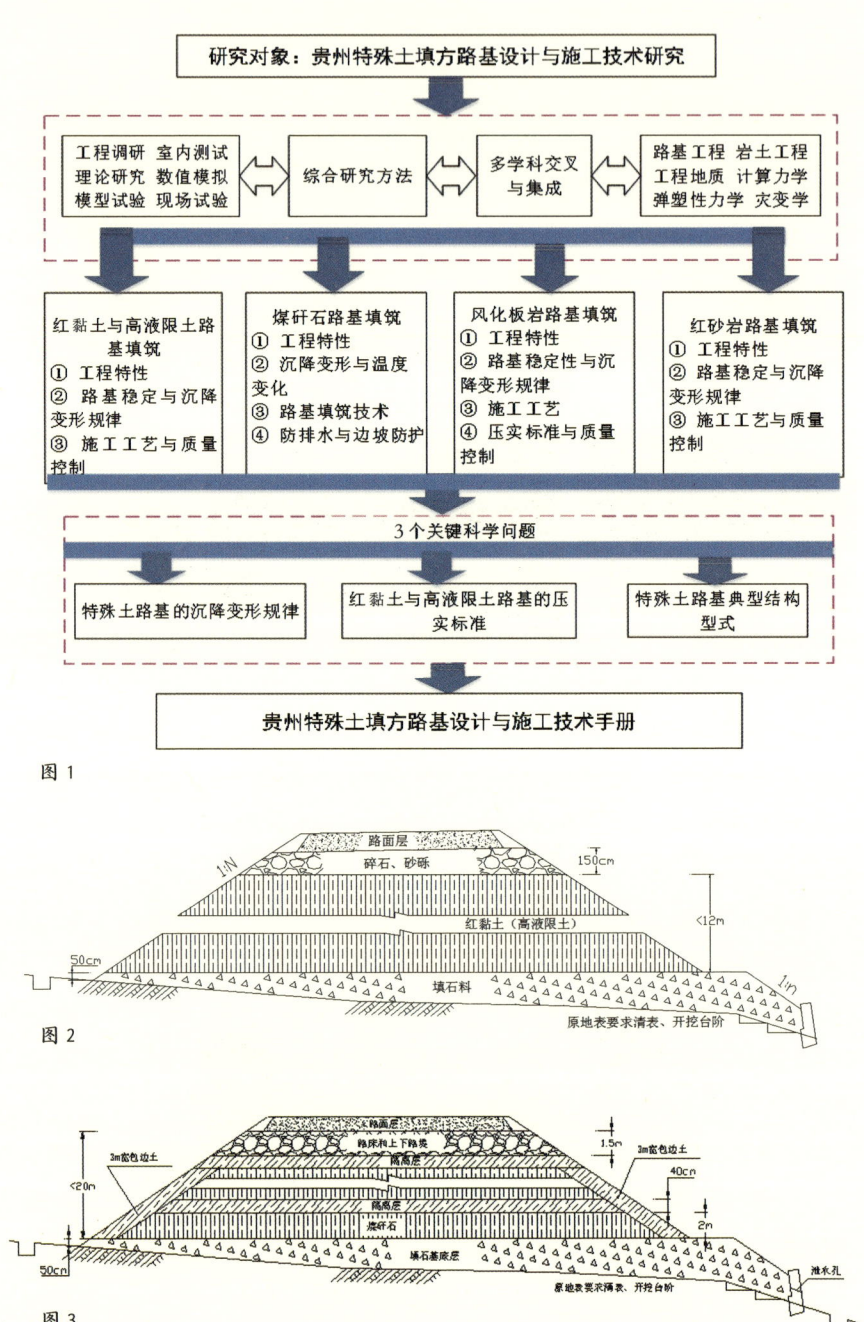

图1/项目总体研究思路
图2/贵州红黏土与高液限土路基典型结构型式
图3/贵州煤矸石路基典型结构型式

三等奖
Award for CHTS Science & Technology

主要完成单位： 贵州高速公路集团有限公司、交通运输部公路科学研究所
主要完成人： 李跃中、宋常军、黄宏辉、卞晓琳、唐华伟

图4

图5

图4/ 贵州红黏土与高液限土路基填筑
图5/ 贵州煤矸石路基填筑

创新成果

1. 揭示了红黏土与高液限土的干密度、CBR强度随含水率变化曲线的峰值分离的特征及机制；提出了红黏土与高液限土最大CBR和最大CBR含水率的定义与试验方法。

2. 系统研究了红黏土与高液限土的沉降变形特性，提出了夹心饼式的典型路基结构型式及红黏土与高液限土路基填筑的压实标准为85%～93%。

3. 研究了贵州崩解性煤矸石和红砂岩的路用特性，提出了煤矸石路基的封闭型结构型式、施工工艺和适用范围。

4. 采用大型高压三轴试验，获取了全强风化板岩碎石土在高应力水平下的力学参数，为高填方路基稳定性分析与沉降变形计算提供了依据。

项目成果改变了以往科研成果零碎、与工程脱节的问题，实现了成果落地。解决了长期困扰贵州省特殊土利用的难题。大幅提高了贵州省高速公路特殊土路基的设计与施工技术水平，对于降低工程造价、保护环境具有重要价值，是"绿色公路""品质工程"的具体体现。贵州省"十三五"交通规划指出，到2020年，贵州省基本建成"西南重要陆路交通枢纽"，未来贵州省高速公路建设将持续发展。贵州特殊土路基设计与施工技术手册，针对性和适用性强，该技术的推广应用将带来巨大的社会效益和经济效益。

/主要完成单位简介/

贵州高速公路集团有限公司是在20世纪80年代省重点公路建设指挥部基础上发展起来的、并经省人民政府批准成立的省管大一型企业集团，定位为"全省重点公路及其他交通基础设施的资本运营平台和建设经营管理主体，重点围绕高速公路建设进行投融资"；2013年改制更名以来，共建成20条（段）高速公路1761.7公里，共完成固定资产投资2195.6亿元，融资2984.7亿元，通行费征收555.2亿元；是贵州省首家外部评级为AAA级企业，是国开行、工行、农行、中行、建行、交行等银行的全国重要客户；员工13 058人，其中党员1687人；资产总额（合并报表）达到3652亿元，是全省资产规模最大的非金融类国有企业；高速公路营运总里程达到3879公里，占全省高速公路通车里程6450公里的60%，助推贵州成为西部地区率先实现县县通高速的省份；组织建成的北盘江第一桥、法朗沟特大桥、坝陵河大桥、江界河大桥等一批世界级工程，分别获得国际桥梁最高奖项"古斯塔夫·林德撒尔"金奖、"国家优质工程奖"、中国建设工程鲁班奖、中国土木工程（詹天佑）大奖；《基于人因工程高速公路隧道智慧照明关键技术》《高速公路智慧收费亭》等分别获得中国高速公路信息化建设的创新技术奖、最佳产品奖。

交通运输部公路科学研究所是交通运输部直属的大型综合性公路交通科研机构，主要从事道路工程、桥梁工程、交通工程、智能交通、汽车运用工程、道路运输与物流、公路生态与环境保护工程等领域的科学研究及技术材料与装备开发。设有土木工程和交通运输工程两个国家一级学科硕士学位点，一个博士后科研工作站，拥有一批包括中国工程院院士在内的国内外知名专家。

经过多年建设，已形成独具特色的科研创新体系，拥有综合试验能力位居世界前列的公路交通综合试验场和多专业的实验基地；设有包括国家智能交通系统工程技术研究中心、公路养护技术国家工程研究中心和国家环境保护道路交通噪声控制工程技术中心在内的9个研究中心；有桥梁结构安全技术国家工程实验室和6个行业重点实验室；有国家道路及桥梁质量监督检验中心、国家交通安全设施质量监督检验中心、国家道路与桥梁工程检测设备计量站和6个部级检测中心。

面向交通运输事业的快速发展需求，公路所锐意改革，建成了一套科研与产业开发良性互动、有机衔接的产业发展体系，成立了院属中路高科交通科技集团有限公司，下属17家不同专业特色的高新技术企业，业务覆盖交通运输设计、工程、检测、监理、咨询服务等技术领域。

三等奖
Award for CHTS Science & Technology

图 6

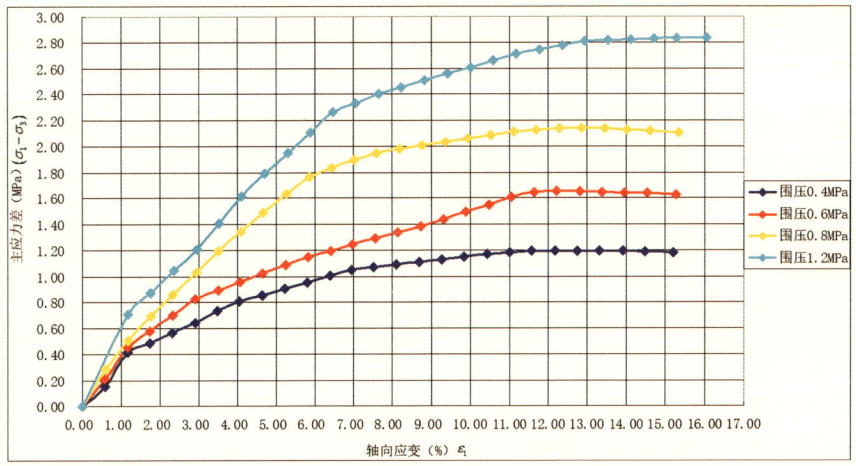
图 7

图 8

图 6/ 高应力水平下风化板岩的工程特性试验
图 7/ 高应力水平下风化板岩的强度特性
图 8/ 红砂岩路基填筑

/主要完成人简介/

李跃中，男，高级工程师，现任贵州高速公路集团有限公司都匀至安顺公路项目办书记，长期从事高速公路的管理和路基技术研究工作，积累了丰富的高速公路建设管理、项目研究经验，参与了10多项项目研究，撰写科技论文10余篇。

曾经参与了首都机场立体仓库、虹桥机场立体仓库、北京金属结构厂、北京吉普汽车有限公司等10多个工业与民用项目的初步设计和施工图设计。作为主要设计者参与完成了20世纪80年代交通部十大样板工程之一的贵黄高等级公路猫儿山至花鱼洞段、花鱼洞至晏家龙潭段和晏家龙潭至平坝待官堡段的施工图设计。

李跃中

宋常军，男，岩土工程专业博士，现任交通运输部公路科学研究所副研究员，道路工程专业专家，长期从事高速公路路基技术研究工作，参与了10多项项目研究，包括海南暴雨地区路基长期性能与防排水技术研究、贵州特殊土填方路基设计与施工技术研究、贵州省高液限土路基修筑技术研究、贵州省红黏土和高液限土路基设计与施工技术规范、贵州山区高速公路路基沉降控制标准与控制技术等课题研究项目，在路基工程尤其是特殊土方面具有深入的研究，撰写科技论文10余篇。

宋常军

热带雨林气候条件下高模量沥青碎石材料选型及混合料优化设计研究

项目简介

项目以陕西省国际技术转移中心为平台，依托陕西省和中国港湾工程有限责任公司重大科研计划，经过5年多的科技攻关和工程实践，针对热带雨林地区应用高模量沥青混合料技术缺乏中国标准的问题，从结构和材料两个方面入手，开展了高模量沥青路面结构设计方法、材料选型标准、混合料设计设计方法研究和实体工程应用的研究和生产实践，成功建立了中国标准下高模量沥青路面结构和材料设计成套技术体系，提出了中国标准下高模量沥青路面结构设计方法、高模量沥青碎石级配设计方法、性能评价标准、施工质量控制体系，促进了中国标准在热带雨林地区的推广应用。

图1

图2

图1/ 应用项目成果的路段正在施工
图2/ 项目研究成果在实际路段中的应用效果展示

/主要完成单位简介/

中国港湾工程有限责任公司成立于20世纪80年代，是世界500强企业中国交通建设股份有限公司的子公司，代表中国交建开拓海外市场。目前，中国港湾在世界各地设有90多个分（子）公司和办事处，业务涵盖100多个国家和地区，在建项目合同额超过300亿美元，全球从业人员超过15 000人。

中交第一公路勘察设计研究院有限公司始建于1952年，前身为交通部第一公路勘察设计院，1999年改制并入中国路桥（集团）总公司，现隶属于中国交通建设股份有限公司，是我国交通工程咨询、勘察、设计、研究领域大型骨干企业。

三等奖
Award for CHTS Science & Technology

主要完成单位： 中国港湾工程有限责任公司、中交第一公路勘察设计研究院有限公司
主要完成人： 陈团结、丁小军、李懿、张涛、雷宇

创新成果

1. 研究了热带雨林气候和材料参数特点，预估了沥青路面的车辙和疲劳寿命，提出了包含永久变形和疲劳寿命预估指标的全厚式高模量沥青路面结构设计方法。

2. 提出了中国标准条件下高模量沥青结合料选型，以及掺配方法和中国标准下的高模量沥青碎石级配特征、沥青膜厚度、粉胶比和分形维数判断系数为参数的级配设计方法。

3. 研究了中、法标准高模量沥青混合料性能试验，建立了中国和法国标准体系下的高模量沥青碎石力学特性及路用性能的对应关系，提出了包含车辙、动态模量和疲劳性能的高模量沥青碎石性能评价标准。

4. 提出了热带雨林地区高模量沥青碎石施工机械配置、质量控制指标和质量控制措施的成套施工控制体系。

图3/热带雨林气候条件下高模量沥青碎石材料选型及混合料优化设计成果在项目中应用

/主要完成人简介/

陈团结，中交第一公路勘察设计研究院有限公司子公司副总经理，博士，教授级高级工程师，在国内外核心期刊发表论文20余篇。获得陕西省科学技术奖二等奖、陕西省科学技术论文1等奖、中国公路学会科学技术奖二等奖、青海省科学技术奖三等奖、中国交通建设集团科学技术奖二等奖，荣获陕西省科技创新人物称号、中国公路学会百名优秀工程师称号。

丁小军，中交第一公路勘察设计研究院有限公司副总经理，教授级高级工程师，荣获交通运输部、团中央联合授予的"全国青年岗位能手"，共青团陕西省委授予的陕西省交通系统"十佳青年岗位能手"，中国路桥集团授予的"劳动模范"等荣誉称号。获省、部优秀勘察设计奖一等奖4项，中国公路学会科学技术奖一等奖1项、二等奖1项，全国建设工程优秀项目管理成果二等奖1项。

路面低噪抗滑超表处关键技术研究

项目简介

项目是通过超表处封层车,将层间界面剂、乳化高黏沥青或液体高黏沥青、集料、乳化高黏沥青或液体高黏沥青、表面保护剂等材料,五层同步洒/撒布至原路面,根据厚度划分为Ⅰ型(3毫米)、Ⅱ型(6毫米)和Ⅲ型(8毫米);具有行车噪音低、抗滑能力强、封水效果好、使用寿命长、快速开放交通、低碳环保、性价比高等优点。

适用于各等级公路及城市道路的沥青路面、水泥路面、环氧沥青路面的预防性养护;抗滑性不足路面做防滑处理;水泥路面做"白改黑"处理;易结冰路面做防凝冰处理;新建路面的磨耗层等。

应用特点包括隧道养护不降低净空高度、桥梁养护不增加自重、单车道养护不影响其他车道排水;下次养护时不需要铣刨清除;在材料中加入防凝冰剂,具有持久防凝冰功能,防止路面结冰。

项目已申请和获得国内、外专利20余项。2017年,经中国公路学会评定,低噪抗滑超表处技术总体达到国际先进水平,其中五位一体的设备及施工工艺达到国际领先水平;2018年,低噪抗滑超表处技术分别荣获山东公路学会科学技术优秀成果一等奖和中国公路学会科学技术奖三等奖;2018年,中国工程建设标准化协会批准制定《道路路面低噪抗滑超表处技术规程》;2019年,人民交通出版社出版发行《道路路面低噪抗滑超表处技术指南》;2019年,青海省科技厅评定,《道路路面低噪抗滑超表处工法研究》达到国内领先水平。

2015年至今,项目已在10多个省份得到广泛应用,公路等级涵盖高速公路、国省干道和城市道路;路面类型涵盖沥青路面、水泥路面、环氧沥青路面;施工总面积超过300万平方米。

图1　图2　图3　图4

图1/江苏国道205线(沥青路面)
图2/山东国道309线(隧道水泥路面——"白改黑")
图3/世界第二跨悬索桥浙江舟山西堠门大桥(钢桥环氧沥青混凝土桥面)
图4/G3京台高速公路德州段(水泥混凝土桥梁——"白改黑")

/主要完成单位简介/

山东大山路桥工程有限公司(中外合资)成立于1996年,前身为山东大学校办企业,现发展为拥有国际先进技术的中外合资企业;合资成立山东山建道路工程研究所、湖南亚橡新材料科技有限公司、新疆恒兴路达道路材料有限公司,并与多所高校、科研单位建立长期合作关系;通过ISO9001质量管理体系和知识产权管理体系认证;是国家高新技术企业、国家科技型中小企业、国家知识产权优势企业、济南市企业技术中心、济南市路面新材料与节能再生应用工程技术研究中心,先后获得国家专利40多项。

三 等 奖

Award for CHTS Science & Technology

主要完成单位： 山东大山路桥工程有限公司、山东省交通科学研究院、中路高科（北京）公路技术有限公司、山东山建道路工程研究所

主要完成人： 陈际江、张海燕、马士杰、王立志、樊亮

表1 部分工程实例（未注明路面类型的均为沥青路面）

序号	年份	施工地点	路面类型
1	2015年	省道303线青海格尔木段	
2	2015年	省道303线青海格尔木段	
3	2016年	省道203线青海西宁段	
4	2016年	国道109线青海格尔木段	
5	2016年	省道242线山东莱芜段	
6	2016年	省道244线山东莱芜段	
7	2016年	省道203线青海玉树段	
8	2016年	武麻高速公路湖北武汉段	
9	2017年	湟西一级公路青海西宁段	
10	2017年	省道327线山东淄博段	
11	2017年	省道302线青海海北藏族自治州段	
12	2017年	国道109线青海格尔木段	
13	2017年	京台高速公路山东德州段	水泥桥面
14	2017年	京沪高速公路山东济南段	
15	2017年	沈吉高速公路吉林段	
16	2017年	省道202线青海海东段	
17	2017年	山西闻垣高速公路	
18	2017年	武麻高速公路	
19	2017年	大广高速公路武汉段	
20	2017年	泉永高速公路	
21	2017年	国道205线从化段	
22	2018年	青海马平高速公路	
23	2018年	沈海高速公路	
24	2018年	日兰高速公路	
25	2018年	连霍高速公路	
26	2018年	蕲春市政路	
27	2018年	太旧高速公路	水泥桥面
28	2018年	德州市东风中路	
29	2018年	石太高速公路	
30	2018年	青海玉树西丽高速公路	
31	2018年	京台高速公路德齐段	
32	2018年	上海市金科路	
33	2018年	延安新机场连线	水泥路面
34	2018年	安徽S95滁宁高速公路凤阳支线	
35	2018年	京台高速公路济南段	水泥路面
36	2018年	浙江西猴门、金塘跨海大桥	环氧沥青钢桥面
37	2018年	G309威海马石店+双顶山隧道	隧道、水泥路面
38	2018年	青银高速公路济南黄河三桥	环氧沥青钢桥面

/ 主要完成人简介 /

陈际江，山东大山路桥工程有限公司总经理、全国交通工程设施（公路）标准化技术委员会委员，主持制定中国工程建设标准化协会标准《道路路面低噪抗滑超表处技术规程》，参与制定交通运输部《公路工程 废胎胶粉橡胶沥青》《公路工程橡胶沥青加工设备》《公路工程橡胶沥青混凝土湿拌法》《公路工程SBS改性沥青加工设备技术要求》等。拥有40余项专利及软件著作权。

注重技术创新和标准化，先后组织开展"SBS胶乳""多态多阶连续式常温拌和技术""RAP冷活化、中温活化再生利用技术""低噪抗滑超表处""抗滑抗裂路面贴"等课题的研究，相关研究成果已全部产业化。

陈际江

在役沥青路面服役功能评价及养护管理技术

项目简介

基于对在役路面养护管理技术的重大需求，在近10年时间里，项目修建了路面结构内部工作状态监测试验路，收集并深度挖掘了30年来北京市公路建养历史数据，实施了大量试验和实体工程，结合室内外试验和力学分析，对在役半刚性基层沥青路面病害发生规律和特征、在役沥青路面服役技术状态精细化检测和分类评价、在役沥青路面性能衰变预测、在役沥青路面材料力学性能评价、在役沥青路面大修设计和考虑多目标的大修养护方案编制等方面进行了系统研究，取得了一系列创新成果。

该项目获授权的发明专利2项，实用新型专利1项，软件著作权2项；出版专著与技术指南3部；发表论文41篇，其中SCI检索10篇、EI检索10篇。在北京市首都机场高速公路、五环路、六环路、京承高速公路、顺密路等200多公里的高速公路和普通国省干线大修养护工程中得到应用，显著降低了沥青路面的结构性大修比例、延长了道路整体使用寿命，并减少了大修施工的道路占用时间、提高了交通通行效率。

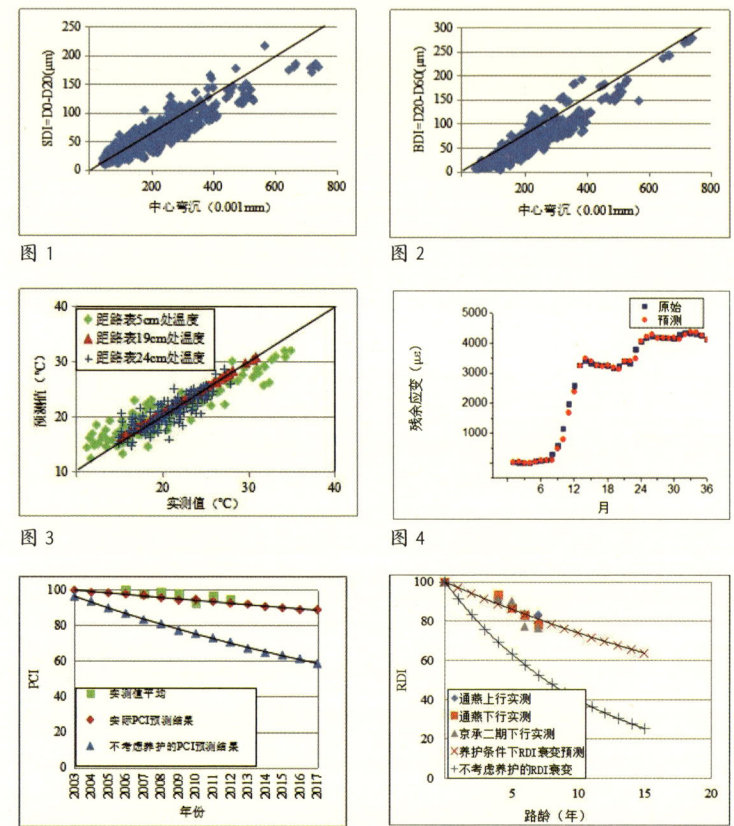

图1/ 弯沉与面层损伤指数相关关系
图2/ 弯沉与基层损伤指数相关关系
图3/ 路面内部温度预测模型的预测效果
图4/ 路面内部残余应变预测模型的预测效果
图5/ 沥青路面破损指数PCI实测和预测结果
图6/ 沥青路面车辙指数RDI实测和预测结果

/主要完成单位简介/

北京工业大学创建于1960年，1981年成为国家教育部批准的第一批硕士学位授予单位，1985年成为博士学位授予单位，是一所以工为主，理、工、经、管、文、法相结合的多科性市属"211工程"重点大学。2017年9月，学校正式进入国家一流学科建设高校行列。北京工业大学交通工程学科创建于1979年，是我国最早创办的交通工程本科专业之一。1981年获得全国第一个交通工程硕士学位授权点及公路与城市道路工程专业硕士学位授予权，1996年获得全国首批交通运输规划与管理专业博士学位授予权，2010年获批交通运输工程一级学科博士学位授予权。北京工业大学交通运输规划与管理学科是北京市重点学科、道路与铁道工程学科是北京市重点建设学科，现有省部共建"国家重点实验室"培育基地、2011北京城市交通协同创新中心、交通工程北京市重点实验室、北京市城市交通运行保障工程技术研究中心等科研平台。

三等奖
Award for CHTS Science & Technology

主要完成单位：北京工业大学、北京市道路工程质量监督站
主要完成人：张金喜、薛忠军、周绪利、宋波、敬超

创新成果

1. 首次系统构建了在役半刚性基层沥青路面功能状况的4类分类方法及指标。通过对在役沥青路面的精细化体检，建立了包含路表弯沉D、路面破损指数PCI、车辙深度、面层损伤指数SDI、基层损伤指数BDI、路面材料力学状况等多指标的路面功能状况4类分类体系及评价方法和指标。

2. 建立了在役半刚性基层沥青路面加铺层厚度估算方法。在深入挖掘和分析北京市30多年来半刚性基层沥青路面建养历史数据基础上，建立了基于统计方法的沥青路面加铺层厚度估算方法和模型。该方法根据4类分类方法及其不同措施处置后，估算出满足设计年限内使用寿命需求的沥青面层加铺厚度，为沥青路面加铺层设计提供了定量化的方法。

3. 首次建立了沥青路面温度和残余变形估算模型。依托自主研发的在役路面实时监测系统获得的长期跟踪监测数据，建立了以气温、相对湿度、云量、风速、降水量等气象资料为变量的路面高温季节温度预估模型，提出了在役沥青路面结构内部残余应变的计算方法，建立了基于时间序列方法的并对沥青路面结构内部残余应变进行精细化描述的动态预测模型。

4. 建立了考虑不同养护模式的沥青路面性能预测模型。面向沥青路面性能现状评价和大修规划编制，基于沥青路面性能衰变长期监测结

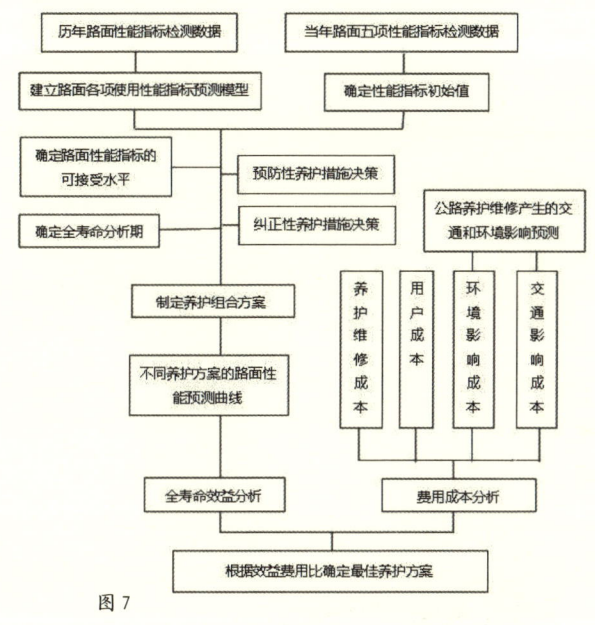

图7/基于全寿命理论的考虑多目标的养护决策流程

果，建立了考虑不同养护模式的沥青路面性能指数型预测模型，其衰变参数反映地区、交通量、养护强度的变化。

5. 建立了考虑多因素的沥青路面养护决策模型。在已有沥青路面养护维修的效益分析、建设成本和用户成本分析等研究现状基础上，将交通和环境影响成本引入养护决策过程，建立了计算交通和环境影响成本的量化评价流程和模型。

/主要完成人简介/

张金喜，工学博士，北京工业大学教授，博士生导师，兼任教育部高等学校交通运输类专业教学指导委员会道路运输与工程教学指导分委员会委员、中国公路学会道路工程分会理事、北京公路学会常务理事兼副秘书长、住房和城乡建设部道路与桥梁标准化技术委员会委员。长期从事道路工程材料、路面性能评价和养护管理、道路工程再生资源利用、道路结构物耐久性等方向的研究。主持和参与省部级科研项目12项，其中主持国家自然科学基金面上项目4项。获得省部级科学技术奖6项，出版专著、教材4部，发表学术论文220余篇。2014年和2018年分别获得北京工业大学优秀教师称号，培养的硕士研究生5人获得北京工业大学优秀硕士学位论文称号、1人获得北京市优秀毕业研究生称号。

张金喜

交通运输安全相关标准研究及制定（2015）

项目简介

该项目以道路运输车辆装备安全、工程建设设备设施安全、客运站场设计及落水人员定位终端技术要求等为研究对象，重点解决运输装备和交通设施及信息化应用等方面标准缺失或技术内容不完善的问题，充分发挥标准化在交通运输安全领域的基础性、战略性和系统性的作用优势，提高交通运输安全技术水平。

通过项目研究，完成了19项技术标准研究。其中，发布标准6项、报批稿6项、送审稿2项、征求意见稿3项、建议稿2项。发表学术论文15篇，研发产品1种，获得实用新型专利1项。填补了交通运输安全领域产品、技术及管理等方面的多项标准空白，并进一步优化、完善了交通运输行业道路运输、工程建设、信息化等领域的标准体系。

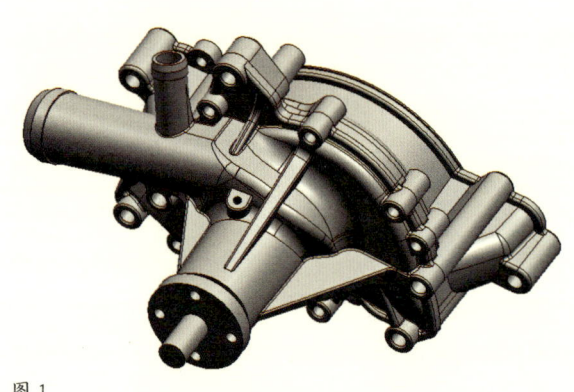

图1

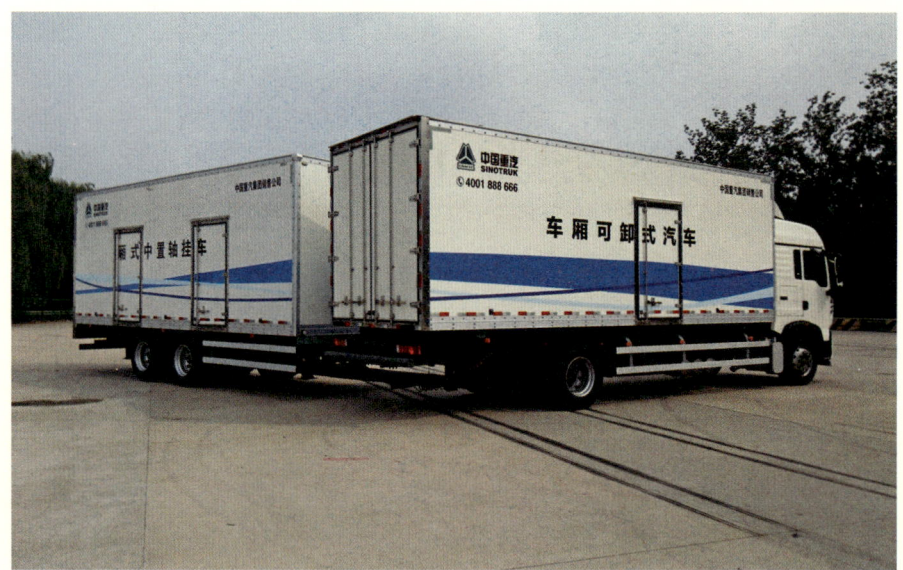

图2

图1/机动车发动机冷却液气穴腐蚀试验泵
图2/验证中置轴挂车气连接器和电连接器的安装顺序与管线长度

/主要完成单位简介/

交通运输部公路科学研究所，主要从事道路工程、桥梁工程、交通工程、智能交通、汽车运用工程、道路运输与物流、公路生态与环境保护工程等领域的科学研究及技术材料与装备开发。长期以来，公路所承担了大量国家、省部级和地方重大科研项目及标准规范的制修订工作，拥有数百项具有自主知识产权、达到国际先进水平的科研成果。

三等奖
Award for CHTS Science & Technology

主要完成单位： 交通运输部公路科学研究所、中国公路车辆机械有限公司、交通运输部天津水运工程科学研究所、中交水运规划设计院有限公司、长安大学

主要完成人： 张红卫、张会娜、王平、张旸、倪文军

创新成果

1. 研制的机动车发动机冷却液气穴腐蚀试验泵，填补了国内空白。应用逆向工程、材质选型等技术，经过材质成分分析、水力特性验证与气穴腐蚀台架验证表明研制样品符合强制性国家标准《机动车发动机冷却液》（GB29743—2013）的发动机冷却液气蚀特性试验要求，可替代进口产品、降低试验成本，将为推动冷却液产品质量监督的实施，提高车辆行驶的可靠性提供了强有力的技术支持。为强制性国家标准《机动车发动机冷却液》（GB29743—2013）的有效实施提供了技术保障。

2. 形成了运输装备安全和交通设施安全及信息化应用等一系列标准规范，解决运输车辆与结构部件、交通工程与设施、仪器设备与定位终端等交通运输安全方面标准技术内容不完善、部分标准和测试设备缺失的技术难题，满足行业发展与管理需求，显著提升交通运输行业安全技术水平，有效降低交通安全事故发生概率。

图 3

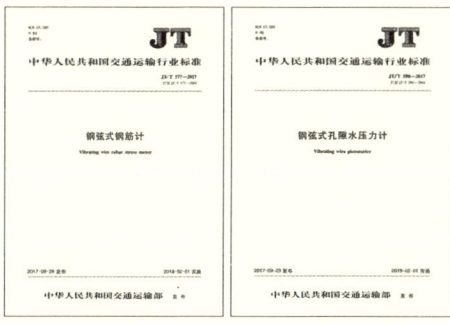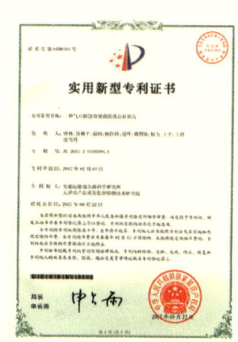

图 4

图 3/ 标准证书
图 4/ 专利证书

/主要完成人简介/

张红卫，1989年6月硕士研究生毕业，先后在长春汽车研究所、中国汽车技术研究中心、交通运输部公路科学研究所工作，2000年9月晋升教授级高级工程师。现任交通运输部公路科学研究所首席车辆工程师，任全国移动实验室标委会和全国产品缺陷与安全管理标委会委员，兼任全国专用车分标委副主任委员、全国挂车分标委秘书长。多年来一直从事汽车及相关产品测试技术研究、汽车标准化研究、质量管理与认证认可技术研究、汽车新技术及汽车运用工程技术研究等工作。近年来主持完成国家科技支撑项目子题《大型客货车辆安全运行技术研究》、国家自然科学基金委员会重大研究计划项目子题《无人驾驶车辆智能行为综合测试环境设计应用与测评体系研究》、交通运输部重大科技专项《公路甩挂运输关键技术研究与示范》课题——《甩挂运输车辆与装备关键技术研究及示范应用》及《交通运输安全相关标准研究及制定》等10余项国家级及省部级科研项目研究；主持制修订了《城市物流配送汽车选型技术要求》《半挂牵引车与半挂车匹配技术要求》《道路甩挂运输车辆技术要求》等30余项国家标准、行业标准。相关科研成果已获天津市、汽车行业、交通行业及其他省部级科学技术进步奖一等奖4项、二等奖9项、三等奖5项；已获得实用新型及发明专利16项、软件著作权5项，发表技术论文、论著50余篇/部。目前正在开展《旅居车辆术语、定义及旅居挂车居住要求标准制修订》等2项交通运输标准（定额）项目的组织实施，以及货运车型标准化技术研究与应用等行业服务工作。

张红卫

后记

2019年,《中国公路学会科学技术奖获奖项目集锦》(简称项目集锦,每年出版一辑)已经连续出版发行10年,10年来项目集锦得到各获奖单位、项目完成人的大力支持,在此向大家表示由衷的感谢!10年间,项目集锦已经成为中国公路学会科学技术奖后续宣传的重要组成部分,是科技创新成果集中展示的重要舞台,也是科研单位、核心技术团队展现实力的重要平台。

项目集锦编制团队将继续努力,为广大读者献上更为精良的中国公路学会科学技术奖获奖项目出版物,助力科技创新,助推科技成果转化。需要说明的是,在编辑和出版的过程中,大量技术实力雄厚的单位,在同一年度中有多个项目获奖,但由于篇幅所限,也为了更多地展示完成项目的课题组,编辑对同一单位的不同获奖项目的介绍,落实到了具体的课题组,因此,出现了在不同的获奖项目中,同一完成单位简介不尽相同的情况。

此外,由于获奖项目众多、编校时间所限,项目集锦难免出现错漏,敬请业界同仁和读者批评指正。感谢!

编 者

2019年5月